KB043229

처음 읽는
한국
현대철학

처음 읽는 한국 현대철학

동학에서 함석헌까지, 우리 철학의 정체성 찾기

© 한국철학사상연구회, 2015

초판 1쇄 펴낸날 2015년 5월 29일
초판 2쇄 펴낸날 2016년 4월 15일

지은이 한국철학사상연구회
펴낸이 이건복
펴낸곳 도서출판 동녘

전무 정락윤
주간 곽종구
편집 이정신 최미혜 박은영 이환희 사공영
미술 조하늘 고영선
영업 김진규 조현수
관리 서숙희 장하나 김지하

인쇄·제본 영신사 **라미네이팅** 북웨어 **종이** 한서지업사

등록 제311-1980-01호 1980년 3월 25일
주소 (10881) 경기도 파주시 회동길 77-26
전화 영업 031-955-3000 편집 031-955-3005 **전송** 031-955-3009
블로그 www.dongnyok.com **전자우편** editor@dongnyok.com

ISBN 978-89-7297-734-6 03150

• 잘못 만들어진 책은 바꿔 드립니다.
• 책값은 뒤표지에 쓰여 있습니다.
• 이 도서의 국립중앙도서관 출판시도서목록(CIP)은 e-CIP홈페이지(http://www.nl.go.kr/ecip)와
  국가자료공동목록시스템(http://www.nl.go.kr/kolisnet)에서 이용하실 수 있습니다.
  (CIP제어번호: CIP2015013233)

처음 읽는

한국
현대철학

동학에서 함석헌까지, 우리 철학의 정체성 찾기

한국철학사상연구회 지음

동녘

목차

○

○

o

머리말

이 책은 단순하기 짝이 없는 물음에 답하려는 데서 시작되었습니다. '우리' 철학 혹은 철학자는 있는가? 빈번히 지성사적 전통의 찬란함과 유구함을 내세우지만, 저 물음에 대한 대답은 쉽지 않은 듯합니다. '있다'고 답하려면 꽤 오래전 역사를 들먹여야 하고, 최근의 역사에도 '있다'고 답하기는 어려우니 괴이쩍은 일입니다. 아무튼 한 권의 책이 될 만큼 수다를 떨었으면, 이 단순한 물음에 속시원한 답을 했어야 마땅합니다. 미리 고백하자면, 그리하지 못했습니다. 조금이나마 답을 했다 하더라도 덜 여문 것입니다. 글쓴이들이 처음에 함께 공부하고 쓰려 했던 내용이 얼추 담기긴 했으니 일단락되었다 할 수도 있겠습니다. 하지만 정작 공부하며 글을 쓰다보니 넘어야 할 산이 결코 낮지 않음을 알게 되었습니다. 따라서 이 책은 완결된 답이라기보다 답을 향해 계속 나아가겠다는 다짐입니다.

철학사를 포함하여 우리 지성사는 결코 짧지 않습니다. 유학은 물론이고 불교와 도교, 기타 관습의 경로로 이어지는 신념과 세계관 등까지 포함한다면 사실 그 시점始點은 추정하기조차 어렵습니다. 그저 이렇게 얼버무리면 무난한 정도입니다. 우리 지성사는 아주 오래고 깊다고. 탁월한 승려도 있었고, 세계적인 유학자도 있었으니까요. 다만 어느 때부터인지 우리 지성사에는 선철도 명현도 없어졌습니다. 아주 없지 않았다면 그 수가 줄었다고 할까요? 아무튼 철학을 포함하는 지성사의 저변은 어느 순간부터 상당히 약화되었습니다. 다들 짐작하시는 대로 이 약화는 일제강점기와 더불어 시작됩니다.

어찌 보면 잘 납득되지 않는 일입니다. 일제에 의해 위세 높은 대학이 건립되었고 철학과도 설치되었으니까요. 독일을 비롯하여 서양철학이 경성제국대학을 통해 체계적으로 전수되었고 졸업생도 제법 많이 배출되었습니다. 이른바 제국에 의한 학문교육 시스템의 근대화는 서구학문을 체계적으로 수용할 수 있는 기틀을 마련했고, 해방 이후에도 이 틀은 급격한 변화없이 유지되어 어쩌면 지금까지 이어져오고 있다 할 수 있습니다. 이렇게 서구철학이 대학을 통해 본격적으로 전수되면서 전공자를 훈련·배출한 지 근 백년이 다 되어갑니다. 그 세월에 비하자면 우리가 이룬 철학적 성과는 그리 크다 말하기 어렵습니다. 무엇보다 현실을 자양으로 다시 현실에 응답하는 '우리' 철학의 흔적이 너무 미미한 까닭입니다.

남의 학문과 이론을 받아들임은 그리 녹녹한 일이 아닙니다. 철학을 비롯하여 학문의 골간을 이루는 문제의식, 개념 등은 나름의 뿌리를 지닙니다. 역사나 정치, 제도, 관습, 종교는 물론이거니와 그에 기반을 둔 일상적 삶과 사건에서 비롯되기 때문입니다. 그러니 이방의 학문을 받아들임은 그러한 맥락 전체를 간파하기까지 참으로 지난한 과정이 됩니다. 낯선 나라에서 갈고 닦인 '말', 이른바 추상적 개념을 다시 땅으로 끌어내려 어디서 자란 것인지 뿌리를 찾지 않으면, 도무지 그 같은 용어와 이론이란 밥에 섞인 돌처럼 쉽사리 삼켜 소화할 수 없기 때문입니다.

간혹 사람들은 식민지를 통한 '근대화'지만 어차피 피할 수 없는 역사적 변화를 앞당겼으니 나쁜 것만은 아니라고 합니다. 하지만 지성사의 저 같은 사정을 알고 나면 그렇게 말하기 어렵습니다. 이질적 학문의 체화에 걸린 시간과 노력을 뒤돌아보면, 결국 지성사적 변화란 '정가定價'임을 알 수 있기 때문입니다. 치러야 할 만큼의 대가를 반드시 치러야 한다는 의미입니다. 식민지를 통해 학문적 근대화, 나아가 철학적 근대화의 기본적 틀이 갖춰졌다 하더라도 결국 이방의 철학, 그 대강과 전모가 드러나기까지 상당한 시간과 노력이 소요되었습니다. 더욱이 우리가 주목해야 할 부분은 근대 학문 및 교육 체제의 최초 도입 후 수십 년 간 제국적 색안경이 강력하게 작동했다는 사실입니다. 당시 일본은 천황 중심의 국가주의 이데올로기를 신성불가침한 대전제로 지니고 있었습니다. 따라서 이에 위협이 될 소지가 있는 다양한 서구철학과 사상을 걸러내어 동경제국대학을 비롯한 근대대학 철학과의 커리큘럼에 반영했습니다. 이런 기조는 당연히 경성제국대학 철학과에 반영되었고요.

결국 우리 지성사에서 서구철학의 본격적인 수용이란 처음부터 일본적 스펙트럼에 의해 굴절된 것이었지요. 여기에 해방 이후에는 세계사적인 냉전체제와 국내 군사독재 틈바구니에서 이데올로기적 억압과 질곡으로 숨 막히는 서양철학 수용사가 지속되었습니다. 낯선 이론을 받아들이는 데 의당 치러야 하는 시간과 노력 외에 이데올로기의 가시밭길 사이를 헤매느라 우회했던 세월까지 더한다면 서구의 철학과 학문이 그나마 이 정도 정착된 일이 기적처럼 여겨지기도 합니다. 결국 제국에 의해 근대대학과 철학과가 세워진 것이 서구정신의 요체를 이해하여 우리의 지성사적 전통과 자연스럽게 융화되는 일을 앞당겼다고는 결코 이야기할 수 없습니다. 외려 제국에 의한 학문과 지성의 지배가 본격화되면서 우리 지성의 역동성과 자율성은 급격하게 위축됩니다.

이 책에서 다룬 인물들 상당수는 유학자로 출발합니다. 즉 전통적 지성의 세례를 받은 이들이지요. 하지만 격변의 역사와 현실 앞에서 스스로 달리 생각하고 달리 실천하고자 애쓰면서 독자적인 사유의 흔적을 철학사에 남기게 됩니다. 말하자면 이들은 서구열강이나 주변 강대국들의 위협적인 움직임을 감지하면서 전통적 지성사의 한계를 절감하고 새로운 사유와 실천의 기반을 창조하려 했습니다. 하지만 제국의 권력이 학문과 지성의 세계까지 철저하게 지배하게 되면서 이러한 지성들은 외려 사라집니다. 이후 우리 학문의 역사, 철학의 역사, 지성의 역사란 서구정신을 갈래별로 받아들이는 일방적 수용의 경향을 강하게 드러내게 됩니다. 지성사는 남의 영향을 받을 수 있지만 결코 남이 주도할 수는 없는 법입니다. 이런 의미에서 '식민지 근대화'란 적어도 철학과 지성의 역사에서 형용모순에 불과합니다. 서구 근대의 가장 근본적 정신이 '자유', '자율' 등이라면 제국이 주도한 근대화는 우리 지성사의 자유롭고 창조적인 전개, 즉 '근대'적 전개를 오히려 철저히 가로막았기 때문이지요.

글쓴이들은 이렇듯 우리 역사만큼이나 뒤틀린 철학사를 아파하면서 이 책을 썼지만, 그런 통증을 생생하게 전달하기에는 미숙합니다. 이 책에서 다루지 못한 철학자들이 여럿 있으니 이 또한 부족함의 결과일 것입니다. 다만 향후의 정진과 보완을 약속하는 일로 당장의 역부족이 장차 정녕 부끄러운 게 되지 않도록 하리라 다짐합니다. 끝으로, 글쓴이들의 작은 모교 한국철학사상연구회의 여러 선배, 동학들의 후원과 가르침에 깊이 감사드립니다. 특히 이규성, 김교빈, 김재현, 이병수, 전호근 선생님께서 주신 조언과 격려에 각별한 감사인사를 전합니다. 아울러 물심양면으로 후원해주신 동녘출판사 이건복 사장님과 편집진에게도 깊이 감사를 드립니다.

2015년 봄, 이름 없이 스러져간 이들을 다만 기억해주길.
한국철학사상연구회 한국현대철학분과

1장

한국의 '철학'과
한국철학의 '현대'

—

이병태

우리 지성사는 일제강점기를 전후해서 급격하게 변화한다. 유학을 중심으로 하는 옛 전통은 스러지고 서구학문 및 교육 체제가 지배적 위상을 차지하게 된다. 한때, 서양의 철학을 유학의 지평에서 나름대로 이해하고 받아들인 이들이 있어 스스로 동서 사상을 통합하고 급변하는 역사적 현실에 응답하려 애쓴 적도 있었다. 하지만 일제의 강점과 이른바 '근대적' 학문·교육 체계의 도입은 우리 지성사의 자율적 전개에 강력한 질곡으로 작용한다. 서구철학, 더욱이 제국의 스펙트럼을 통해 흡축火縮된 이론은 새로운 기준으로서 전통마저 판가름하는 틀이 된 것이다. 이같은 극적 전환을 깊이 성찰함은 한국 현대철학사, 나아가 한국 현대지성사를 역동적으로 이해할 수 있게 할 뿐 아니라, 우리 역사의 '근(현)대'가 지닌 모순적 함의를 직시하도록 이끈다.

'철학'이란 말에서 낯설어지기

'tiger'를 우리말로 옮기면 '범' 또는 '호랑이'입니다. 이 옮김의 과정은 그리 어려운 일이 아니었을 겁니다. '범'은 우리 주변에 있고 생김새나 생태 또한 널리 알려져 있어, 서양 사람이 범을 가리켜 'tiger'라고 말하는 걸 확인했다면 대번에 서양에서는 '범'을 'tiger'라고 부르는구나 짐작할 수 있었을 테니까요. 하지만 '사자'는 어떨까요? 오래전부터 이 말을 사용했지만 우리 선조들이 사자를 잘 알고 있었다고 할 수는 없습니다. 사자라는 말은 중국을 통해 들어왔고, 애당초 용이나 봉황처럼 일종의 상상 속 동물을 일컫는 것이었으니까요. 사자는 주변에서 볼 수 있는 대상이 아니었습니다. 본 적이 없으니 상상해서 그릴 수밖에 없었겠지요. 그래서 옛 그림이나 탈에 묘사된 사자는 갈기가 있는 큰 짐승이라는 점 말고는 실제 형상과 사뭇 다릅니다. 따라서 '사자'는 '호랑이'와 달리 본 적 없는 동물을 상상하여 '말'만 먼저 사용된 경우라고 하겠습니다. 그렇다면 나중에 진짜 사자를 보았을 때 우리 조상들은 사자를 어떤 동물에 견주었을까요? 십중팔구 호랑이겠지요. 분자생물학적 근거를 들이대지 않더라도, 덩치나 포효하는 생김새 등이 척 보기에도 닮았으니까요. 즉 호랑이가 사자를 이해하는 기준인 셈이었습니다. 거꾸로 견주는 이가 있다면, 다시 말해 사자를 기준으로 호랑이를 보고 사자와 닮았다는 이가 있다면 참으로 해괴한 일이겠지요. 낯선 것을 받아들일 때는 대개 익숙한 것이 일종의 기준이 되기 마련입니다. 거꾸로 낯선 것을 기준으로 익숙한 것을 바라본다면, 이는 쉽게 납득할 수 있는 일이 아니겠지요.

17

그렇다면 우리에게 '철학哲學'은 호랑이와 사자 가운데 어느 쪽에 가까울까요? '철학'은 서양말로 뭐라 부르건 상관없이 우리 주변에 있던 것일까요 아니면 실제 대상은 없으면서 말만 먼저 들어와서 사용된 것일까요? 아마도 많은 이들이 '철학'을 '호랑이'와 같다고 여길 것입니다. 철학은 딱 부러지게 말하긴 어렵지만, 인간, 사회, 자연의 이치에 관해 묻고 생각하는 학문입니다. 나아가 '묻고 생각함'의 이치, 캐물어 생각한 바를 드러내는 이치 또한 파고듭니다. 이는 우리의 지적 전통에서 꾸준히 이어져온 일로, 인간의 도리며 세상의 이치 혹은 삼라만상을 아우르는 섭리에 관해 논한 조상들이 적지 않았고 그 유산 또한 여전히 전해지고 있습니다. 이렇게 보면 '철학'은 앞서 말한 '호랑이'의 경우에 해당한다고 해야 마땅합니다. '철학'이라 부를 만한 지적 전통이 엄연히 우리 전통 속에 있었으니까요. 하지만 사정은 그리 간단하지 않습니다.

'철학'은 명백하게 번역어입니다. 서양의 언어, 즉 'philosophy'를 옮긴 말이지요. 우리의 전통 속에 있던 학문이었지만 부를 말이 없어 외국어를 끌어다 쓴 것일까요? 아니면 딱히 부를 이름도 없을 만큼 우리 역사에서 그같은 학문의 전통이 변변치 않았을까요. 우리의 지적 전통을 떠올린다면, 두 물음에 대해 모두 망설임 없이 '아니오'라고 답해야겠지요. 당장 성리학만 떠올려 보더라도 서양의 'philosophy'와 유사한 학문 전통은 너무도 강해 지나칠 정도였으니까요. 그럼에도 그러한 학문 전통의 이름을 번역어로 지어 불렀으니 괴이쩍기 짝이 없는 일입니다. 바로 이 문제를 파고들면 파란만장한 한국철학사의 한 장면이 드러납니다. 그리 아름다운 장면은 아닙니다. 오랜 지적 전통이 역사의 격랑을 맞아 속절없이 무너지는 쇠락의 장면이니까요.

'philosophy'는 영어로, 그리스어 'φιλοσοφια(philosophia)'에서 유래한 말입니다. 독일어로는 'Philosophie', 불어로는 'philosophie'라고 합니다. 우리가 사용하는 '철학'이란 말은 'philosophy'를 한자어로 옮긴 것입니다. 이 번역은 '메이로쿠샤明六社'의 일원이었던 일본인 니시 아마네西周(1829~1897)가 한 것입니다. 메이로쿠샤는 근대 일본의 주도적인 지식인 집단이었는데, 이 모임을 둘러싼 이야기는 약간 다른 맥락에서 나중에 다뤄야 하니 일단 미뤄둡시다. 어쨌든 'philosophy'는 일본인이 '철학'으로 번역했지만, 이후 일본을 넘어 한국과 중국에서도 널리 사용됩니다.

기록에 따르면, '철학'이란 용어를 가장 먼저 공개적으로 사용한 한국인은 유길준兪吉濬(1856~1914)이었습니다. 그는 1890년《서유견문西遊見聞》을 고종에게 바친 뒤 1895년 일본에서 출판하는데, 잘 알려져 있듯이 이 책은 서양의 종교, 학문, 기술, 문물, 제도 등에 관한 정보를 포괄적으로 수록하고 있습니다. 특히 학문과 종교를 다룬 제13편에서 '철학'은 다음과 같이 소개됩니다. "이 학문은 지혜를 사랑하여 이치에 통달하기 위한 것이므로, 그 심원한 근본과 광박한 효용에 대해서 일정한 한계를 세울 수 없다. 사람의 언행과 윤리, 그리고 천만 가지 일의 움직임과 그침에 대해서 논하는 학문이다." 소략하긴 하지만 손색없는 '철학'의 정의입니다. 이후 20세기 초 이정직李定稷의 〈강씨철학대략康氏哲學大略〉(저술 및 출간 연도미상), 전병훈全秉薰의 《정신철학통편精神哲學通編》(1920), 이인재李寅梓의 《고대희랍철학고변古代希臘哲學攷辨》(1928) 등 본격적인 철학연구서들이 나오면서 번역어 '철학'의 용례는 점점 더 늘어납니다.

여기서 '철학'이란 번역어를 고안한 니시 아마네, 그리고 이 번역어를 한국에서 처음 사용한 이들의 생각을 되짚어보면 일정한 시차時差가 나타납니다. 먼저 염두에 둘 것은 이들이 서로 다른 나라 백성이긴 했어도 동아시아 지식인으로서 일정하게 공통된 사유지반을 지니고 있었다는 점입니다. 다른 점이 있긴 하지만, 일본 또한 한국이나 중국과 마찬가지로 유불선儒學, 佛敎, 道家을 중심으로 하는 지적 전통이 지배적이었습니다. 니시 아마네는 일본 지식인으로서 동아시아의 오랜 지적 전통에 결코 무지하지 않았으며, 그 영향에서 완전히 벗어나 있지도 않았습니다. 그렇다면 니시 아마네는 'philosophy'가 '지혜를 사랑하고' 이치에 통달하고자 하는 학문임을 알았을 터인데, 왜 굳이 '철학'이라는 신조어를 고안해서 번역했을까요? 유불선이라는 동양의 지적 전통이 아주 오래전부터 대단히 깊이 있게 'philosophy'의 역할을 해왔는데 말이지요. 차라리 전통 학문을 통칭하는 용어가 있다면, 그 말을 사용하는 것으로 족하지 않았을까요? 니시 아마네가 새로운 번역어를 사용한 까닭은 아마도, 그가 보기에 서양의 'philosophy'와 동양의 지적 전통이 상당히 비슷한 듯하면서도 분명 달랐기 때문일 것입니다. 반면, 이정직, 전병훈, 이인재 등은 서양의 'philosophy' 혹은 '철학'을 전통 학문의 지반과 유사하거나 동일한 것으로 이해합니다. 이들에게 '철학'은 서양식 이학理學, 궁리지학窮理之學, 격물치지格物致知의 학문이었습니다. 즉 동양과 서양이 같은 동물을 '호랑이'와 'tiger'로 달리 부른 것처럼, 이들은 '이학'과 'philosophy' 또한 같은 학문의 다른 이름일 뿐이라 여깁니다. 실제로 이들의 저술에는 칸트를 비롯한 다양한 서양 철학자와 그 이론을 동양의 전통에서 바라보고 아우르려는 시도가 분명하게 나타납니다. 이질적인 문화와 전통에서 나온 이론과 개념을 전통적인 관점에서 나름대로 이해하고 수용했음 또한 분명하고요. 하지만 곧 니시 아마네를 비롯한 일본 지식인들의 관점 변화가 우리에게도 널리 퍼지게 됩니다. 즉 서양의 'philosophy'는 이학과 같은 동양의 지적 전통과 다르다는 생각 말입니다. 일본도 초기에는 'philosophy'를 '이학'이나 '궁리학' 등 동아시아 지적 전통에 입각한 용어로 사용했습니다. 니시 아마네도 마찬가지였고요. 하지만 이내 이런 용어로 'philosophy'를 표현하는 게 부적절하다는 생각이 나타납니다. 이 변화의 계기를 잠시 짚어보지요.

당시 일본 지식인들은 서양을 조금씩 더 알아갈수록 동양의 '이학'과 서양의 '철학' 간에 미묘한 차이가 있음을 인식했습니다. 이들은 '서구적인 것' 전반에 관심을 갖고 열정적으로 연구하며 수용하려 했지만, 아무래도 이들의 이목은 '서구적인 것' 안에서도 '근대적인 것'에 집중될 수밖에 없었습니다. 이는 이들이 서양을 간절히 닮고자 했다는 사실과 관련이 있습니다. 그렇다면 이들이 동경했던 서양은, 특히 어느 시기의 서양이었을까요? '고대' 서양 혹은 '중세' 서양은 분명히 아니겠지요. 이들의 눈을 사로잡은 서양은 바로 '근대' 서양, 즉 19세기에서 20세기로 나아가는 동시대의 서양이었습니다. 서구에 대한 이들의 시선 속에는 자국과 서구사회의 비교, 서구사회의 우월함에 대한 찬탄, 그에 대한 동경과 강렬한 동화의 욕구가 뒤섞여 있었습니다. 더불어 그 우월함의 바탕에는 발달한 과학기술, 선진 정치·경제체제, 합리적인 제도 등 서구사회의 '근대적' 특징이 놓여 있다는 확신도 있었고요. 요컨대 이들을 압도하며 매료시켰던 '서양'이란, 엄밀하게 말하자면 '근대'의 서양이었습니다.

'philosophy'에 대해서도 사정은 비슷합니다. 이들은 서양의 '고대' 철학이나 '중세' 철학보다는 동시대 철학, 즉 '근대' 철학에 관심을 기울입니다. 이들은 서양 '근대' 철학을 서양철학의 정수라 보았으니까요. 그렇다면 이들에게 서양철학 전체로 다가온 서양 '근대' 철학의 두드러진 특징은 무엇일까요? 도대체 어떤 특징을 발견했기에 더 이상 'philosophy'를 이학으로 번역할 수 없다고 생각했을까요? 대답은 결코 단순하지 않습니다. 하지만 서양 근대철학에 묻어 있는 과학의 영향과 무관하지 않음은 분명합니다.

서양지성사에서 근대과학의 발전은 대단히 중요한 사건입니다. 이는 단순히 자연과학 자체의 변화를 넘어 사회전반에 근본적이고도 광범위한 영향력을 발휘했기 때문에 '과학혁명'이라고도 합니다. 철학 역시 이 과학혁명의 영향에서 자유로울 수 없었습니다. 자유롭기는커녕 서양 근대철학의 출발과 전개에서 과학혁명은 가장 중요한 동인 가운데 하나입니다. 한마디로 과학혁명이 없었다면, 서양 근대철학 담론은 그처럼 풍부하거나 역동적이지 못했을 것입니다. 진리와 이성에 관한 근대철학의 치열한 논의 배면에는 과학의 영향, 그리고 과학에 대한 의식이 자리합니다. 따라서 근대철학의 핵심주제는 물론, 방법론에도 과학의 그림자가 짙게 드리워져 있습니다. 여기에 역사적·사회적 요인들, 이전의 철학전통에 대한 반성과 비판 등이 복합적으로 작용하면서, 근대 서양철학은 좀 더 논리적이고 실증적인 성격을 띠게 됩니다.

니시 아마메를 비롯한 일본 지식인들은 바로 이런 부분을 간파합니다. 보면 볼수록 서양의 'philosophy'는 동양의 지적 전통과 달랐습니다. 실험과 관찰을 중시했고, 당연히 감각에 기초한 경험을 무시하지 않았습니다. 논리적이고, 실증적 경향이 두드러졌으며, 인간과 세계를 명상·관조하는 철학적 전통과 단절하려는 태도도 분명했습니다. 아무리 봐도 유불선에 기초하는 동양의 지적 전통과는 달랐고, 다르기에 달리 명명해야 한다고 느꼈습니다. '격물치지의 학'이나 '궁리지학'으로 부르기에는 어울리지 않는 특징이 보였고, 뭔가 새로운 이름으로 불러야 할 필요성을 절감한 것이지요. '철학'이란 새로운 번역어는 바로 이런 생각 위에서 등장합니다. 그리고 '철학'은 니시 아마네의 《백일신론百一新論》(1874) 출간 이후 'philosophy'의 대표 번역어로 자리잡습니다. 실제로 니시 아마네는 《백일신론》을 통해 동양의 이학과 서양의 철학을 분명하게 구분하고, 서양철학의 우월성에 관해서도 언급합니다.

참고로, '哲學'은 'philosophy'의 어원인 'φιλοσ(philos, 사랑)'와 'οοφια(sophia, 지혜)'를 한자화한 용어입니다. 본래는 'philos'를 '愛' 혹은 '希'로 번역하고 'sophia'를 '哲'로 옮겨, '애철학', '희철학' 등으로 부르다가 나중에 '철학'으로 정착됩니다. 어찌 보면 기계적이고 단순한 직역일 뿐, 니시 아마네를 비롯한 지식인들이 그토록 동경한 서양 근대정신이 드러난다고도 볼 수 없습니다. 그럼에도 이러한 과정을 통해 탄생한 번역어 '철학'은 이후 서구의 지적 정수를 담는 그릇이 됩니다. 그리고 동양의 지적 전통은 다소 부정적인 의미에서 이 그릇에 담기에 어울리지 않는 것이 됩니다.

이쯤에서 잠깐 현 상황을 둘러보기로 합시다. 우리는 전통적인 '유불선'의 눈으로 'philosophy'를 바라보고 있나요, 아니면

'philosophy'를 기준으로 '유불선'을 이해하고 있나요? 아마도 후자일 것입니다. '철학'은 우리 관습 속에서 표준적인 학문틀로 이미 확고하게 자리잡고 있습니다. 우리는 소크라테스나 칸트를 격물치지의 학에 임한 학자로 보기보다 퇴계나 화담을 철학자로 봅니다. '호랑이'와 'tiger'처럼, '이학'과 'philosophy'는 말만 다를 뿐 같은 뜻인 줄 알았는데 아니었던 게지요. 'philosophy'가 '철학'으로 번역돼 차별화되면서 '사자'로 화한 것입니다. 알면 알수록 '호랑이'와 다른 것, 즉 동양의 지적 전통과 다른 것으로 고착됩니다. 더 놀라운 일은 'philosophy'가 더 이상 우리의 지적 전통 위에서 조망되지 않는다는 사실입니다. 익숙한 호랑이를 떠올리면서 낯선 '사자'를 바라보는 게 아니라, 거꾸로 사자를 기준으로 호랑이를 이해하는 해괴한 일이 실제로 일어나고 있습니다.

이제 누구도 '이학'과 같은 전통 학문의 틀에서 서양의 '철학'을 바라보지 않습니다. 이 책의 제목에도 '철학'이란 말이 들어있지요. 이처럼 '철학'이란 말은 이미 보편화되어 익숙합니다. 의도적으로 바꿀 수도 없고요. 하지만 이 '익숙함'은 그 자체로 하나의 문제상황을 의미합니다. 우리 역사에서 어느 순간 지적·학문적 패러다임이 완전히 전환되었으나, 이 '전환'은 대개의 지성사가 그러하듯이 그 주체들이 주도하여 조금씩 이뤄낸 변화가 아닙니다. 외세의 침탈로 얼룩진 우리 근(현)대사가 지성사에 남긴 뼈아픈 뒤틀림일 따름입니다. 이런 점을 생각하면, 이 '전환' 앞에서 강압적으로 뒤틀린 우리 지성사의 생채기를 새삼 마주하게 됩니다. '철학'이란 말의 친숙함 너머에서, 우리 지성사에 남겨진 질곡과 상처가, 그리고 이에 대한 무심함 혹은 망각이 문득 느껴집니다. 어떤가요? '철학'이란 말이 조금 낯설게 느껴지나요?

우리 철학사의 전환, 중세에서 근(현)대로

'철학'이라는 말이 알려지고 익숙해지는 과정은 '철학'이라는 학문과 그 체계가 우리 현실 속에 자리잡는 과정입니다. 여기서 '알려지고 익숙'해짐, 혹은 '자리'잡음은 자생적이라거나 자연스럽다고 할 수 없습니다. 우리 지성사를 주도한 이들이 스스로 서양철학을 이해하고 우리 전통과 비교하면서 '철학'을 정착시킨 게 아니기 때문입니다. 물론 앞서 언급했듯이 이정직, 전병훈, 이인재 등이 '철학'이라는 말과 더불어 서구철학의 수용에 일정한 역할을 했습니다. 하지만 이러한 시도마저도 일제강점기를 전후해 약화되거나 위축됩니다. 제국이 교육체계 및 제도는 물론이고 그같은 학문의 수용까지 주도했으니까요. 이처럼 서양의 '철학', 나아가 우리에게 익숙한 '철학'과 그 틀은 일본의 주도하에 우리 현실에 정착됩니다.

'철학과 관련된 일본의 영향력은 비단 제도적 형태로만 나타나지 않았습니다. 우리 역사에서 '철학'이라는 말을 가장 먼저 언급하고 정의한 인물은 전술했듯이 유길준입니다. 하지만 유길준의 《서유견문》은 국내에서 출판되지 못하고, 후쿠자와 유키치福澤諭吉 (1835~1901)의 도움으로 일본에서 출판됩니다. 후쿠자와 유키치는 일본 근(현)대사의 중요 인물로, 특히 일본 근대교육 및 학문사에서 가장 비중 있는 사람 가운데 하나입니다. 1만 엔 지폐에 초상이 실릴 정도니 어느 정도 인물인지 충분히 상상할 수 있겠지요. 그는 니시 아마네가 속한 메이로쿠샤의 핵심 인물로, 훗날 도쿄대학의 전신인 개성소開成所를 이끌기도 합니다. 게이오대학과 산케이신문의 실질적 설립자이기도 하고요. 유길준은 이러한 후쿠자와 유키치의 제자였고, 그 인연으로《서유견문》이 일본에서 출판될 수 있었습니다. 우리 역사에서 '철학'은 용어의 번역과 고안부터 이 말을 처음 사용한 책의 출판에 이르기까지 다양한 경로로 일본의 영향을 강하게 받았습니다.

이처럼 '철학'은 일본의 주도하에 우리 지성사에 뿌리내립니다. 주목할 점은 갓 소개된 서구 '철학'이 일제강점기를 거치면서 종래의 전통을 전격 대체했다는 사실입니다. 여기서 옛 전통은 다름 아닌 유학입니다. 수세기 동안 우리의 '철학'적 전통이었고, 정치와 도덕, 나아가 관습까지 지배한 유학이 어떻게 그토록 짧은 시간에 약화·해체될 수 있었을까요? 물론 다양하고 복합적인 요인들이 상호작용한 결과겠지만, 가장 결정적 원인은 경성제국대학 설립으로 상징되는 근(현)대교육 및 학문체계가 일본의 주도하에 구축되었기 때문입니다.

물론 갑오개혁이나 20세기초 민립대학설립운동에서 보듯, 유학 중심의 학문 및 교육 틀에서 벗어나 새로운 시대조류에 걸맞은 변화를 우리 스스로 이끌려는 시도가 없지는 않았습니다. 하지만 주지하다시피 이러한 시도는 모두 실패합니다. 이러한 실패에 일본이 직간접적 영향력을 발휘했고요. 실제로 일본은 병탄 직후 조선의 핵심 교육기관인 성균관을 경학원經學院으로 개칭·축소시켜 의도적으로 위상을 추락시킵니다. 유학의 지방거점이랄 수 있는 향교 또한 폐쇄시키고, 다수의 친일 유교단체 설립을 후원하기도 합니다. 이후 1920년대 애국지사들이 민립대학 설립을 다각도로 추진하자 이 또한 좌절시키면서 몇 년 뒤 경성제국대학을 설립하지요. 경성제국대학은 건립과 동시에 핵심 엘리트를 양성하는 대표 교육기관으로 자리잡습니다. 국가권력이 핵심 엘리트와 관료의 양성기관을 특정함은 해당 교육기관의 압도적 위상을 보장하는 것과 다를 게 없습니다. 과거 성균관이 그러했듯이 말입니다. 따라서 성균관과 유학은 이제 주변부로 밀려나고, 경성제국대학과 문학부 철학과가 '궁리'를 탐문하는 핵심기관이 됩니다.

경성제국대학의 탄생과 서구학문 및 교육체계 도입은 단지 교육체계의 진보, 서구학문의 본격 수용과 확산만을 의미하는 사건이 아니었습니다. 이는 지식권력 내지 학문권력의 체계를 재편하는 사건이었습니다. 학문은 삶과 현실에 대한 진지한 통찰로, 세속적인 이유가 아니더라도 사람의 이목을 끄는 힘이 있습니다. 지금도 많은 사람들이 변함없이 동일한 학문관을 견지하며 강조하고 있지요. 하지만 특정한 학문 및 지식체계가 사회적으로 강력한 영향력을 발휘하는 데는 권력적 측면 또한 도외시하기 어렵습니다. 공인된 학문경력이나 지식의 소유는 사회적 영향력이나 안정적 삶을 획득하는 길입니다. 이런 세속적인 동기는 학문과 지식의 사회적 영향력을 지속시키는 강력한 토대입니다. 지금도 여전한 대학진학 열풍은 취업과 안정된 삶의 기반을 얻고자 하는 욕구와 떼어서 이해할 수 없겠지요.

어느 정도 체계화된 국가사회에는 학문과 지식의 세계를 지배하는 특정 교육기관이 있기 마련입니다. 국가권력이 공인하거나 보장하는 지배력을 특정 교육기관이 독점할 때, 이 교육기관은 내용과 형식 모두에서 학문 및 지식체계를 규정하는 힘을 갖게 됩니다. 예컨대 조선시대 성균관은 유학자가 읽어야 할 책과 읽는 순서, 중요도 등에서 일종의 표준을 제시했습니다. 실제로 이 '표준'은 당시 학문 내용과 형식을 규정했고 사회적 영향력 또한 막대했습니다. 따라서 가장 영향력 있는 교육기관 및 체계가 급격하게, 더욱이 실질적으로 바뀐다는 것은 결코 단순한 의미가 아닙니다. 특히 서로 뒤바뀌는 두 체계가 연속성이나 상관성이 없을 경우, 나아가 완전히 이질적인 경우, 이 '대체'는 일종의 지성사적 전환을 의미합니다. 이전과는 다른 학문 및 지식체계가 자리잡는 것이지요.

경성제국대학의 설립, 그리고 '철학'과 설치는 바로 이러한 전환적 사건이었습니다. 유학 기반의 학문세계, 유학적 정치, 유교적 도덕과 관습이 일제히 몰락하거나 주변부로 밀려나면서 종래의 지적 전통 전체가 쇠락하는 동시에 또 다른 전통이 급부상했으니까요. 특히 인간, 윤리, 세계, 자연, 우주 등에 대한 관점에 강력히 개입했던 이학의 사유 기반은 경성제국대학 설립과 더불어, 즉 새로운 지식권력의 중심이 형성됨과 동시에 대학의 전공학문인 '철학'으로 대체됩니다. 인간과 사회, 자연과 우주에 대한 통찰에 일종의 표준이 되는 방법과 내용은 이제 근대 대학과 대학의 철학과가 규정하게 된 겁니다.

성리학에 정진하는 일은 개인적인 수양의 의미나 지닐까 더 이상 입신양명의 통로가 되지 못합니다. 아울러 학문적 권위를 인정받기도 어렵게 됩니다. 유학을 중심으로 하는 종래의 철학전통은 방법과 대상이 불명확할 뿐 아니라 비논리적·비과학적 직관이나 신념이 혼재하는 '애매모호'한 학문 전통, 더욱이 가르치고 배우는 전승과 교육의 체계마저 조직적이지 못한 지적 전통으로 치부되어 점차 주변부로 밀려납니다. 결정적으로 '낡은' 것이 되지요. 유생의 고리타분한 이야기보다 경성제국대학 철학전공자의 세련되고 논리정연한 발언이 더 설득력을 발휘하게 되었다면, 지나친 비유일까요? 어쨌든 학문세계의 중심 이동은 시간이 지날수록 더욱 강화됩니다. 공인된 철학수업은 오로지 대학에서만 가능하게 되고, 철학을 가르칠 자격과 학문적 권위 역시 대학 밖에서는 획득 불가능한 것이 됩니다. 이제 철학은 근대교육 및 학문체제 내에서만 온전히 연구되고 전승됩니다. 대학이 철학의 유일한 장소가 된 것이지요.

유념해야 할 사실은 종래의 철학전통이 쇠락한 데는 학문과 교육체계의 강압적·의도적 변화와 같은 외적 요인만 작용한 것이 결코 아니라는 점입니다. 근(현)대세계의 변화, 특히 20세기초의 변화는 복합적이었을 뿐만 아니라 속도도 빨랐습니다. 과학과 기술 발전, 정치·경제체제 변화, 세계질서 재편 등이 동시에 진행되면서, 사람들의 일상과 관습, 가치관이 한국과 동아시아를 넘어 전 세계적으로 급격하게 변화합니다. 옛 세상이 속절없이 무너지고 사라진 것이지요. 유불선을 아우르는 지적 전통은 시간과 장소를 뛰어넘어 지금도 사람들에게 설득력을 발휘할 만큼 깊이 있는 지혜를 담고 있습니다. 하지만 옛 세상에서 탄생한 지적 전통은 급격하게 변화하는 새로운 세상, 즉 낯선 근(현)대세계를 잘 설명할 수 없었습니다. 적절하고도 구체적인 삶의 대안을 제시해줄 수도 없었고요. 따라서 옛 전통은 서서히 설득력을 잃어갑니다. 급변하는 현실과 혼돈 속에서 방황하는 지성을 지탱해주지 못한 것이지요.

반면에 서구의 근(현)대 학문 및 철학은 새로운 세상과 더불어 탄생해 끊임없이 상호작용했기 때문에 우리의 지적 전통에 없는 다양한 설명의 논리, 현실비판 및 실천의 대안을 갖추고 있었습니다. 이는 혼란스런 세상 변화에 동요하던 지성들에게 커다란 설득력을 발휘합니다. 이런 까닭에 박은식, 전병훈, 신채호, 이돈화 등 우리 지성사의 주요 인물들 다수가 서구학문 및 철학에 큰 관심을 기울입니다. 심지어 이들의 서구사상 수용은 근(현)대 학문 및 교육체계가 제국의 주도하에 전면적으로 도입되기 이전에 이미 자발적으로 이루어집니다. 따라서 이들이 개입한 우리 지성사의 전환은 미약하게나마 자연스런 모습도 드러냅니다. 기존의 지적 전통이 지닌 한계가 전통의 지지자들을 이탈하도록 만들었고, 서구이론의 현실적 설명력이 나날이 더 많은 이들을 매료시켰으니까요. 다만 이처럼 자생적이고도 자연스런 변화는 제국이 학문과 교육체계를 주도하면서 종식됩니다. 우리 지성사를 이끈 인물들이 더 이상 그러한 변화의 주체일 수 없게 된 까닭이지요.

옛 전통을 전격 대체한 철학과 그 체계는 이미 확고해진 '철학'이라는 이름에서도 짐작할 수 있듯이 기본적으로 서구적인 내용과 방법론을 지닙니다. 이관용, 안호상, 한치진 등, 1920년대에 이미 유럽과 미국 등지에서 서구철학을 공부하고 돌아온 이들도 있었지만, 대개는 '일본'의 스펙트럼을 통과한 서구철학이 새로운 전통의 중심을 형성합니다. 이 책에서도 다루는 신남철, 박치우, 박종홍 등은 해방 이후 한국철학계에 큰 영향을 미친 인물로, 모두 경성제국대학 철학과에서 일본인 교수의 지도를 받았습니다. '일본'이란 창은 교재, 커리큘럼 등 모든 영역을 망라했고 상당 기간 그 영향력이 잔존했습니다. 주요 개념번역이나 커리큘럼은 말할 나위도 없고, 서양철학서 국역본 상당수가 일본인 번역본을 중역한 것이었으며, 심지어 국내 철학연구자의 '저서'로 알려진 책이 실은 일본인 저자의 편역서인 경우도 없지 않았으니까요.

특히 일본의 스펙트럼을 통한 서구철학 수용은 독일을 비롯한 특정 지역 편중 현상이 두드러졌는데, 이런 편향이 해방 이후 상당한 기간 지속됩니다. 우리가 서구철학을 직접 번역하고 연구·수용한 것은 그리 오래된 일이 아닙니다. 이 과정에서 유학을 비롯한 전통철학 또한 제도교육의 틀 안으로 들어오지만, 연구나 전승방법 등이 '서구화'되고 맙니다. 그저 철학의 한 종류로 간주될 뿐, '수양'처럼 모호한 요소는 배제되며, 체득보다는 분석을 통한 연구가 당연시됩니다. 고궁이나 민속촌에서 전통 건축물을 대할 때 거주자가 아닌 구경꾼의 입장에서 바라보듯, 전통 지성의 맥은 우리의 정체성에서 분리되어 머나먼 이국의 철학만큼이나 낯설게 된 것이지요.

하지만 이같은 술회가 전통의 상실을 아쉬워하거나 그 회복을 강변하고자 함은 결코 아닙니다. 다만 한국철학사의 근(현)대적 전환에서 두드러지는 수동성 혹은 타자성을 주목하고 곱씹어보고자 함입니다. 철학을 비롯한 지성사의 흐름은 통상 그 주체의 주도하에 완만하게 변화합니다. 하지만 유불선의 지적 전통에서 벗어나 서구와 만나는 한국철학사의 근(현)대적 전환은 이미 보았듯 한국의 지성들이 주도하지 못했습니다. 크게 보았을 때, 제국의 기획과 의도에 따른 것이며, 심지어 온통 '서구'를 향한 것이었습니다. 말하자면 서구라는 타자의 철학을, 일본이라는 타자의 스펙트럼을 통해 '받아들임'이 우리 철학사에 찾아온 전환기, 그리고 그 이후의 풍경이었습니다.

결과적으로 우리 철학의 근(현)대는 처음부터 수용사적 특징을 강하게 지닌 채 시작됩니다. 그렇다고 해서 이전에는 우리 철학의 틀 위에서 인간과 사회, 자연과 우주를 직접 통찰했는데, 근(현)대 이후에는 서구철학자의 통찰을 이해하고 받아들이기만 했다고 개탄하는 것은 아닙니다. 기존의 전통 또한 원래 우리의 것은 아니었습니다. 긴 시간을 지나 우리 것이 되기는 했지만, 유불선의 전통이 본디 밖에서 왔음은 분명하니까요. 이국의 사유를 받아들여 수백 년간 품고 다듬어 토착화시켰지만 이 기나긴 수용과 재정립의 지성사는 대전환의 격동 이후 다시 새로운 수용사로 이어집니다. 이 '수용'마저 상당 기간 일본이 주도하고요. 따라서 철학적 전통의 강압적 상실보다 아쉬운 것은, 철학사의 운동과 변화를 이끈 주체가 철저히 우리가 아니었다는 사실, 그리고 되풀이되는 일방적 수용의 역사입니다.

다르게 바라보는 '철학'과 '현대'

이 책은 '한국 현대철학'이란 이름으로 여러 인물을 소개합니다. 그 면면을 살펴보면 이런 의문을 제기할 법합니다. '이 사람이 어째서 철학자로 분류된 것일까?' 실제로 이 책에 소개된 인물 가운데 상당수는 우리가 알고 있는 철학교육을 체계적으로 받은 적이 없으며 널리 알려진 철학저술이나 논문을 남기지도 않았습니다. 강단에서 철학교육에 임한 경험도 없는 이가 대부분이고요. 그렇다면 도대체 어떤 근거로 이들을 '철학자'로 부를 수 있을까요?

우리는 '철학'에 관해 일정한 상像을 가지고 있습니다. 먼저 철학은 하나의 분과학문으로서 '대학'이라는 공간에 위치해야 마땅해 보입니다. 대학과 학문세계 밖에서 '철학'이란, 점집 간판이나 '인생철학'처럼 한숨이 절로 나오는 오용誤用 혹은 비유 차원에 머물 뿐이니까요. 나아가 철학은 대학 전공학과에서 전수되는 학문체계인 만큼 엄밀하고 실증적이며 논리적인 학문이어야 한다고 생각합니다. 실제로 근거없는 억지나 추정, 믿음 따위는 철학은 물론, 일반 학문에서도 가장 우선적으로 배제되어야 할 요소이지요. 요컨대 우리에게 익숙한 '철학'의 이미지는 '대학', '분과학문', '논리적 엄밀성' 등과 굳건하게 결합되어 있습니다.

이러한 철학의 상을 완강하게 견지한다면, 사실 이 책에서 다루는 인물 대다수는 '철학자'가 아닙니다. 이 말은 철학자가 아닌 인물을 대충 철학자로 분류했다는 고백일까요? 그렇지 않습니다. 오히려 일반화되어 익숙해진 철학의 상을 이 책이 달리하고 있다는 선언입니다. 철학의 상은 인류 역사 및 지성사에서 여러 번 뒤바뀝니다. 마치 '바람직한 인간상'이 시대와 장소에 따라 변화한 것처럼 말입니다. 철학의 상은 동양과 서양에서 서로 달랐고, 고대에서 현대에 이르는 역사의 흐름과 더불어 변화를 겪습니다. 우리에게 익숙한 철학의 상은 주로 근(현)대 서양에서 형성된 것이고, 그나마 일본을 통해 기틀이 마련됩니다. 바로 이러한 철학의 상, 이 시대 우리에게 고착화된 철학의 상에 얽매이려 하지 않는 태도가 이 책의 중요한 전제입니다. 그러한 상을 완전히 거부하지는 않겠지만 절대적이거나 만고불변의 것으로 여기지도 않습니다. 요컨대 철학의 상이 역사적 현실의 운동과 더불어 변화함을 인정하려 합니다.

근(현)대철학의 상과 달리, 동서고금에 걸쳐 철학은 문학이나 예술 혹은 신화와 종교, 심지어 정치와 분리할 수 없는 경우가 많았습니다. 따라서 철학 안에 다의적 표현, 신비주의적 직관, 도덕 이데올로기 등이 내재하는 것은 이상한 일이 아닙니다. 주지하다시피 니체나 사르트르를 비롯한 많은 철학자들이 문학의 형식에 철학의 메시지를 담았습니다. 벤야민은 카발리즘 같은 신비주의의 영향을 강하게 받았고, 클레의 그림을 화두로 모호하기 짝이 없지만 많은 것을 함축한 역사철학을 전개합니다. 심지어 현대 언어분석철학의 거두인 비트겐슈타인의 《논리철학논고》는 아포리즘으로 구성돼 있는데, 논리적이긴 하지만 고도로 압축적이어서 종교의 잠언만큼이나 읽는 이의 상상력을 요청합니다. 그밖에 시를 인용하는 철학서는 흔한 편이고, 노골적으로 특정한 정치적 요청을 하는 철학자도 드물지 않습니다. 하지만 이 때문에 이런 철학자들과 그 이론이 평가절하될 수 없음은 물론입니다. 그렇다고 낡은 미신과 주술을 철학에 다시 끌어들이려는 것은 아닙니다. 근대 이후 일반화된 철학의 상에 얽매이지 않으려는 시도가 무리는 아님을 말하려는 게지요.

따라서 이 책 제목에 포함된 '철학'은 좁은 의미의 학제화된 철학을 뜻하지 않습니다. 이 책이 다루는 '철학자' 또한 협의의 철학 전문 연구자가 아닙니다. 인간과 삶, 인간의 사회 및 역사, 자연과 우주에 대해 진지하게 탐문하고 신중하게 답하며, 이러한 지적 통찰을 삶 속에서 실천한 이가 있다면, 철학 전공 여부와 상관없이 '철학자'로 부를 수 있다고 봅니다. 이런 의미에서 박은식, 신채호, 나철, 최제우, 함석헌 등은 '철학자'입니다. 비록 박종홍, 신남철, 박치우처럼 대학에서 철학을 전공하지 않았고, 종교지도자나 독립운동가의 정체성이 더 강하지만 말입니다. 부언하자면, 인간의 삶과 우주를 넘나드는 이들의 거침없는 사유는 내용과 방법을 고려할 때 철학 아닌 다른 분과학문의 영토에 귀속하기도 어렵습니다. 자기정체성을 끊임없이 재규정함으로써 고정된 자화상을 스스로 부정하는 '철학'이야말로 저들의 사유가 자리하기에 가장 알맞은 땅입니다.

이 책이 '철학' 혹은 '철학자'의 규정을 달리했듯이, 이 책이 말하는 '현대' 또한 새로운 문제의식과 정의定義를 전제로 합니다. 한 시대를 다른 시대와 다르다고 말할 수 있는 근거는 다양합니다. 왕조가 바뀌거나 종교를 비롯한 사회문화적 근간, 혹은 경제기반의 격변 등이 그러한 구분 근거의 실례가 되겠지요. 시대 구분의 사실적 조건을 파고드는 일은 아무래도 철학의 권역 밖에 있습니다. 여기서 철학은 시대와 시대를 구분하는 의식의 발생과 확산에 관해 개입할 수 있습니다. '이 시대가 이전 시대와 다르다'는 생각은 특히 자신의 시대를 지나간 시대와 구분하고자 하는 차별화의 의식이라 할 수 있지요. 아울러 그러한 구분과 차별화는 지나간 시대에 대한 비판을 담고 있습니다. 지나간 시대에 대한 비판은 더 나은 세상에 대한 희망을 함축하고, 희망은 언제나 사람을 이끄는 힘을 발휘합니다. 요컨대, 시대를 구분하려는 생각이 강력하게 발생하는 시기는 과거에 대한 비판과 더 나은 미래를 건설하려는 희망이 분명해지는 시점입니다.

실제 인류역사에서, 특히 서구사회에서 이러한 태도와 의식이 전격적으로 등장하는 시기가 '근(현)대'입니다. 여기서 철학의 사유는 '근(현)대'라는 역사적 시대규정 자체에 개입합니다. 이는 '근(현)대'라는 역사적 시대규정이 먼저 자리잡고, 그렇게 규정된 '근(현)대'라는 역사 시기에 비로소 위에서 말한 시대 구분 의식, 비판과 희망이 등장했다고 생각하는 일을 멈추는 것이지요. 오히려 그러한 생각을 뒤집어보는 일입니다. 자신의 시대를 차별화하고 과거를 비판하며 더 나은 세상을 희망함이 시대정신으로 등장한 시대, 그리고 이같은 희망과 시대정신을 현실 속에 구현하기 시작한 시대를 우리는 '근(현)대'라 부릅니다. 철학의 편에서 역사의 눈을 무리하게 비판하는 논지인가요? 하지만 결코 강변은 아닙니다.

'modern' 혹은 'modernity'의 어원은 라틴어 'modérnas'입니다. '새로움'을 뜻하지요. 그렇다면 'modern times' 혹은 'modern epoch'란 '새로운 시대' 정도의 뜻이 됩니다. 하지만 'modern'이란 말은 일본을 통해 번역되고 수용되면서 '새로움'이란 본래의 의미를 담지 못하는 '近代' 혹은 '現代'라는 한자어로 옮겨집니다. 말이 나온 김에 이 글에서 자주 '근(현)대'라는 애매한 용어를 사용하는 까닭을 밝히자면, 우리 사회에서 '근대', '현대', '근현대' 등이 특별한 구분 없이 혼용되고 있기 때문입니다. 따라서 '근(현)대'는 이 다양한 번역어를 통칭하기 위한 용어입니다. 덧붙여, 이렇다 할 이론적 합의나 논쟁없이, 의미를 달리할 수 있는 여러 번역어가 동시에 사용되는 문제를 환기하려는 의도이기도 합니다. 아무튼 너그럽게 보자면 '근대'든 '현대'든 그리 무리한 말옮김은 아닙니다. 새로운 시대란 자신이 속한 시대, 지금의 시대, 혹은 '지금'에 가까운 모든 시대를 의미하니까요. 더욱이 '근대'니 '현대'니 하는 말의 의미가 어느 정도 알려진 상태에서, 사용상의 불편함도 딱히 없습니다. 하지만 변역과정에서 '새로움'이란 뜻이 실종됨으로써 'modernity'가 등장하여 자리잡는 시대정신의 중요한 특징이 잘 드러나지 않습니다. 철학사 서술과 관련하여 특히 아쉬운 점이 되겠지요.

15~16세기 전후, 서유럽은 심각한 사회위기를 겪으면서 다양한 방식으로 돌파구를 모색합니다. 이는 지성사의 활발한 변화와 운동으로 이어지고, 주지하다시피 르네상스와 인문주의 부흥 등을 촉발합니다. 이때 문예이론 분야에서 이른바 신구문학논쟁新舊文學論爭, querelle des anciens et des modernes이 등장하는데, 고전을 불변의 문학기반으로 옹호하는 고전파anciens와 새로운 전통정립의 가능성을 주장하는 근(현)대파modernes가 대립합니다. 이 논쟁의 이론사적·사회적 영향력이 적지 않았기에 이때부터 'modern'이란 말이 특정한 의미를 담는 용어로 사용되기 시작합니다. 'modern'은 이렇듯 처음부터 낡은 것, 지나간 것, 옛것을 비판하며 새로운 전통, 근본, 토대를 모색하는 태도를 지칭했습니다. 따라서 'modern'의 태도에는 애당초 대단히 강력한 비판과 차별화의 정신이 담지되어 있습니다.

근(현)대파의 부상은 이성의 힘을 강조한 데카르트René Descartes (1596~1650) 철학에 힘입은 바가 큽니다. 'modern'한 시대의 시작은 문학과 같은 어느 한 영역의 독주로 비롯된 결과가 아닙니다. 실제로 'modern'함이란 그 무렵 지성사의 복합적 운동에서 보편적인 것이었습니다. 인간에 대한 새로운 해석, 새로운 인간사회의 청사진, 새로운 가치의 모색, 종교의 쇄신, 새로운 정치경제체제 구상 등이 역사상 유례없는 규모로 등장했습니다. 따라서 모든 학문과 예술에 두루 '새로움'의 정신이 지배적으로 나타납니다. 이와 관련하여 잘 알려진 서양철학사 저술들을 살펴보면, 두 종류로 대분

됩니다. 하나는 일반 역사서술의 시대 구분에 의존해 철학사를 구분하고, 다른 하나는 철학사 자체의 운동과 변화에 초점을 맞춥니다. 하지만 서양의 경우 서로 다른 입장에 선다하더라도 시기 구분은 거의 일치합니다. 애당초, '새로움'에 대한 열망이 폭증한 시대를 '새로운 시대', 즉 '근(현)대'로 규정했기 때문입니다. 하지만 이러한 일치가 모든 시대, 모든 사회에 동일하게 적용될 수 있으리라 여긴다면 큰 착각입니다. 어쩌면 우리 철학사에 대한 애매하고 불분명한 시대 구분 뒤에는 이런 착각과 무심함이 자리하고 있을지도 모릅니다.

지금껏 살펴본 점에 유의하면서 이제 우리 철학사를 살펴봅시다. 논쟁의 여지는 있지만 대체로 19세기 후반을 근(현)대의 출발점으로 보는 것이 우리 역사학계의 일반적 견해입니다. 만일 역사적 시기 구분법에 철학사를 귀속시키는 입장이라면, 한국의 근(현)대 철학사는 19세기 후반부터 시작해야 합니다. 하지만 사유의 내용과 질적 차별성 등이 고려되지 않은 이런 구분이 무슨 의미가 있을까요? 또 이런 구분이 우리 철학사의 운동과 변화를 잘 보여준다고 할 수 있을까요? 두 물음에 긍정적인 대답이 나오기는 힘듭니다. 현실 역사와 지성사의 조응 양상은 양자 모두에 관한 깊은 통찰이 선행되어야 온전히 규명될 수 있기 때문입니다. 이론과 지성의 뿌리가 역사적 현실임을 부정하려는 게 결코 아닙니다. 우리 철학사 자체를 투명하게 직시할 필요가 있음을 역설하는 것입니다. 또 그러한 직시를 위해 역사적 시기 구분법에 무비판적으로 귀속되는 철학사 서술 자체를 문제 삼는 것입니다. 우리 철학사 자체의 운동과 변화에 집중하는 통찰이 필요합니다. 그래야 한국의 역사적 근(현)대가 아닌 한국철학의 근(현)대가 언제부터 어떻게 시작되었는지 알 수 있겠지요. 한국철학사에 대한 이해와 서술의 깊이를 심화함으로써 역사적 근(현)대에 대한 성찰의 지평 또한 넓힐 수 있습니다. 좀 더 깊이 있게 지성사를 분석하고 통찰한 뒤에 우리 근(현)대를 논의한다면 이전과는 다른 면모를 찾아 밝힐 수도 있을 테니까요.

'근(현)대'에 관한 서구적 기준, 즉 '새로움'을 좇는 시대정신의 보편화를 잣대로 한다면, 한국철학자들은 언제부터 '근(현)대'에 접어들었을까요? 역사적 근(현)대의 시작점, 즉 19세기 후반에서 크게 벗어나지는 않겠지만 완전히 일치하지도 않을 것입니다. 이전의 지성사적·철학적 전통을 강력하게 비판하고 새로운 대안을 모색하는 철학자의 출현, 그러한 움직임의 보편화를 시작점으로 하겠지요. 철학적 중세에서 근대로 나아가는 균열과 변화의 징후를 확인하는 이 작업은 사실 상당히 큰 숙제를 예고합니다. 그 같은 지성사적 동요를 감지하려면 한국철학자들에 대한 전면 재검토, 재독해가 불가피한 까닭입니다. 따라서 우리 철학사의 '근(현)대적' 전환을 면밀하게 검토하여 철학사 시기 구분의 일정한 기준을 확립하는 일은 감히 끝을 기약할 수 없는 긴 시간이 필요합니다. 이 책은 그 작은 첫걸음에 해당합니다. 당대의 모든 철학자들을 새롭게 검토하고 '근(현)대적' 태도 유무를 기준으로 엄밀하게 취사선택한 것은 아니지만, 이 책에 수록된 철학자들은 적어도 그러한 태도를 뚜렷이 드러낸 이들입니다. 물론 '태도'의 강약과 그 속에 담긴 목소리는 철학자에 따라 큰 차이를 보이기는 합니다.

우리 철학사의 '근(현)대'는 '아직은' 명쾌하게 시기적으로 분별하여 드러낼 수 없음을 고백해야 하겠습니다. 이미 실학자들이 그러한 태도를 강력하게 견지했다고 할 수도 있고, 양명학陽明學과 같은 새로운 토대로 전환했던 유학자들이나 동학이나 대종교를 이끌었던 이들이 비로소 '근(현)대'적 사유와 실천을 본격적으로 드러냈다고 할 수도 있겠지요. 폭넓은 동의를 이끌어낼 수 있는 대답은 위에서 언급했듯이 긴 시간을 들인 연구 이후에야 가능할 것입니다. 어쨌든 시작한 이상 글쓴이들에게 주어진 과제는 우리 철학자들의 '근(현)대'적 징후를 캐고, 궁극적으로 한국 현대철학사를 재구성하고 재서술하는 일입니다.

'현대'를 억압한 '현대'와 우리 철학의 가능성

앞서, 이제 사람들이 '이학'의 입장에서 '철학'을 바라보지 않으며, 거꾸로 '철학'의 관점에서 '이학'을 조망한다고 지적했습니다. 더불어 전통의 붕괴와 새로운 전통 정립이라는 전환기적 사건에서 우리가 주체일 수 없었다는 사실도 이야기했습니다. 그 전환은 일제 강점의 역사적 질곡이 지성사에 투영된 결과일 뿐이라는 점도 언급했고요. 대체로 지적 전통의 강압적 전환을 부정적으로 바라보는 관점이 두드러졌습니다. 이런 논의와 관점이 보기에 따라 '전통'의 복권을 요청하는 보수적이고 고루한 태도로 보일 수도 있을 겁니다. 혹은 고작해야 동도서기東道西器의 변형 정도로 여겨질 수도 있겠습니다. 서구적이고 근대적인 학문 및 교육제도를 받아들여 새로운 지성과 안목을 얻고 옛것을 돌아보는 일이 잘못도 아닌데 이를 굳이 문제 삼는 태도가 바람직한 것인지 의문스러울 수도 있고요.

하지만 이러한 논의가 단순히 국수적 태도를 지향하는 것은 결코 아닙니다. 우리 지성사의 오랜 전통이 사라지고 강압적으로 무너졌음을 요란스레 개탄하며 부활과 회복을 정당화하려는 것 또한 아닙니다. 그러한 역사적·지성사적 질곡이 새로운 전통의 '자생적' 출현을 가로막았을 뿐만 아니라 그 가치에 주목할 수도 없게 했다는 점을 지적하는 것입니다.

우리 철학사를 비판적으로 되돌아보면, 이 책에 포함된 몇몇 철학자와 철학적 운동의 가치가 더욱 빛납니다. 최제우와 동학, 나철과 대종교, 신채호 등은 사실 우리 철학계에서 그리 크게 중시되지 못했습니다. 서구철학의 잣대를 들이댄다면, 이들은 신비주의적이고 비논리적이며 이론의 일관성도 갖추고 있지 못합니다. 종교와 철학의 애매한 경계선에 놓여 있기도 하고요. 학문적 엄밀성이나 논리적 일관성, 검증가능성의 기준을 적용한다면 이들의 철학적 가치가 높이 평가받기 어렵겠지요. 유불선의 전통 지성을 기준으로도 곱게 바라보기는 어렵습니다. 이미 그 전통에서 벗어나 있는 까닭입니다. 신채호는 유학자였음에도 유학을 버렸습니다. 동학과 대종교 역시 유학의 전통에서 볼 때 '이단'에 불과합니다. 반대로 유학전통에서 벗어나지 못했다는 평가를 받기도 합니다. 하지만 중요한 사실은 이들이 스스로 기존의 전통에서 벗어나려 했고, 분명히 벗어났다는 점입니다. 실제로 이들은 전통적 지성의 지반을 떠남으로써 이전에는 용인될 수 없었던 이론적 시도를 합니다. 동시에 서구학문 내지 서구철학의 거센 유입에 일방적으로 휩쓸리

지도 않았습니다. 따라서 이들은 공통적으로 우리 철학사에서 나타난 기나긴 수용의 역사를 벗어납니다.

기존의 전통도 서구적 전통도 이들의 기반은 아니었습니다. 이들의 사유와 실천은 뿌리가 없으며, 따라서 특정한 '근본'의 지배로부터 자유로웠습니다. 이들은 자신의 사유를 성숙시킨 전통을 하루아침에 버리고 끊임없는 사유의 유랑을 지속합니다. 기존 전통을 버렸지만 그렇다고 새로운 전통의 지배하에 들어가지도 않습니다. 근(현)대로 접어드는 시점에 서구지성들이 '고대 그리스'라는 새로운 전통의 뿌리를 더듬었듯이, 이들은 '단군'으로 거슬러 올라가기도 합니다. 전통의 근원적 쇄신은 상당히 중요한 'modern'의 징후라는 점에서 이들의 시도는 그 자체로 'modernity'의 전형이라 할 만합니다. 나아가 유불선의 전통을 통합하여 동서의 사유를 융합하기도 하는데, 이는 새로운 체계를 만들기 위한 창조적이며 진취적인 시도였습니다. 단지 의도가 좋았다고 일방적으로 칭송하려는 게 아닙니다. 이질적 사유체계를 아우르고 존재론과 가치론을 통합하며 이론과 실천을 하나로 보는 사유의 깊이와 통합적 방법론은 나름대로 정교한 논리와 체계를 갖추고 있습니다. 이 자유롭고도 거침없는 지성의 실험은 '새로운' 것이었고 '새로운' 세상을 향해 있었습니다. 앞서 이야기했듯이 'modernity'의 핵심은 '새로움'이기에 이들의 사유는 'modern'이라는 수식어를 붙이기에 부족함이 없습니다.

나아가 이들의 지적 모험에는 아주 잠깐 빛났던 '우리' 철학의 가능성이 엿보입니다. 옛 전통과 새 전통 그 어디에도 얽매이지 않는 이들은 두 전통 어디에도 귀속되지 않는 개념과 방법, 체계를 스스로 만듭니다. 단지 질곡의 시대를 관통하려 했다는 역사적·실천적 함의로만 평가할 문제가 아닙니다. 이론적으로도 상당한 의미가 있습니다. 물론 개념적 정교함이나 논리적 체계성 면에서 미흡한 점도 있지만, 그 가능성에 주목해야 합니다. 이들의 문제의식은 '인간', '사회', '자연' 등을 중심으로 하는 것이었습니다. 이는 분명 현대철학의 사유와 맞닿아 있으며, 특히 우리가 관심을 갖는 서구철학의 주제와 상통하면서도 깊이 있고 폭이 넓습니다. 따라서 이들의 사유가 지닌 철학적 가능성은 학문적으로 주목할 만한 가치를 지닙니다.

현대 사회체제가 부조리하게 작동하고 교정 가능성이 점점 낮아지자, 벤야민, 바디우, 지젝 등이 말한 '폭력'에 관한 성찰이 큰 관심을 끌게 됩니다. 이들의 논의는 지금도 우리사회에서 주목받고 있는데요. 맥락이 동일하다고 할 수는 없지만 신채호는 '폭력'을 독립의 수단으로 간주한 인물입니다. 그의 이론적 수준이나 완결성은 차치하더라도 우리는 신채호의 사유와 문제의식을 지적 전통으로 잇지 못했습니다. 강점기 이후 지성사와 철학사에 강단화·학제화 양상이 두드러지면서 의도적으로 '잇지' 않은 것이기도 하고요. 제도화되고 표준화된 학문의 상, 나아가 철학의 상에 맞지 않았으니까요. 만일 뿌리 없는 이들의 사유를 새로운 기원으로 하는 전통이 이어졌다면, 현대사회를 통찰하는 고유의 철학적 문제 틀이 지금쯤 우리에게 마련되어 있을지도 모릅니다.

가장 뼈아픈 사실은 어쨌거나 가능성이 있던 하나의 기원이 강점기의 시작과 더불어 하릴없이 소멸했다는 점입니다. 서구학문의 근대적 수용을 제국이 주도하면서 자리잡은 '철학'의 패러다임은

'근본' 없는 이들의 가능성을 도외시했습니다. 수용사로서의 철학사가 진정한 '우리' 철학사가 움트는 좁은 땅을 굳이 비철학의 영역으로 배제한 것이지요. 한국지성의 역사, 특히 철학사가 품고 있는 이 같은 모순과 아이러니는 강점기와 더불어 착근된 '근(현)대성'이 실은 자유로운 비판과 희망의 주체적 모색이라는 참된 '모더니티'를 짓밟는 것이었음을 분명하게 드러냅니다. 이미 실정화되어 이식된 '근(현)대'는 자유와 주체의 특징을 결하고 있기에 그 자체로 형용모순입니다. '새로운' 시대로서 '근(현)대'는 의미상 결코 '남'이 만드는 게 아니라 제 손으로 이루어야 하는 것이니까요. 먼 미래일지라도 우리 철학의 가능성이 언젠가 움틀 수 있으려면, 먼저 지나간 지성사의 비극을 정면으로 응시할 수 있어야 합니다. 철학의 사史적 회고는 과거를 마주하고 있지만, 실은 미래를 애타게 그리워하는 일이니까요.

2장

전통사회의 동요와 새로운 사유의 출현

성리학 비판과 평등한 인간관

—

구태환

홍대용, 박지원, 박제가, 정약용, 최한기는 소위 조선의 '실학자'들로, 조선후기 사회에서 피폐해진 백성들의 삶을 목도하고 그들의 변화된 의식을 반영한 사상가들이다. 조선후기 사회의 신분차별, 부패한 관료, 불합리한 제도 등은 당시 백성들의 삶을 힘들게 했다. 그런데도 성리학적 논쟁에만 몰두한 지배층은 그런 상황을 개선시킬 능력도 의지도 없었고, 자연스럽게 민심은 지배층으로부터 이반되었다. 따라서 민심을 반영한 이들의 사상에는 성리학적 담론에 대한 비판, 신분차별에 대한 비판, 민생을 호전시킬 방책에 대한 고민 등이 담겨 있다. 이들의 사상은 당시의 사회질서 속에서 고통받고, 자신들을 고통에서 구제해줄 지배층을 찾을 수 없는 일반 백성들의 의식을 체계화한 것이다. 하지만 이들의 사상은 조선 지배층에 큰 영향을 미치지 못하였고 지배층의 민생 외면은 조선말까지 지속된다. 그리고 백성들은 차츰, 민중의 삶을 외면하는 지배층 대신 스스로가 사회를 이끌 주체가 될 수밖에 없음을 인식하게 된다.

조선후기 사회의 동요

이 장에서는 조선후기 사회상과 그에 대응하는 철학을 살펴볼 것
입니다. 한국 현대철학을 주제로 하는 책에서 이처럼 조선후기 사
회와 철학을 먼저 다루는 이유는 무엇보다 철학이 시대의 산물이
고, 시대적 모순을 드러내어 극복하는 학문이기 때문입니다. 앞으
로 우리가 다룰 한국 현대철학자들 중 최제우, 나철, 박은식, 신채
호 등은 조선후기 사회에 태어나 그 시대를 살았던 사람들입니다.
물론 최제우 이외의 인물들은 구한말 이후 일제강점기에 주로 활
동했지만, 이들의 철학에는 자신들이 태어나고 성장한 조선후기 사
회상을 극복하기 위한 고민이 녹아있을 수밖에 없습니다. 특히 조
선후기 사회의 민중을 힘겹게 한 조선 내부의 문제점들은 조선말
기, 구한말에 이르러서 더 심화되었을 뿐 근본적으로 개선되지 않
았습니다. 따라서 조선사회의 내적 모순에 대한 그들의 문제의식
은 조선후기 일부 철학자들의 문제의식과 근본적으로 다르지 않
았습니다. 다시 말해서 조선후기에 활동했던 일부 학자들은 시대
의 모순을 간파했고, 그 모순이 기존 체제 내부에서 발생할 수밖
에 없었던 필연적 요인을 인식했던 것입니다. 그리고 이를 개혁하거
나 새로운 사회상을 모색하는 데 필요한 이론적 단서를 제공했습
니다. 따라서 조선후기 사회에 대한 검토와 그에 대응하는 일부 철
학자들의 철학사상에 대한 검토는 한국 현대철학의 발흥을 이해하
기 위해 필요한 과정입니다.

　1392년 개국한 조선은 임진왜란(1592~1598)과 병자호란(1636~
1637)이라는 두 차례의 큰 전란을 겪습니다. 이들 전란은 조선사회

에 큰 충격을 안겨주었으며, 전란 이후 조선사회는 크게 동요했습니다. 전란을 기준으로 조선시대를 전기와 후기로 구분할 정도이죠. 이들 전란은 무엇보다도 일반 백성들의 삶에 많은 영향을 끼쳤습니다. 특히 약 7년간 지속된 임진왜란은 조선의 농토를 황폐화시켰습니다. 백성들 대부분이 농경에 종사하던 조선사회에서 농토는 삶과 직결된 것이었으므로 농경에 의존하던 민생의 기반이 흔들릴 수밖에 없었습니다. 게다가 그나마 농사지을 만한 땅에 대한 사대부士大夫 지배층의 토지겸병이 심화되어, 성호星湖 이익李瀷(1681~1763)의 표현대로, 일반 백성들에게는 송곳 꽂을 땅조차 없었습니다. 남의 땅을 부치며 살아가는 백성들은 터무니없이 많은 소작료를 지불해야 했지요. 결국 많은 백성들이 농토를 떠나 도적이 되거나, 그나마 돈이 있는 이들은 이를 자본으로 장사를 했습니다. 상업에 종사하는 사람이 늘어나게 된 것입니다. 게다가 감자, 고구마, 고추, 인삼, 담배 등의 상품작물 재배가 늘어나고, 대동법大同法이 시행되고, 상설시장이 개설되고, 화폐 사용이 정착되는 등 상업이 발달했습니다. 상업의 발달로 기존의 사농공상士農工商이라는 서열적 신분체계가 흔들리기 시작한 것입니다. 신분체계에서 나타난 이러한 변화는 양반 수의 증가 때문에 더욱 가속화됐습니다. 양반 수의 증가에는 조선정부에서 발행한 공명첩空名帖이 적지 않은 역할을 했습니다. 전란으로 부족해진 정부 재정을 충당하기 위해 발행한 공명첩을 산 사람은 양반신분을 취득할 수 있었기에, 돈 있는 상민이나 천민이 양반이 될 수 있었습니다. 나중에는 세도가들의 매관매직賣官賣職 역시 많은 양반을 양산했으며, 연암燕巖 박지원朴趾源(1737~1805)의 〈양반전〉에도 서술된 것처럼, 상민이 몰락 양반으로부터 신분을 사서 양반이 되기도 했습니다.

이처럼 양반 수의 증가와 상업발달 등의 요인 때문에 신분제도가 흔들리는 상황 속에서, 일반 백성들이 체감하는 신분차별은 더욱 심화되었습니다. 조선사회에서 지배층을 형성하는 양반, 사대부는 일반 백성들이 부담하는 대부분의 의무로부터 자유로웠습니다. 예컨대 일반 백성들과는 달리 양반인 남성은 병역의무로부터 자유로웠습니다. 이런 사회에서 양반의 수가 늘어난다는 것은, 그만큼 병역의무를 이행할 사람이 줄어들며, 그만큼 일반 백성들이 부담할 의무가 늘어남을 의미합니다. 따라서 군포軍布를 냄으로써 병역의무를 이행하는 당시 제도하에서 백성들은 늘어난 양반이 낼 군포까지 부담해야 했습니다. 더구나 많은 지방 수령과 아전들은 재산을 축적하기 위해서 부당하게 군포를 징수하기도 했습니다. 그래서 군포 징수 방법은 갈수록 가혹해졌지요. 어떤 사람이 군포를 못 냈을 경우에 이웃, 친척, 마을사람들에게서 거뒀고, 심지어는 갓난애 몫으로 군포를 거두거나〔황구첨정黃口簽丁〕죽은 이의 몫으로 군포를 거두기〔백골징포白骨徵布〕도 했습니다. 이런 세태를 잘 보여주는 시가 다산茶山 정약용丁若鏞(1762~1836)의 〈애절양哀絶陽〉입니다.

49

갈밭 마을 젊은 아낙 통곡 소리 계속 되네

관아 향해 통곡하며 하늘 향해 울부짖네

지아비 전쟁 나가 못 돌아옴은 있어도

남정내 성기 자른 말 예로부터 못 들었네

시아비 상 다 끝나고 갓난애 배냇물 씻지 않았는데

삼대三代(죽은 시아비, 남편, 갓난애) 이름 군보(군포를 낼 사람 명단)에 오르다니

언변 없이 호소하니 호랑이 같은 문지기요

(중략)

칼 갈아 방에 들어 방석에는 피가 가득

아이 낳아 고생하니 한이 되어 그랬다네

(중략)

부자들은 평생토록 악기나 뜯으면서

낱알 하나 비단 쪼가리 바치는 것 없는데

균등한 우리 백성 어찌 이리 차별하나

객사 창가에서 시구편鳲鳩篇(임금이 백성을 고루 사랑해야 함을 노래한《시경》
의 편명) 거듭 읊네

<애절양>은 정약용이 강진에서 귀양살이할 때 들은 사실을 표현
한 시입니다. 고을 아전이 사흘밖에 안된 갓난아이의 군포를 핑계
로 소를 끌고 가버리자, 그 아비가 '내가 이것 때문에 이런 곤욕을
치른다'며 자신의 생식기를 칼로 잘라버렸습니다. 이에 그 아내가
피가 뚝뚝 떨어지는 남편의 성기를 들고 관아 문 앞에서 울부짖으
며 시위했던 것이죠. 이처럼 백성들의 삶에 큰 영향을 끼치는 정책
의 문란한 시행 때문에 민생은 비참해질 수밖에 없었습니다. 이러
한 정책의 문란을 상징하는 말이 '삼정문란三政紊亂'이지요. 그러나
조선의 지배층은 이처럼 피폐해진 백성들의 삶을 보듬어주지 못했
습니다.

조선을 휩쓴 두 차례의 전란은 조선 지배층의 주인의식 부재와
무능력을 잘 드러내주는 사건이었습니다. 임진왜란이 발생하자 임
금인 선조宣祖는 국경인 압록강가 의주로 도피하며, 조정의 많은 신

하가 선조를 따라서 도망갔습니다. 조선의 주인을 자처하던 지배층이 떠난 나라를 지키고자 나선 것은, 일부 선비가 주도했지만 일반 백성이 주축이 된 의병이었습니다. 더구나 조선 지배층은 임진왜란 이후에 적절한 국방 대책을 세우지도 못했습니다. 결국 반세기도 되지 않아 병자호란으로 청淸나라 군대에 속수무책으로 유린당했죠. 그리고 전란 이후에는 조선을 재건할 실질적인 대책을 강구하지도 못했습니다.

그렇다면 조선 지배층은 도대체 어디에 정신이 팔려 있었을까요? 병자호란 이후에 등장한 '북벌北伐', '소중화小中華'라는 낱말들은 그들의 의식을 단편적으로 보여줍니다. '북벌'은 청나라를 정벌하자는 구호입니다. 조선을 침탈한 청나라에 복수하자는 주장은 당연한 듯합니다. 하지만 조선 지배층이 북벌을 주장한 주된 이유는 중화문화의 계승자인 명明나라를 멸망시킨 청나라에 복수해야 하기 때문이었습니다. '중화'는 중국인들이 세상의 중심인 자신들의 문화가 가장 우수하다고 뽐낼 때 사용하는 어휘입니다. 그들이 보기에 조선은 동쪽 오랑캐(東夷) 나라일 뿐이죠. 그런데 성리학자인 조선의 지배층들은 성리학이 발생한 중화문화를 중심으로 보고, 그 문화를 끊어버린 만주족 오랑캐 국가인 청을 인정할 수 없었습니다. 그리고 중화문화가 중국 땅에서 소멸하게 된 현실을 안타까워하는 한편, 그 문화가 조선에는 아직 남아 있음에 안도합니다. 그래서 조선을 소중화, 즉 작은 중화라고 합니다. '소중화'라는 말에는 중화문화의 전통을 조선 성리학자들이 잇는다는 자부심이 배어 있죠.

하지만 소중화 의식은 지배층 스스로를 위안하는 수단이었을

뿐입니다. 그들에게 필요한 것은 전란에 대처하지 못한 스스로에
대한 반성이었는데 말입니다. 전란 전에는 미리 대비하지도 못했
고, 전란 중에는 적극적으로 대처하지 못했으며, 전란 후에는 자기
반성이 없는 지배층을 나라를 지키겠다고 나섰던 백성들이 따를
리가 없습니다. 이처럼 이반된 민심을 수습하기 위해서 지배층은
성리학적 도덕률을 광범위하게 유포합니다. 이러한 도덕률의 유포
때문에 백성들은 인간으로서의 원초적 욕구조차 억눌러야 했습니
다. 예컨대 조선전기만 하더라도 남편을 여읜 여성의 수절守節이 지
배층에만 강요됐지만, 후기에는 일반 백성들에게도 강요됐습니다.
이처럼 일반 백성들에게 지배층은 삶을 힘들게 하는 존재일 뿐, 더
이상 존중하고 따를 대상이 아니었습니다. 더구나 당시 사회의 흔
들리는 신분제는 백성들의 숙명론적 신분의식을 점차 깨뜨렸습니
다. 조선후기의 백성들은 특정 신분의 사람들이 지배층을 형성하
고 일반 백성들이 지배층에 절대 복종해야 한다는 사고에서 벗어
나기 시작했습니다. 이들의 의식 속에 모든 인간이 평등하다는 사
고가 싹튼 것입니다.

하지만 대부분의 사대부는 민심을 외면합니다. 일부 학자들만이
민심을 반영하는 철학사상을 펼치는데, 이들의 철학사상을 흔히
'실학實學'이라고 합니다. 물론 이 장에서 '실학'으로 불리는 모든 철
학사상을 다루지는 않을 것입니다. 이들 가운데 담헌湛軒 홍대용洪
大容(1731~1783), 연암 박지원, 초정楚亭 박제가朴齊家(1750~1815), 다산
정약용, 혜강惠崗 최한기崔漢綺(1803~1879) 등의 철학사상에 한정해
서 다루고자 합니다. 이른바 실학자들이 통일적으로 제공하는 철
학사상이 있다고 말하기는 어렵지만, 이들의 철학사상에서는 조선

후기 사회를 바라보는 공통된 태도를 찾을 수 있습니다. 이들의 철학에는 현실중심적이고 개방적인 학문태도, 평등한 인간관, 민생을 호전시킬 방도에 대한 고민 등이 담겨 있습니다. 안타깝게도 이들의 철학은 성리학이 주류였던 조선후기 사회에서 주변부에 머물렀을 뿐이지만, 변화하는 조선후기 사회의 민심을 반영했고, 이를 학문적으로 심화시켰다고 평가할 수 있습니다.

현실중심적 학문관과 서양과학 수용

스스로 성리학을 배출한 중화문화의 계승자로 자부했던 조선 지배층의 태도에서 짐작할 수 있듯이, 조선 지배층의 성리학과 성리학 집대성자인 주희朱熹(주자朱子, 1130~1200)에 대한 존중은 전례를 찾아보기 힘들 정도였습니다. 특히 그들의 주희에 대한 존중은 주희의 글에 대한 절대적 신뢰로 표현됩니다. 예컨대 주희의 《중용》 해석에 이의를 제기한 윤휴尹鑴(1617~1680)의 경우에, 송시열宋時烈(1607~1689)로부터 '사문난적(斯文亂賊: 유교를 어지럽히는 도적)'이라고 비난받기도 했습니다. 특히 사람과 동물에 모두 온전한 본성이 있는가를 따지는 '인물성동이논쟁人物性同異論爭', 차남인 왕이 죽었을 때 왕의 어머니인 대비大妃가 기년상朞年喪을 입어야 하는가 삼년상三年喪을 입어야 하는가를 따진 '예송논쟁禮訟論爭'도 근본적으로 주희의 글을 입론 근거로 삼아 벌인 논쟁이었습니다. 이들 논쟁이 민생과 직결되지 않는다고 해서, 학문적으로 의미가 없다고 할 수는 없습니다. 하지만 논쟁의 입론 근거가 주희의 글이었다는 점은 주희를 절대화했다는 비판을 면하기 힘들 것입니다. 이러한 태도에 대해서 홍대용은 다음과 같이 비판했습니다.

> 동방(조선)의 유학자들이 주자(주희)를 숭상하는 것은 실로 중국과는 비교가 안 된다. 비록 숭상한다고 하지만, 오직 숭상하는 것만 귀중하다고 여겨서 그 경전 가운데 의심스럽고 논의해야 할 것에 대해서도 숭상하고 맹종하여 한결같이 엄호하기만 한다. (이는) 세상 사람들 입에 재갈을 물리려는 것이다. 《건정록후어》

주희가 집대성한 성리학은 인간 도덕성의 근거를 우주의 원리(理)에서 찾습니다. 이 우주의 원리가 인간에게 부여되어 인간의 본성을 이루는데, 원리가 선하기 때문에 인간의 본성도 선하다는 것이지요. 그렇다면 이 원리는 어떻게 찾고, 이 원리가 선함을 어떻게 검증할까요? 주희는 개별 사물을 탐구하여 우주의 원리를 발견해내는 방법, 즉 '격물궁리格物窮理'를 주장했습니다. 그런데 주희는 또한 '격물궁리'하는 방법 가운데 선현의 글을 읽음(讀書)으로써 우주의 원리를 찾는 것을 최선의 방책이라고 했지요. 주희에 따르면 우주의 원리는 현실적 경험보다는 선현의 말씀에서 찾아야 하는데, 선현의 말씀이 참이라는 것은 결국 현실적 경험에서 검증할 수밖에 없습니다. 따라서 우주의 원리를 발견하기 위해서는 구체적 현실에 대한 경험이 필수적이죠. 하지만 성리학에서의 원리는 이러한 현실 경험에서 도출해낸 것이 아니었고, 따라서 이 원리가 참인지 거짓인지를 검증할 수 없습니다. 더구나 그 원리가 선하다는 것은 더욱 검증할 수 없습니다. 성리학의 이러한 성격에 대해서, 정약용은 편지글에서 "(성리학의 중요 주제인) 이기설理氣說은 이렇게 말해도 저렇게 말해도 가능하고, 희다고 해도 검다고 해도 가능하니, ⋯⋯ 죽을 때까지 서로 다투고 자손까지 전해져서도 끝이 없을 것입니다. 인생에는 많은 일이 있으니, 당신과 내가 이것을 다툴 겨를이 없습니다"(《답이여홍》)라고 했습니다. 성리학의 문제들이 현실에서 검증할 수 없는 것이기에 어떻게 규정하더라도 비판할 수 없으므로, 성리학적 논의는 시간낭비일 뿐이라는 것입니다. 최한기 역시 성리학을 제멋대로 억측하여 만들어놓은 학문, 즉 '췌마학揣摩學'이라고 평가합니다.

이들은 나아가 검증 가능한 현실에 바탕을 둔 학문을 주장했습니다. 그래서 이들 가운데 일부 사상가들은 현실 세계를 이루는 질료인 '기氣'에 주목했습니다. 성리학적 우주관에서도 질료인 기가 우주의 원리(理)와 결합해 만물과 인간을 이룬다고 합니다. 그런데 성리학에서는 질료인 기 이전에 원리가 먼저 존재한다고 주장하는데, 이들에게 원리는 기에 앞서서 있을 수 없는 것이었습니다. 예컨대 홍대용에게 실제로 있는 것은 기이며, 원리란 기의 운동을 설명하는 개념이었을 뿐입니다. 이처럼 참으로 있는 것은 기라고 여긴 홍대용에게, 선한 원리가 인간본성을 이룬다는 성리학적 사고는 인정될 수 없었습니다. 또한 인간의 선한 행동이 우주원리에 기인하기에 선하지 않은 인간행동은 우주원리를 거스르는 것이라는 성리학적 주장 역시 수용될 수 없었지요. 즉 인간의 선험적 도덕성을 주장하는 성리학의 기본 입장을 홍대용은 정면으로 반박했습니다. 인간의 선한 행동은 인간본성에서 나온 것이 아니라, 인간의 기호嗜好에서 나온 것일 뿐이라는 정약용의 주장 역시 인간의 선험적 도덕성을 인정하지 않는 것입니다.

최한기는 성리학의 원리 자체를 비판하여, 근거 없이 만들어진 것이라고 했습니다. 그는 성리학에서의 원리를 형체 있는 구체적 사물에 대한 관찰을 통해서 얻지 않은 것이라 하여, '무형지리無形之理'라고 비판합니다. 그리고 구체적 사물을 관찰하여 얻은 지식을 미루어 사물을 이루는 기를 헤아리고, 그러한 기에 대한 지식을 미루어 우주의 운행원리를 헤아린다는 경험과 추측推測을 학문방법으로 제시합니다. 최한기는 이러한 방법으로 파악한 우주의 원리를 형체 있는 사물을 관찰하여 얻은 원리라는 의미의 '유형지리有形之理'라고 합니다. 이 유형지리는 현실에서 검증 가능하고, 만물의 변화를 설명하며, 우주의 일부인 인간이 따라야 할 원리가 됩니다. 검증 불가능한 원리를 인간 도덕성의 근거로 삼는 성리학과는 완전히 다른 학문체계를 갖춘 것이지요. 최한기는 이처럼 구체적 사물을 이루는 기에 대한 탐구에서 출발하는 자신의 학문을 '기학氣學'이라고 칭합니다. 기존의 성리학적 사고틀에서 벗어나 변화하는 구체적 현실에서 출발하는 이들의 학문 자세는 서양 학문에 대한 개방적 태도에서도 나타납니다.

명 말기에 중국에 들어온 예수회선교사 마테오리치Matteo Ricci (1552~1610)가 본격적으로 소개한 서양 학문은 여러 선교사들을 통해서 다양하게 전파됐습니다. 선교사들은 서양 학문을 소개하는 중국어로 된 책, 즉 한역서학서漢譯西學書를 펴내는데, 조선학자들은 주로 이 책들을 통해서 서양 학문을 접했습니다. 청에 대해서 '북벌론'을 견지하며 교역을 억제하던 조선이었지만, 1653년 이미 서양 역법曆法을 따른 '시헌력時憲曆'을 채용했을 정도로 서양 학문의 조선 유입은 막을 수 없는 흐름이었습니다. 성호 이익처럼 개방적인 학자는 시헌력의 정교함을 극찬하고 서양 천문학의 우수성을 인정했지만, 소중화 의식에 매몰된 대부분의 조선 사대부들은 서양 학문에 대해 그리 탐탁치 않아 했습니다. 이런 조선 사대부들의 행태에 대해서 박제가는 "중국(청나라)의 책을 읽지 않는 것은 스스로가 한계를 짓는 것이다. (중국) 천하가 모두 오랑캐가 되었다고 말하는 것은 사람들을 기만하는 것이다"(《북학변》)라고 비판했습니다. 서양 학문에 개방적이었던 홍대용, 박지원, 박제가는 직접 중국에 가서 서양 학문의 성과물을 확인하는 적극성을 보이기도 했습니다. 이들 세 사람을 비롯한 이런 태도를 지닌 일부 사상가들을 북쪽, 즉 청나라에서 배운다는 의미의 '북학北學'파라고 합니다.

홍대용은 특히 천문학에 많은 관심을 기울였고, 북경에 갔을 때 직접 천문대天文臺를 찾아가 그곳을 관장하던 서양 선교사들을 만나기도 했습니다. 서양 천문학에 대한 그의 이해는 《의산문답醫山問答》에 잘 나타나 있는데, 땅地이 둥글다球, 즉 '지구地球'에 대한 설명은 상당히 흥미롭습니다. 땅이 둥글다는 사실은, 지금은 누구도 의심하지 않지만, 둥근 하늘이 네모난 땅을 덮고 있다고 믿었던 당시 사람들에게는 황당한 이야기였을 것입니다. 예컨대, 당시 사람들에게 지구 반대편에 사는 사람이 거꾸로 매달려 있으면서도 어떻게 떨어지지 않을 수 있는가를 설명해야 했습니다. 홍대용은 이런 문제에 대해서 지구의 중력과 대기로 설명합니다. 그의 지구에 대한 지식은 단순히 자연과학적인 것을 넘어 인간사회를 해석하는 도구가 되는데, 중국 중심의 사고를 비판하는 수단이 되기도 했습니다. 네모난 땅에는 중심이 있지만, 공 모양의 땅 표면에는 중심이 있을 수 없습니다. 따라서 세상의 중심(中) 나라(國)는 있을 수 없습니다. 이것을 다른 말로 하면, 모든 나라가 중심이 될 수 있습니다. 중요한 것은 어느 나라의 문화가 현실적으로 앞서가고 있는가 이며, 앞선 나라의 문화 가운데 배울 점이 있다면 적극적으로 배워야 한다는 것입니다. 결국 변방의 오랑캐들이 세운 나라라고 업신여기던 청나라에도 배울 점이 있다면 배워야 한다는 논리를 도출시킬 수 있었던 것이죠.

이처럼 발달한 외래 학문에 대한 개방적 태도는 최한기에게서 분명하게 드러납니다. 서양 학문에 대한 최한기의 관심은 천문학, 지리학, 의학 등 매우 다양한 분야에서 나타나는데, 그는 자신이 접한 지식을 정리하여 책으로 묶어냅니다. 최한기는 서양의 과학과 학문을 단순히 소개하는 데 그치지 않고, 서양의 과학을 자신의 학문체계를 검증하고 완결시키는 수단으로 활용했습니다. 기를 중심으로 하는 최한기의 '기학' 체계에서 우주만물은 기의 운행과 변화(運化)의 산물이며, 진정한 학문은 기의 운행과 변화의 법칙을 파악하는 것입니다. 최한기는 서양의 과학적 성과를 받아들여 자신의 '기학' 체계를 검증하고 발전시켰습니다. 그 사례로《신기천험 身機踐驗》가운데 한 구절만 살펴보겠습니다. 중국에서 활동하던 선교사 홉슨은 다섯 권의 의학 관련 서적을 펴냈는데, 그중《내과신설內科新說》에서 인체호흡 원리를 해부학적으로 자세히 소개합니다. 여기에서 홉슨은 인간이 호흡을 참을 수 없는 이유를 "조화주造化主 (기독교의 하느님)가 그렇게 하도록 만들었기" 때문이라고 했습니다. 최한기는 홉슨의 소개를 그대로 인용하면서도 인간이 호흡을 참을 수 없는 이유를 "(기의) 운행과 변화에 의해 이뤄지는 것이지 사람이 마음대로 할 수 있는 것이 아니기"때문이라고 바꿔놓습니다. 과학적 성과는 받아들이되 기독교적 요소는 받아들이지 않았고, 오히려 과학적 성과를 활용하여 자신의 '기학'을 검증하고자 했던 것입니다. 이러한 태도는 외래의 것도 현실에 기반을 둔 것이라면 받아들이되, 조화주처럼 검증 불가능한 것은 받아들이지 않는 최한기의 학문관에서 비롯된 것입니다.

이처럼 이들은 서양 학문을 수용함으로써 중국 중심의 세계관에서 벗어나 현실에 기반을 둔 학문체계를 더욱 굳건히 다질 수 있었습니다. 그리고 자신들의 학문관에 따라 당시 사회현실을 직시했으며, 결국 백성들을 옥죄는 신분차별의 폐해와 그 폐해 속에서 싹트는 백성들의 평등의식을 인지했습니다.

신분차별 비판과 평등한 인간관

신분차별에 대해서 박제가는, 조선사회의 세 가지 폐단(三弊) 가운데 두 가지를 신분차별과 관련된 것으로 지목했을 정도로 심각하게 인식했습니다. 그 두 가지 가운데 첫번째가 지배층에 국법을 적용하지 않는 것이었습니다. 조선의 사대부 양반은 역모逆謀와 같은 중대한 범죄를 저지르지 않는 한 사형과 같은 큰 형벌을 받지 않았습니다. 실제로 국가에서 금지하는 천주교를 숭상하던 비밀집회를 개최하다가 발각된 이들 가운데 양반 출신은 모두 석방되고, 중인 출신 한 사람만이 고문을 받고 귀양을 가서 죽기도 합니다.

이처럼 의무는 이행하지 않으면서 국가운영의 주체를 자임한 사대부 양반에 대해서 박지원은 〈양반전〉에서 신랄하게 풍자했습니다. 몰락한 양반으로부터 양반신분을 사게 된 상민에게 고을 수령은 양반이 되면 좋은 점을 다음과 같이 설명해줍니다. "궁한 선비 시골 살면 나름대로 횡포 부려, 이웃 소로 (자기 밭) 먼저 갈고, 일꾼 뺏어 (자기 밭) 김을 매도 누가 나를 거역하리. 네 놈 코에 잿물 붓고, 상투 잡아 도리질치고 귀얄수염 다 뽑아도 감히 원망 없느니라." 양반을 거의 무뢰배로 그리고 있죠. 아닌 게 아니라 양반신분을 사려던 상민은 수령의 설명을 듣고, "그만두시오. 그만두시오. 참으로 맹랑한 일이요. 장차 날더러 도적놈이 되란 말입니까?"라고 하면서 양반되기를 그만둡니다. 박지원의 소설에는 양반보다 훨씬 능력 있고 도덕적이면서도 신분 때문에 천대받던 이들이 주인공으로 등장하는데요. 그 가운데 똥지게를 져서 먹고 사는 엄행수라는 이를 주인공으로 내세워 천한 일을 한다고 업신여기는 세태에 대해서 다음처럼 답합니다.

의리에 맞지 않으면 만종萬鍾(많은 재물)의 녹봉을 준다고 하여도 불결한 것이요, 아무런 노력 없이 재물을 모으면 막대한 부를 축적하더라도 그 이름에 썩은 냄새가 나게 될 걸세. …… 엄행수는 지저분한 똥을 날라다 주고 먹고살고 있으니 지극히 불결하다 할 수 있겠지만, 그가 먹고사는 방법은 지극히 향기로우며, 그가 처한 곳은 지극히 지저분하지만 의리를 지키는 점에서는 지극히 높다 할 것이니, 그 뜻을 미루어 보면 비록 많은 급료를 준다 해도 그가 어떻게 처신할지는 알 만하다네. …… 선비로서 곤궁하게 산다고 얼굴에까지 그 티를 나타내는 것도 부끄러운 일이요, 출세했다 하여 몸짓에까지 나타내는 것도 부끄러운 일이니, 엄행수와 비교하여 부끄러워하지 않을 자는 거의 드물 걸세. 그래서 나는 엄행수에 대해서 스승으로 모신다고 한 것이네. 어찌 감히 벗이라고 말할 수 있겠는가. 이러한 이유에서 나는 엄행수의 이름을 감히 부르지 못하고 '예덕선생穢德先生'이라고 부르는 것일세. 《예덕선생전》

'예덕'에서 '예穢'는 더러운 것, 똥을 의미합니다. '예덕선생'이란 똥지게를 져서 먹고 살지만, 선생으로 모시기에 충분한 덕이 있는 이라는 의미이지요. 박지원은 이 소설 서문에서 "선비가 먹고사는 것에 연연하면 온갖 행실이 이지러지네. 호화롭게 살다가 비참하게 죽는다 해도 그 탐욕을 고치지 못하거늘. 엄행수는 똥으로 먹고살았으니 하는 일은 더러울망정 입은 깨끗하네"라고 했습니다. 이 소설이 당시 사대부 양반의 행태를 풍자하기 위해 지은 것임을 드러낸 것인데요. 이뿐만이 아니라, 이 소설 안에는 이미 노동하는 민중에 대한 박지원의 존중이 담겨 있습니다. 양반에 대한 비판이 사회적 약자에 대한 관심으로 이어졌다고 할 수 있겠지요. 그리고 약자에 대한 관심은 사회적 약자를 억압하는 현실에 대한 비판으로 나아갑니다.

일례로, 박지원은 남편이 죽으면 따라죽기를 강요하는 당시의 분위기를 〈열녀함양박씨전烈女咸陽朴氏傳〉에서 비판했습니다. 여성의 정조貞操를 강요한 조선후기 사회는 많은 열녀를 양산했으며, 따라서 많은 '열녀전'이 있었습니다. 대부분의 열녀전이 죽음을 통해 윤리강상倫理綱常을 지켜낸 여인을 칭송하는 데 치중한 반면, 〈열녀함양박씨전〉은 젊은 여인을 죽음으로 이끄는 사회적 시선에 대한 비판이 주를 이루었습니다. 여기에서 박지원은 젊은 나이에 남편과 사별한 여인들이 사회적 시선 때문에 죽느니보다 못한 삶을 살아야 하며, 이러한 사회적 시선이 여인들을 자결하도록 몰아간다고 비판했습니다.

사회적 약자를 양산하고 그들을 억압하는 사회에 대한 박지원의 비판의식은 같은 북학파 선배인 홍대용에게서 체계적으로 나타납니다. 지구론을 통해서 중국 중심주의에서 탈피한 홍대용은 논의를 더욱 발전시켜 인간중심주의에서 탈피할 것을 주장했습니다. 즉 인간의 입장에서 사물을 바라보지 말고 하늘(우주만물)의 입장에서 사물을 바라볼 것(以天視物)을 주장했지요. 그래서 《의산문답》에서 "사람의 입장에서 사물을 보면 사람이 귀하고 사물이 천하지만, 사물의 입장에서 사람을 보면 사물이 귀하고 사람이 천하며, 하늘의 입장에서 보면 사람과 사물이 균등하다(人物均)"라고 했습니다. 이처럼 이질적인 존재인 인간과 사물이 균등하다면, 동족인 인간들 사이의 불평등은 정당화되기 힘듭니다.

최한기 역시 신분에 따른 불평등을 인정하지 않았습니다. 그가 보기에, 모든 인간은 기의 운행 변화로 생성되는 것이니 서로 유사한 존재입니다. 더구나 이러한 인간의 유사성은 서양의 해부학적 인체관이 증명해주었죠. 최한기에게 사농공상은 사회적 직업을 지칭하는 것이었을 뿐 상하관계를 상정하는 신분이 아니었습니다. 즉 문벌이나 직업이 인간의 존귀함과 비천함의 근거가 될 수는 없다고 보았습니다.《인정》 특히 만물을 기의 끊임없는 운행 변화에 의해 생성된 것으로 보는 그의 입장에서, 불변하는 신분은 있을 수 없었습니다. 중요한 것은 신분이 아니라 그 사람의 능력입니다. 최한기는 능력에 따라 직업에 종사하여 생업을 이어나가야 함을 강조했습니다.

정약용은 아예 사농공상에서 최상층에 자리하면서 나머지 백성들 위에 군림하던 양반이 없는 사회를 꿈꾸기도 했습니다. "남은 바람이 있다면, 한 나라 사람들 모두가 양반이 되도록 하는 것이니, 곧 한 나라 전체에서 양반이 없어지는 것이다."(《발고정임생원론》) 모든 이가 양반이 된다는 것은 모든 이가 지배층이 된다는 것으로, 모든 이를 국가운영의 주체로 인정하는 근대적 사고와 유사하죠. 이처럼 양반이 없다는 것은 신분에 따른 지배를 인정하지 않음을 의미합니다. 따라서 백성을 다스리는 관료들이 백성을 대하는 태도도 달라져야 한다고 주장했습니다. 그가 보기에 '치인治人(남을 다스리는 것)'은 '사인事人(남을 섬기는 것)'입니다. 관료란 백성들 위에서 다스리는 자가 아니라 백성을 섬기는 자라는 것이지요. 정약용은 "목민관牧民官(관료)이 백성을 위해서 있는가, 백성이 목민관을 위해서 생겨났는가? …… 목민관이 백성을 위해서 있다"(《원목》)라고 했습니다. 관료란 백성을 섬기기 위해 존재한다는 생각입니다.

이들의 신분차별에 대한 비판와 평등한 인간관은 신분차별 때문에 고통받는 백성들에게 싹튼 평등의식을 대변한 것인데, 이들이 왜 이러한 백성들의 의식을 대변해야 했을까요? 아마도 그들이 목도한 백성들의 비참한 삶 때문이었을 것입니다. 앞에서 정약용의 〈애절양〉에서 본 백성들의 삶 말입니다. 따라서 이들은 백성들의 삶을 진척시키기 위한 대책 마련을 위해 고민했습니다.

이익 추구 긍정과 민생안정 대책 강구

원래 유교에서는 이익 추구를 그렇게 긍정적으로 보지 않았습니다. 유교의 창시자 공자는 옳음에 관심을 갖느냐 이익에 관심을 갖느냐에 따라 군자와 소인을 구분했습니다. 이익이 아니라 옳음에 관심을 갖는 이가 지배층(군자)으로서의 자격이 있다는 것이지요. 그렇다고 해서 피지배층(소인)인 일반 백성이 자신과 가족의 이익과 안전에 관심을 기울이는 것을 부정적으로 바라보지는 않았습니다. 지배층의 이익 추구를 부정하면서도 피지배층의 이익 추구를 긍정하는 태도는 맹자에게도 나타납니다. 자기 나라를 이롭게 할 방도를 묻는 양혜왕梁惠王에게, 맹자는 왕이 입에 올려야 할 것은 이익이 아니라 인의仁義라고 면박을 줍니다. 그런 맹자조차도 왕도정치王道政治의 출발점을 민생의 안정, 즉 백성의 이익을 보장해 주는 것에서 찾습니다. 즉 도덕적인 사회를 건설하기 위해서는 백성의 현실적 이익 추구를 인정하지 않을 수 없었습니다. 하지만 이러한 백성들의 이익 추구에 관대한 시선은 인간의 선천적 도덕성을 강조한 성리학을 숭상한 조선 지배층에게는 잘 드러나지 않습니다. 그들에게 이익은 옳음과 반대되는, 척결 대상이었을 뿐입니다. 따라서 맹자가 관심을 기울였던 민생개선책 마련은 조선 사대부들에게 중요한 문제가 아니었습니다.

이처럼 이익을 옳음과 반대되는 것으로 치부하는 자세에 대해서 성호 이익은 "군자는 일찍이 이익을 추구하지 않았던 적이 없다. 다만 옳음을 뒤로 미루고 이익을 우선시하면 욕심으로만 흐르게 되어 다시 옳음의 조화로움으로 돌아올 수 없다"(《맹자질서》)

라고 했습니다. 옳음이 중요하다는 입장을 취하면서도 이익 추구를 긍정한 것입니다. 이익 추구에 대한 그의 긍정은 토지개혁론에서도 찾아볼 수 있습니다. 백성들에게 매매가 금지된 일정 규모의 토지를 배분하여 경작하게 하고, 나머지 토지는 얼마든지 사고 팔수 있게 하자는 것이 성호 이익의 토지개혁론의 요지였습니다. 그의 토지개혁론은 지배층의 토지겸병 때문에 고통받는 백성들의 삶을 나아지게 하면서도, 토지 매매를 통한 이익 추구를 긍정하는 사고를 담은 제도라고 평가할 수 있습니다. 이처럼 이익 추구에 대한 긍정적 시선은 욕심을 인간이 본래부터 가진 것으로 보고, 욕심 없이는 아무 일도 해낼 수 없다고 본 정약용에게도 찾아볼 수 있습니다. 정약용의 이러한 시선은 인간의 욕구를 억제 대상으로 인식한 성리학적 사고에서 벗어난 것이지요.

이익과 욕구에 대한 긍정은 당시의 상업발달과 밀접히 관련되어 있는데요. 물건을 유통시켜 이윤을 추구하는 상업은, 사농공상에서 가장 뒤에 배치된 데서 짐작할 수 있듯이 전통사회에서 가장 천시되었습니다. 하지만 조선후기 사회에서 상업은 일반 백성들이 살아가기 위한 중요 산업으로 부상했으며, 백성들에게 상업을 통한 이윤 추구는 더 이상 천대받을 이유가 없었습니다. 이러한 백성들의 사고는 상업을 백성들의 삶을 풍요롭게 해주는 중요 산업으로 인식한 박지원, 박제가 같은 사상가에게도 공통적으로 반영됐습니다. 민생에서 차지하는 상업의 역할이 중요함을 인지한 박지원은 〈허생전許生傳〉에서 취약한 조선의 유통구조를 비판했습니다. 제사에 필요한 물건들을 매점매석買占賣惜함으로써 막대한 이득을 취한 주인공 허생의 이야기를 통해 많지 않은 자본의 농간으로도 상권 전체가 흔들리는 조선의 현실을 폭로했지요. 그리고 이러한 유통구조를 개선하기 위해서 수레 사용을 강조합니다. 그의 동료 박제가 역시 수레를 사용하여 유통구조를 개선할 것을 강조하는데, 그렇게 하면 상업이 발전할 뿐만 아니라, 상업발전에 힘입어 농업 역시 발전한다고 주장했습니다. 그래서 수레를 혈맥血脈에 비유하기도 하죠.(《응지진북학의소》)

이들이 상업과 수레 사용에 관심을 기울인 것은 상업의 발달이 백성들에게 이익이 되기 때문인데요. 박지원과 박제가가 속한 북학파를 '이용후생利用厚生'학파라고도 합니다. '이용'은 백성들이 사용하는 도구를 편리하고 유용하게 한다는 의미이고, '후생'은 백성들의 삶을 풍요롭게 한다는 의미입니다. 이 말은 원래《서경》〈대우모〉의 '이용후생정덕유화利用厚生正德惟和'라는 구절에서 나온 것인데요. '정덕正德'이란 사회를 도덕적으로 만든다는 의미이지요. 당시 조선의 지배층들이 정덕에만 관심을 가졌던 데 비해서, 박지원과 박제가는 이용과 후생이 선행되어야 정덕이 가능하다고 본 것입니다. 즉 도덕적 국가건설을 위해서는 백성들로 하여금 유용한 도구를 사용하여 풍요해지도록 해야 한다는 것이지요. 어떤 것이 백성들에게 유용한 도구일까에 대한 관심은, 중국여행 후에 "중국에서 본 여러 풍경 가운데 가장 기억에 남는 장관은 저 기와조각과 똥덩어리다"《열하일기》라는 박지원의 말에서 잘 드러납니다. 그는 중국여행 도중 일반인들이 사는 민가를 자세히 관찰했습니다. 그리고 모든 건축물이 일정한 크기의 벽돌로 만들어진 것을 보고 매우 감탄했죠. 특히 깨진 기와조각으로 담벼락을 장식하는 것과 사람똥, 말똥 할 것 없이 온갖 똥들을 모아 반듯하게 네모로 쌓아놓고 활용하는 모습이 인상 깊었던 모양입니다. 그리하여 박지원은 중국여행 도중에 본 벽돌 가마, 아궁이 굴뚝, 수레, 양수기, 불 끄는 수레, 경작기, 파종기, 탈곡기, 정미기 등 다양한 도구를 소개합니다. 그리고 중국에서 본 것을 기초로, 한양 근처에 농사기술 보급을 위한 모범농장 건립을 주장하기도 했습니다.

백성들의 생활을 풍요롭게 할 도구에 대한 박지원의 관심은 박제가에게서 더욱 구체화됩니다. 박제가가 보기에 조선의 가장 커다란 폐해는 백성들의 가난이었습니다. 가난을 극복하기 위해서는 무엇이든 해야 한다는 것이 그의 생각이었고, 따라서 이처럼 말합니다.

백성들에게 이롭기만 하다면 비록 그 방법이 오랑캐로부터 나온 것이라 하더라도 성인은 반드시 취할 것이다. (《북학의서》)

민생에 도움이 된다면 서양의 것, 청나라의 것을 가리지 말고 받아들여야 한다고 주장한 것이지요. 따라서 박지원과 마찬가지로 농기구, 농사방법, 양잠, 베짜기 등 청나라의 도구와 기술을 도입하여 농업생산을 진작시키고, 수레를 광범위하게 사용하여 상업을 발전시킬 것을 강조하였습니다. 그는 여기에서 더 나아가 필요하다면 중국에 와 있는 서양 선교사라도 초빙하여 국가경영에 참여시켜야 한다고 주장했습니다.

민생에 도움이 된다면 어떤 방법도 강구해야 한다고 주장한 박제가에게, 민생발전을 저해하는 요소는 제거되어야 했습니다. 그는 "지금 농사에 힘쓰고자 한다면, 먼저 농사를 해치는 것을 제거한 후에야 그 나머지에 대해서 논의할 수 있다"고 하고서 첫번째로 해

야 할 일을 '유학자를 도태시키는 것[태유汰儒]'이라고 했습니다.(《옹지
진북학의소》) 아무 일도 하지 않으면서 곡식이나 축내는 사대부들을
농사를 저해하는 첫 번째 요소로 보고, 그들을 도태시킨 후에야
농사에 대해서 논할 수 있다고 한 것이지요. 이러한 주장은 무위도
식하면서 백성 위에 군림하던 사대부들에 대한 민심을 반영했다고
할 것입니다. 이런 사고는 모든 인간이 생업에 종사해야 하고 능력
에 따른 직업 선택이 보장되어야 한다고 주장했던《임하경륜》 홍대
용에게서도 발견됩니다.

　이들의 민생에 대한 관심과 민생 개선 방도에 대한 강구는 이들
의 학문 태도와도 무관하지 않았습니다. 이들은 변화하는 현실 속
에서 민생과 관련된 문제를 탐구하는 것을 진정한 학문이라고 생
각했습니다. 더구나 당시 백성들의 의식은 옳음과 이익을 양립할
수 없는 것으로 치부하는 지배층의 의식에서 한참 진보해 있었기
때문에, 기존의 질서와 제도로는 백성들의 의식을 감당할 수 없었
지요. 이들의 사상 속에 나타나는 이익 추구에 대한 긍정과 민생
을 개선할 대책 제시는 백성들의 삶 속에서 파악한 백성들의 의식
을 대변한 결과물이었습니다. 하지만 앞에서도 말했듯이, 주류가
되지 못한 이들의 사상은 현실화되지 못했으며 백성들의 바람 역
시 현실 정책에 반영되지 못했습니다.

새로운 사유의 맹아

현재 우리가 사용하는 '근(현)대'는 서양의 특정한 역사적 시기를

가리키는 개념입니다. 따라서 이 개념을 서양과는 다른 과정을 겪으며 형성된 우리 역사를 규정하는 데 그대로 대입하는 것은 무리이겠지요. 이처럼 '근(현)대'라는 개념으로 우리 역사 시기를 규정하기 위해서는 인간관, 정치경제제도, 문화 전반에 대한 대비와 검토가 선행되어야 할 것입니다. 더구나 서양의 역사적 개념으로 우리 역사 시기를 규정하는 것은 서양을 중심에 두고 세상을 해석하는 것으로서, 중국을 중심으로 본 조선 사대부들의 태도와 그리 다르지 않습니다. 하지만 앞 장인 〈한국의 '철학'과 한국철학의 '현대'〉에서 정의한 것처럼 '근(현)대'가 옛것을 비판하며 새로운 토대를 모색하는 태도를 함유하는 개념이라면, 앞에서 살펴본 사상가들의 사상과 '근(현)대' 사상을 비교해보는 것도 의미가 있을 것입니다.

앞에서 살펴본 것처럼, 조선후기 사회는 새로운 학문관을 요구했습니다. 인간의 도덕성 확보에 치중한 성리학은, 이윤추구를 목적으로 하는 상업이 발달하고, 따라서 사농공상의 유교적 신분질서가 흔들리는 당시 사회를 운영할 학문으로 적합하지 않았습니다. 우리가 살펴본 학자들은 변화하는 현실에 기반을 둔 학문을 할 것을 주장했지요. 이처럼 현실에 기반을 둔 새로운 학문관을 지닌 이들의 태도는 서양 과학에 대한 적극적 수용으로 나타납니다. 그리고 서양 과학 수용을 통해서 중국 중심적, 신분차별적 의식을 비판했습니다. 특히 이들은 당시의 신분차별 문제에 관심을 기울이는데, 이러한 관심 역시 현실에 기반을 둔 학문 태도에 기인합니다. 사실 유교의 창시자나 공자, 공자의 사상을 계승 발전시킨 맹자, 그리고 성리학을 집대성한 주자도 신분차별을 정당화하는 언급을 하지 않았습니다. 오히려 모든 인간이 우주의 원리를 본성으로 담지하고 있다는 성리학적 인간관을 따른다면, 인간은 그 자체로 평등할 수밖에 없죠. 그럼에도 전통적 신분사회에서 신분차별은 당연시되었고, 조선의 지배층은 성리학적 이념을 답습하듯이 이러한 차별을 비판 없이 수용했습니다. 하지만 우리가 살펴본 사상가들은 이러한 차별에 이의를 제기하고, 사상적으로 정당화될 수 없음을 천명했습니다. 그리고 더 나아가 불평등을 조장하는 사회 제도를 비판하고 민생을 안정시킬 방도를 모색했습니다. 이들의 이러한 작업은 흔들리는 신분제와 신분차별 때문에 황폐해진 당시의 민생을 목도했기에 더욱 진전될 수 있었습니다.

이들의 학문체계가 유학의 틀에서 완전히 벗어나지는 않았지만, 이미 유학의 현실적 토대인 농경과 사농공상이라는 위계적 신분질서에서 벗어나고 있었음은 분명한 사실입니다. 특히 불평등한 사회에 대한 이들의 비판에 주목할 필요가 있는데요. 평등은 사회 모든 성원들이 사회운영의 주체가 되기 위한 전제 조건입니다. 신분 때문에 제약당하는 인간이 사회주체가 될 수는 없지요. 따라서 모든 인간이 사회운영의 주체임을 천명한 근(현)대적 민주주의가 성립하기 위해서는 모든 인간의 평등성을 전제해야 합니다. 이런 면에서 유학적 토대에서 벗어나 인간의 평등성을 정당화한 이들의 사상에서 '근(현)대'적 사고의 맹아萌芽를 찾을 수 있을 것입니다.

하지만 앞에서도 살펴봤듯이 이들의 학문관은 조선사회의 주류를 형성하지 못했습니다. 대부분의 주류 지배층은 여전히 성리학적 도덕률과 신분제를 고수했지요. 따라서 사회적 모순은 지속적으로 누적되었으며, 시간이 갈수록 백성들의 고통은 심해질 수밖에 없었습니다. 앞으로 살펴볼 최제우, 나철, 박은식, 신채호 등은 그러한 당시 백성들의 삶을 목도한 사상가들입니다. 더구나 당시에는 이러한 내부 문제만이 아니라 외부 문제까지 겹쳐서 백성들의 삶을 위협합니다. 제국주의적 성격을 띤 서양 세력들이 본격적으로 동양을 침탈했지요. 이처럼 조선사회의 내적 모순이 심화되고 외적 위협이 증가했지만 조선 지배층은 제 역할을 하지 못했고, 이런 사회현실 속에서 민중들은 삶과 사회를 스스로 개척해나가야 했습니다. 민중들에게 사회운영 주체로서의 의식이 형성되기 시작한 것입니다. 앞으로 살펴볼 한국 현대의 많은 철학자가 이런 민중의 주체성을 주장하죠. 조선후기 사상가들이 체계화한 평등한 인간이 한국 현대철학자들에게 이르러서는 사회적 주체로서의 인간으로 성장한 것입니다.

3장

최제우와 동학사상
한울님을 모신 몸으로 산다

———

구태환

최제우
崔濟愚(1824~1864)

1824년에 태어난 최제우는 스무 살 때 10년간 장사를 위해 전국을 떠돌면서 기존의 어떤 사상으로도 치유할 수 없을 정도로 황폐해진 조선의 현실을 목도한다. 이후 세상을 운영할 새로운 사상을 깨닫기 위해 수행하던 중 1860년 4월 한울님의 말씀을 듣는 신비체험을 한다. 그리고 1861년 자신이 깨달은 도의 핵심을 '시천주'라고 정리하여 포덕에 나선다. 최제우에 따르면, 근원적 존재를 모신 어떤 인간도 차별될 수 없다. 그는 또한 노동 민중들도 쉽게 할 수 있는 수행방법을 제시하여, 모든 이들이 주체로 살아갈 수 있는 길을 제시하였다. 그리고 '다시 개벽'이 도래했음을 천명하여 모든 이들이 사회운영의 주체가 되는 세상을 건설하고자 했다. 최제우의 '시천주' 사상은 일반 백성들도 주체로 살아가는 세상을 제시한 것이다. 하지만 '천주'라는 낱말이 그를 천주교도로 오해하게 만들었고, 1864년 그는 결국 조선정부에 의해 처형된다. 최제우의 '시천주'는 최시형의 '사인여천'으로, 손병희의 '인내천'으로 발전한다.

최제우의 생애와 동학의 발흥 및 전개

1894년 갑오년은 우리 역사에서 커다란 두 사건인 '동학농민혁명'과 '갑오개혁'이 일어난 해입니다. 동학농민혁명은 농업이 주요 산업이던 조선사회에서 국가의 세금확보 수단에 불과했던 농민이 정치주체로 등장한 사건이며, 갑오개혁은 지배층 일부가 외세의 힘을 빌려 조선사회를 변화시키려 한 사건입니다. 이는 500년을 이어온 조선의 붕괴와 새로운 질서 탄생을 알리는 사건이었지요.

사실 조선의 붕괴와 새로운 질서 탄생으로 흘러가는 역사의 물줄기는 이미 오래 전에 형성되었습니다. 그 시발점은 '홍경래의 난'이라고도 알려진 1811년의 '평안도 농민전쟁'입니다. 평안도 농민전쟁은 단순한 농민봉기가 아닌, 정권 자체를 비판하고 조선왕조의 멸망을 천명했다는 점에서 이전의 농민봉기와 구분됩니다. 이후 전국적으로 크고 작은 민란이 끊임없이 발생하였는데, 갑오년의 혁명은 이러한 흐름에서 농민들의 요구와 의식을 통일하는 사건이었으며 그 중심에 동학교도들이 있었습니다.

동학의 창시자인 최제우崔濟愚(1824~1864)는 경주에서 태어납니다. 과거시험에 여러 차례 실패한 유학자인 아버지 최옥崔鋈(1762~1840)은 두 차례나 아내와 사별한 후 떠돌이 과부를 맞아 63세의 나이에 아들을 얻는데, 이 아이가 바로 최제우입니다. 최제우의 어릴 적 이름은 제선濟宣입니다. 어린 제선은 당시 양반집 자제와 마찬가지로 유교교육을 받았지만, 양반 여성이 재혼하면 그 아들은 중요 관직에 나갈 수 없는 조선사회의 가부장적 법률 때문에 처음부터 입신출세의 길이 막혀 있었습니다.

타고난 신분 때문에 차별당할 수밖에 없었던 최제우에게는 어려서부터 차별에 대한 반발심이 싹트고 있었던 것 같습니다. 일례로 의관을 제대로 갖추지 않고서도 집안 곳곳을 마음대로 다니는 아버지와는 달리, 방에만 틀어박혀 있어야 하는 어머니의 모습에 어린 제선은 의구심을 품습니다. 남존여비사상이 지배하는 사회에서 여성은 남성보다 몸가짐을 조심해야 했는데, 대부분이 당연하게 여긴 것을 제선은 이상하게 본 것입니다. 어려서부터 남성과 여성이 불평등한 사회의 불합리성을 어렴풋이나마 인식하고 있었던 것이지요. 최제우의 이런 의식은 훗날 집안 여종 둘을 해방시켜, 한 사람은 수양딸로 다른 한 사람은 며느리로 삼는 행동 등으로 드러납니다. 신분차별이 엄격한 시기에 종을 해방시키는 것만 해도 대단한데, 딸과 며느리로 삼은 행동은 매우 파격적이었지요.

이른 나이에 부모를 여읜 제선은, 스무 살에 화재로 아버지의 유물과 가산을 모두 잃자 처자식을 처가에 맡기고 10년간 전국을 떠돌며 장사를 합니다. 명색이 글을 읽은 선비가 당시 사회에서 천하게 여기던 상업에 종사한 것입니다. 심지어는 '억불숭유抑佛崇儒'라 하여 불교를 억누르는 분위기가 만연한 조선사회에서 절에 들어가 수련을 하기도 합니다. 이런 최제우의 행동으로 보아 그는 당시 사회의 주류로 편입될 수 없었을 뿐만 아니라, 스스로 주류로 편입되고자 하지도 않았던 것 같습니다.

10년간 떠돌이 생활을 한 최제우는 손볼 수 없을 정도로 병든 조선사회의 현실을 체험합니다. 오죽했으면 "아서라. 이 세상은 요·순 임금의 다스림도 시행할 수 없고, 공자·맹자의 덕도 언급할 수 없다"고 했을까요. 동양에서 가장 뛰어난 임금으로 칭송받는 요와 순의 다스림, 유교성인인 공자와 맹자의 덕으로도 어찌해볼 수 없을 만큼 조선이 피폐해졌다는 것입니다. 이런 비관적 인식은 "유도儒道 불도佛道 누천년에 운이 다했던가"라는 말에서도 잘 드러납니다. 오랜 기간 국가 통치이념이었던 유교와 백성의 삶을 보듬어온 불교가 조선을 치유할 수 없게 됐음을 한탄한 것이지요. 최제우는 세상을 구제할 새로운 방도가 필요하다고 생각하고 그 방도를 찾기 위해 정진합니다.

새로운 방도를 찾기 위한 정진 도중 최제우는 '을묘천서乙卯天書' 사건을 겪게 됩니다. 이는 1855년(을묘년) 어느 봄날 비몽사몽간에 기인에게 이상한 책을 받은 일종의 신비체험이었는데요. 이때 받은 책이 무엇이며 어떤 내용을 담고 있는지는 알려져 있지 않습니다. 다만, 이후에도 세상을 구제할 방도를 찾고자 하는 그의 수도가 지속되는 것을 보면, 이 책이 최제우에게 그러한 방도를 제시해주지는 않았던 것으로 보입니다. 1859년 고향 경주로 돌아온 최제우는 구미산 아래 용담정에서 거처하면서 도를 깨닫기 위해 정진합니다. 이름도 제우濟愚로 고치는데, 이때 스스로 지은 호가 잘 알려진 수운水雲입니다.

최제우는 정진 끝에 1860년 음력 4월 5일, "두려워하지 말고 두려워하지 말라"는 한울님의 말씀을 듣게 됩니다. 그리고 "내 또한 공이 없으므로 너를 세상에 출생케 하여 사람에게 이 법을 가르치게 하노니 의심하지 말고 의심하지 말라"는 말도 듣습니다. 한울님이 최제우를 통해 자신의 법도를 사람들에게 가르치도록 하겠다는 뜻이지요. 신령스러운 부적靈符과 주문呪文을 한울님으로부터 받은 최제우는 깨우침을 얻었다고 생각하고, 그 깨우침의 내용을 '끝이 없는 커다란 도'라는 의미의 '무극대도無極大道'라고 명명합니다. 하지만 '무극대도'를 깨달은 최제우가 곧장 이를 세상 사람들에게 전파하지는 않았습니다. 약 1년간의 수행을 더 거치는데, 이 과정을 통해 최제우는 자신이 깨달은 '무극대도'가 모든 사람이 한울님을 모시고 있다는 의미의 '시천주侍天主'임을 인지하게 됩니다. 그리고 1861년 6월 '시천주'를 내세워 본격적인 포교활동을 시작합니다.

최제우의 포교활동은 처음부터 많은 사람들의 호응을 받았습니다. 하지만 그렇다고 마냥 순탄했던 것만은 아닙니다. 그에 대한 소문을 들은 일부 유생들이 최제우를 '서학도'로 규정했기 때문입니다. 서학도란 당시 들어온 천주교(서학)를 추종하는 자를 이르는 말이었습니다. 조선은 제사를 거부하는 등 유교도리에 어긋나는 가르침을 펼친다는 이유로 천주교를 탄압했고, 이 탄압은 1801년 신유박해 이후 매우 삼엄해졌습니다. 이런 분위기에서 '서학도'로 지목되면 죽음을 면하기 어려웠습니다. 최제우는 차츰 관가의 주목을 받게 되었고, 이에 아랑곳하지 않고 포교를 계속하지만 끝내 정부에 체포돼 '좌도난정(左道亂正: 사이비 도로 바른 도리인 유교사상을 어지럽히다)'이란 죄목으로 참형을 선고받습니다. 결국 1864년 3월, 41세의 나이에 최제우는 머리가 베어져 저잣거리에 내걸리는 참혹한 형벌을 당합니다.

최제우는 자신의 깨달음이 무엇인지를 알리는 여러 편의 글을 남기고, 그것은 훗날 최시형 등에 의해 출판됩니다. 한문으로 된 《동경대전東經大全》과 한글로 된 《용담유사龍潭遺詞》가 대표적인데요, 《동경대전》은 〈포덕문〉〈논학문〉〈수덕문〉〈불연기연〉 등으로 구성되어 있고, 《용담유사》는 〈교훈가〉〈안심가〉〈용담가〉〈몽중노

소문답가〉〈도수사〉〈권학가〉〈도덕가〉〈흥비가〉 등으로 구성되어 있습니다.

최제우가 남긴 것은 경전만이 아닙니다. 체포되기 직전인 1863년 8월, 제자 최경상崔慶翔에게 도통을 전수하는데, 그가 바로 천도교 2대 교조인 해월海月 최시형崔時亨(1827~1898)입니다. 어린 나이에 부모를 여읜 최시형은 많이 배우지 못한 채 남의 집 품을 팔아 근근이 살던 사람이었습니다. 그런 최시형이 35세에 동학에 입교하여 2년 만에 도통을 이어받은 것입니다. 짧은 포교기간 동안 이미 많은 사람들을 동학에 입교시킨 최제우가 배움이 많지 않은 품팔이에게 도통을 전수한 데서 우리는 동학의 특성을 엿볼 수 있습니다.

이러한 도통전수는 우선 동학에서 신분차별을 인정하지 않음을 보여주는 것으로, 이는 앞서 언급한 교조 최제우의 사고에서도 알 수 있습니다. 또한 기존 학문이 동학의 수련에는 도움이 되지 않는다는 것도 보여줍니다. 유교도 불교도 이미 세상을 구제할 수 없는 마당에, 그런 학문에 익숙해지는 것은 오히려 새로운 학문인 동학을 받아들이는 데 방해가 될 뿐이었습니다. 이런 면에서 최제우가 배움이 적은 최시형을 후계자로 지명한 것은 탁월한 선택이었습니다.

최시형은 최제우의 선택이 그르지 않았음을 증명하듯 동학사상의 발전에 큰 기여를 합니다. 우선 최시형은 최제우가 지은 《동경대전》과 《용담유사》를 경전으로 간행하여 동학사상을 체계화했습니다. 다음으로 최시형은 최제우 사상의 핵심인 '시천주'를 발전시켜 "사람은 한울이니 사람 섬기기를 한울처럼 하라"는 '사인여천事人如天'을 주장합니다. 이밖에도 최시형은 정부의 탄압을 피하기 위해 동학을 비정치적 종교활동에 국한시키려고 애씁니다. 하지만 결국 정부의 탄압 대상이 되는 길을 피하지 못하는데, 그 계기가 된 사건이 바로 1894년 동학농민혁명입니다. 정치적 무장투쟁을 반대했던 최시형이었지만, 혁명을 유혈진압한 조선정부와 일본은 교주인 그를 끝내 체포해 교수형에 처합니다. 1898년, 최시형은 72세의 나이에 죽게 됩니다.

최시형은 1897년, 의암義菴 손병희孫秉熙(1861~1922)에게 동학의 도통을 전수합니다. 1901년 정부의 동학 탄압을 피해 일본으로 건너간 손병희는 일본의 개화문물을 접한 후 일본을 활용해 국권회복을 꾀합니다. 하지만 이런 손병희의 노력은 동학 내 친일세력이 득세하는 결과를 초래합니다. 결국 송병준을 비롯한 일부 친일 성향의 동학교도들이 을사늑약을 정당화하는 성명서를 발표하게 되고, 손병희는 1905년 12월 1일 천도교를 선포함으로써 동학 내 친일세력과 결별합니다. 일제가 국권을 침탈하는 현실을 목도한 손병희는 단순한 종교포교보다 민족독립이 먼저라고 생각하고, 동학교도들에게 민족자주의식을 고취시킵니다. 그 결과 동학은 1919년 3·1운동에 막대한 자금을 지원하고, 많은 동학교도들이 참여하게 됩니다.

손병희의 천도교사업은 주로 보국안민의 독립운동 준비에 있었지만, 그렇다고 손병희가 동학사상의 발전에 끼친 영향을 무시해서는 안 됩니다. 그는 '시천주'와 '사인여천' 사상을 '인내천人乃天'으로 발전시켰습니다. 사람이 바로 한울님이라는 의미이지요. 이밖에도 천도교가 추구해야 할 가치로, '나라를 보살피고 백성을 편안하게 한다〔輔國安民〕', '동학을 천하에 퍼뜨린다〔布德天下〕', '널리 사람들을 구제한다[廣濟蒼生]', '지상천국을 건설한다[地上天國建設]' 등 현실 개혁적인 구호를 제창합니다.

동학은 500년을 이어온 조선과 조선의 지배이념인 유교가 제 역할을 하지 못하는 시기에 발흥하여 조선과 유교를 넘어서게 됩니다. 특히 최제우가 주창한 '시천주'는 동학의 핵심개념으로, 최시형과 손병희를 거치면서 사회주체로서의 민중을 내세우게 한 동력이었습니다.

한울님을 내 몸에 모신다─시천주

'시천주'란 말 그대로 한울님[天主]을 내 몸에 모셨음[侍]을 의미합니다. 한울님이 각자의 몸 안에 있다는 뜻이지요. 여기서 한울님은 인간세상 저 너머에 있으면서 인간세상에 관여하는 천주교의 하느님과는 다른 존재입니다. 최제우가 천주교도라고 오해를 받은 이유는 내 안에 모신 존재인 한울님을 '천주'라고도 표현했기 때문입니다. 그렇다면 최제우의 '천주'는 천주교의 '천주'와 어떻게 다를까요? 동학의 핵심개념인 '시천주'를 이해하기 위해서는 '천주' 또는 '한울님'에 대해 알아볼 필요가 있습니다.

'천주'는 16세기말에서 17세기초까지 중국에서 활동한 예수회 선교사 마테오리치가 사용한 용어로, 천주교의 신Deus을 가리키는 번역어입니다. 이후 '천주'는 천주교의 하느님을 가리키는 용어로 자리잡았는데, 최제우가 그 용어를 가져다 쓴 것입니다. 흥미롭게도 '천주'는 한문으로 된 《동경대전》에만 나올 뿐, 한글저작인 《용담유사》에는 등장하지 않습니다. '천주' 대신《용담유사》에는 '한울님'이라는 표현이 나올 뿐입니다. 이는 최제우가 '한울님'의 한자식 표현으로 '천주'라는 말을 사용했음을 의미합니다.

사실 최제우는 천주교에 그리 호의적이지 않았습니다. 서구열강의 제국주의적 성격을 간파한 그가 보기에 천주교는 제국주의자들의 정신적 지주였습니다. 그렇다고 천주교의 긍정적인 측면까지 무시한 것은 아니었습니다. 우주의 절대존재를 파악하고 숭상한 점은 높이 평가합니다. 하지만 최제우가 보기에 현실의 천주교는 절대존재를 숭상하는 대신 절대존재에게 자신의 영달과 이익을 기원할 뿐이었습니다. 한울님을 제대로 섬기지 않는다는 것이지요. 게다가 제사를 거부하는 천주교의 행태는 유교세계관에 익숙한 최제우에게 용납할 수 없는 일이었습니다. 최제우는 '천주'라는 용어사용 때문에 생기는 오해를 불식시키고자 자신의 사상체계를 '동학'이라고 명명합니다. 똑같이 '천주'를 말하지만, 천주교가 서쪽에서 생긴 '서학'인 반면 자신의 사상은 동쪽에서 생긴 학문, 즉 '동학'이라는 뜻입니다. 천주교와는 출발부터 다르다는 의미이지요.

'천주', '한울님' 외에도, 최제우는 우주의 절대존재를 표현하기 위해 '상제上帝', '지기至氣', '천天' 등의 용어를 사용합니다. 특히 '지기'라는 용어는, 그가 한울님으로부터 받았다는 강령주降靈呪 "지기금지, 원위대강至氣今至, 願爲大降"에 나타납니다. 강령주란 신이 내리기를 축원하는 주문이며, '지기금지 원위대강'이란 '지기가 지금 크게 내리시기를 기원합니다'라는 뜻입니다. 신이 강림하기를 바란다는 의미이지요. 여기서 지기는 신을, 정확히는 한울님, 천주를 가리킵니다.

원래 '기'는 동양의 전통적 사고에서 만물을 이루는 질료적 성격을 갖습니다. 만물은 기로 이루어져 있습니다. 그 만물을 이루는 기 가운데 가장 지극한 기, 즉 '지기'를 최제우는 한울님으로 본 것입니다. 그는 기가 "간섭하지 않는 일이 없고 명령하지 않는 일이 없다. 형체가 있는 듯하지만 표현하기는 힘들고, 들리는 듯하지만 드러내기는 힘들다"라고 말합니다. 즉 세상 모든 일에 관여하며 그 모습을 어렴풋이나마 파악할 수는 있지만, 뭐라고 딱 집어 표현하기는 힘든 존재가 바로 '지기'입니다. 최제우는 '지기'를 '혼원渾元의 일기一氣'라고도 표현합니다. '혼원'이란 우주만물이 아직 분리되기 전인 태초의 상태를 가리킵니다. 따라서 '혼원의 일기'란 우주가 각각의 사물로 분리되기 전의 기, 즉 근원이 되는 하나의 기를 말합니다. '지기'와 유사한 의미이지요. 최제우가 말하는 '천주'는 천주교에서의 하느님이 아니라 만물의 물질적 근원이며, 다른 말로 하면 '한울님'입니다.

최시형의 '천주'에 대한 해석도 주목할 만합니다. 그는 천주에서 '주主'를 부모처럼 높이는 대상에게 사용하는 칭호라고 설명합니다. 그래서 최제우를 '수운대선생주水雲大先生主'라고 표현하지요. '수운대선생주'란 '수운대선생님'을 가리키며, '주'를 '님'으로 해석합니다. 이렇게 보면 '천'은 한울이고 '주'는 님이 되어, '천주'는 한울님이 됩니다. 천주라는 말 때문에 생기는 오해를 불식시키고자 한 최제우의 뜻을 잘 계승한 해설입니다.

최제우가 말하는 만물의 근원으로서의 한울님은 우리 모두가 모시고 있습니다. 모든 사람이 만물의 근원을 모신 존재입니다. 그렇다면 양반이 모신 한울님과 상민이 모신 한울님이 다를까요? 그

럴 리 없습니다. 만물의 근원이 둘이 아니니까요. 그렇다면 사람은 신분, 빈부, 성별, 나이와 상관없이 동등한 존재일 수밖에 없습니다. 따라서 신분, 빈부, 성별, 나이를 평계로 일어나는 차별은 정당화될 수 없습니다. 더구나 한울님은 모든 인간이 경외해야 할 대상입니다. 경외해야 할 대상을 모신 존재를 차별하거나 무시하는 일은 정당화될 수 없습니다. 이처럼 '시천주'에는 인간평등에 대한 사고가 담겨 있습니다.

최시형은 '시천주'에 담긴 평등사상을 더욱 발전시킵니다. 그는 "사람이 한울이니 사람을 한울처럼 섬기라(事人如天)"고 합니다. 최제우의 깨달음대로 인간이 한울님을 모시고 있다면 당연히 그 인간도 한울님처럼 존귀한 존재이며, 존귀한 존재로 대접을 받아야 합니다. 최시형은 사회적 약자도 한울님을 모시고 있음을 특별히 강조합니다. 이는 여염집 며느리가 베 짜는 소리를 듣고 '한울님이 베를 짠다'고 한 일화나, 어린 아이에 대한 구타를 삼가라는 조언 등에서 잘 드러납니다. 가부장적 질서와 장유유서가 분명한 사회에서 약자임이 분명한 며느리나 어린 아이도 한울님을 모신 존재이므로 극진히 공경해야 한다고 주장한 것이지요.

여기서 한걸음 더 나아가 최시형은 인간만이 아니라 모든 사물이 한울이라고 말합니다. 모든 사물에 한울님이 깃들어 있으므로 우주만물이 동등한 존재임을 공표한 것입니다. 그래서 산에서 우는 새소리는 한울님의 울음소리이며, 인간이 다른 인간이나 동물을 대하는 행위는 한울님을 대하는 종교적 행위가 됩니다. 모든 존재에 한울님이 깃들어 있다는 최시형의 사고는 독특한 제사형식으로도 드러납니다. 일반적으로 제사를 지낼 때 조상의 신위를 벽쪽에 모시고 벽을 향해서 제사상을 차립니다. 조상의 혼이 신위에 깃든다고 생각하고 술을 따르고 절을 하지요. 이것을 '향벽설위向壁設位'라고 합니다. 벽쪽에 신위를 모셨다는 뜻이지요. 그런데 최시형이 보기에 이 방법은 잘못되었습니다. 나는 어떻게 생겨났을까요? 당연히 부모님에게서 생겨났지요. 그렇다면 내 몸은 이미 부모님을 모신 존재입니다. 그리고 부모님은 어떻게 생겨났을까요? 조부모님에게서 생겨났습니다. 그렇다면 조부모님은? 이런 식으로 거슬러 올라가면 우주의 근원인 '혼원한 일기', '지기', 즉 한울님이 있습니다. 한울님은 나를 있게 한, 나의 조상입니다. 그리고 내 몸은 한울님을 모시고 있습니다. 따라서 조상에 대한 진정한 제사는 모든 존재의 근원이며 조상인 한울님에 대한 제사로, 한울님에게 제사를 지내기 위해서는 한울님이 계신 내 몸을 향해서 제사상을 차려야 합니다. 이것을 '향아설위向我設位'라고 합니다. 나를 향해서 제사상을 차린다는 의미이지요. 최시형은 1897년부터 몇 년간 이러한 형식의 제례를 실행하기도 합니다.

모든 존재가 한울이라는 최시형의 사상은 3대 교주인 손병희에 와서 '인내천'으로 이어집니다. 말 그대로 '사람이 곧 하늘'이라는 것이지요. 이러한 사고는 사람이 한울님을 모시고 있다는 '시천주'에서 한걸음 나아간 것입니다. 사람들 스스로가 시천주임을 깨닫고 자신이 모신 한울님을 발현하는 과정을 통해서 한울님다워지는 것이 '시천주'의 의미라면, 인내천은 이러한 과정 없이 곧장 사람이 한울님다울 수 있기 때문이지요.

이상에서 본 것처럼 최제우의 '시천주' 사상은 당시 사회의 신분 차별 의식과 양립할 수 없었습니다. 우주의 근원적 존재를 모신 사람을 인간사회의 법도를 평계로 차별할 수는 없는 노릇이지요. 한울님을 모신 인간이 다른 인간에게 지배당하는 것 역시 있을 수 없습니다. 절대 존재인 한울님을 모신 존재는 삶을 스스로 결정할 수 있어야 합니다. 따라서 '시천주'는 양반의 지배대상이던 상민과 천민이 정치주체로 나설 수 있는 이론적 토대가 되었습니다. 그리고 최시형과 손병희는 그 토대를 더욱 굳건히 다지는 데 일조했습니다.

내 몸을 수양한다—수심정기

모든 사람이 한울님을 모셨다면, 모든 사람은 한울님다워야 합니다. 그런데 현실의 인간은 그렇지 않습니다. 조그마한 이익 때문에 서로 다투고 질시합니다. 한울님이 아니라 악마를 모신 듯할 때가 많지요. 그렇다면 어쩌다 한울님을 모신 인간이 이렇게 타락했을까요? 최제우가 보기에 그 원인은 무엇보다도 사람들이 한울님을 경외하지 않았기 때문입니다. 우주의 근원인 한울님을 경외하고 한울님을 내 몸이 모시고 있음을 깨닫는 것이 우선입니다. 그래야만 각자가 모신 한울님을 드러내고 자기 삶의 주체로 살아갈 수 있는 길이 열립니다.

그렇다면 자기 안에 한울님을 모시고 있음을 깨닫고 한울님을 경외하는 것만으로 자신이 모신 한울님을 온전히 드러낼 수 있을까요? 그렇지는 않습니다. 한울님을 모셨다고 하더라도 한울님을 길러내지 않으면 안 됩니다. 마치 씨앗이 있어도 땅에 심어 길러내지 않으면 곡식을 얻을 수 없는 것과 마찬가지입니다. 동학에도 나름의 수행 또는 수도 방법이 있습니다. 이 방법으로 한울님을 길러 내야 합니다. 하지만 여타 학문이나 종교처럼 어렵거나 많은 시간을 요구하지는 않습니다. 예컨대 성리학의 경우, 일정한 경지에 오르기 위해서는 한문을 익히고 주요 경전인 《사서집주四書集註》를 외우다시피 해야 합니다. 최제우가 보기에 이러한 수행에는 최소 10년이 걸립니다. 그에 비해 동학은 책으로 진리를 탐구하는 성리학과는 달리, 실천과 기도에 치중하기 때문에 3년이면 충분합니다. 책을 통해야 한다면 글을 모르는 대다수 백성들은 동학에 접근조차 할 수 없었을 것입니다.

최제우가 내세운 동학의 수행방법은 '수심정기守心正氣'입니다. 그는 "인의예지仁義禮智는 옛 성인이 가르친 것이고, 수심정기는 내가 다시 정한 것이다"라고 합니다. 인간이 갖춰야 할 유교의 도덕성인 '인의예지'가 유교 옛 성인의 가르침이라면, '수심정기'는 자신이 고쳐서 정한 바라는 의미입니다. '수심정기'란 말 그대로 마음(心)을 지키고(守) 기운(氣)을 바로잡는다(正)는 뜻입니다. 이를 최시형은 "마음의 근원을 맑게 하고 그 기운의 바다를 깨끗하게 하"는 것이라고 풀어놓습니다. 마음을 맑게 하고 기운을 깨끗하게 한다. 그렇다면 여기서 마음과 기운은 무엇이고, 맑고 깨끗하게 한다는 것은 무슨 의미일까요? 그리고 최제우가 '수심정기'를 유교성인의 말씀과는 다르다고 한 이유는 무엇일까요?

이에 답하기 위해서는 유교사상가 맹자를 살펴볼 필요가 있습니다. 맹자의 주장에 따르면, "뜻(志)은 기운을 이끄는 장수이고, 기운(氣)은 몸을 가득 채우고 있는 것"입니다. 여기서 '뜻'은 마음이 향하는 곳을 말합니다. 그리고 마음이 향한다는 것은 마음이 어디에 집중되어 있음을 의미합니다. 마치 어떤 매력적인 상대에게 반하면 온 마음이 그에게 향하듯이 말이지요. 물론 여기에서 맹자가 말하는 '뜻'은 도덕적 의미입니다. 앞서 말한 인의예지 같은 것에 마음이 향한다는 의미입니다. 도덕적인 곳으로 향한 마음을 굳건히 지켜, 그 마음이 온몸을 가득 채운 기운을 이끌도록 해야 한다고 맹자는 주장합니다. 마치 장수가 부하들이 대오를 이탈하지 않도록 이끄는 것처럼 말입니다. 여기서 기운은 도덕적인 것도 비도덕적인 것도 아닙니다. 그저 인체를 채우고 있으면서, 도덕적인 마음이 이끌어야 하는 존재일 뿐입니다. 도덕적인 마음이 기운을 이끌기도 하고 기운이 마음을 이끌기도 하는데, 만약 기운이 마음을 이끌면 도덕적으로 선한 행동이 되리라 보장할 수 없습니다. 유교에서 마음수행이 중요할 수밖에 없는 이유입니다.

동학에서도 마음과 기운이 서로 영향을 주고받는다고 합니다. 마음이 평안하면 기운도 평안하고, 기운이 평안하면 마음도 평안합니다. 그런데 이 둘 가운데 어떤 것이 더 근원적인가에 대한 대답은 맹자와 사뭇 다릅니다. 최시형이 보기에 마음은 기운에서 나옵니다. 최제우가 한울님을 '지기', '혼원한 일기'라고 한 것을 생각한다면 당연한 주장입니다. '지기'와 '혼원한 일기'가 모두 기운이고 그것이 만물의 근원으로서의 한울님이라면, 인간이 한울님을 모셨다는 것은 이런 기운을 모셨다는 뜻이 됩니다. 따라서 인간의 마음도 당연히 그로부터 나오는 것입니다. 이렇게 본다면, 수행으로서의 '정기'란 한울님을 바르게 하는 것, 즉 바르게 모시는 것이고, '수심'이란 한울님으로부터 나온 내 마음을 잘 보존하는 것이 됩니다.

만물을 이루는 한울님을 기운으로 보는 동학의 수행법은 자연스럽게 만물과 내 몸을 이루는 기운을 바로잡는 데서부터 출발합니다. 내 몸의 한울님을 바르게 모시지 못했는데 좋은 마음이 나올 리 만무하기 때문입니다. 하지만 여기서 끝은 아닙니다. 최시형에 따르면, 재앙이나 복은 결국 마음에서 옵니다. 어떤 마음을 갖느냐에 따라 복을 받거나 재앙을 겪습니다. 따라서 마음수양 역시 중요합니다. 기운으로부터 나오는 마음이 잘못된 방향으로 흘러가지 않도록 잘 지키는 것도 중요하다는 의미입니다. 따라서 동학은 항상 마음과 기운의 수양을 함께 말합니다. 이것은 마음수양에 무게를 두는 유교사상과 다른 점입니다.

그렇다면 동학에서는 구체적으로 어떻게 수행할까요? 동학의 수행은 결코 일상생활과 동떨어져 있지 않습니다. 아무도 없는 산속에 움막을 짓고 하는 수행과는 애초에 다릅니다. 일상생활과 관련된 동학의 수행은 '이천식천以天食天'으로 잘 드러납니다. 만물이 한울님을 모셨다는 최시형에 따르면, 우리가 먹는 쌀, 배추, 고기 등에도 한울님이 깃들어 있습니다. 그러면 인간이 어떻게 음식을 먹을 수 있을까요? 음식도 한울님을 모신 존재인데요. 원칙적으로는 한울님을 모신 존재는 서로 도움으로써 한울님을 봉양해야 합니다. 특히 같은 부류끼리는 서로 도와가며 스스로가 모신 한울님을 봉양해야 합니다. 즉 사람은 사람끼리, 소는 소끼리 서로 의지하고 도와야 합니다. 그런데 서로 다른 부류끼리 한울님을 기르는 방법은 같은 부류끼리 기르는 방법과 다릅니다. 최시형은 다른 부류는 서로 먹고 먹힘으로써 한울님을 기른다고 말합니다. 즉 한울님을 모신 존재(쌀, 배추, 고기 등 음식)를 한울님을 모신 다른 존재(사람)에게 먹임으로써 한울님을 기른다는 뜻입니다.

이는 자칫 인간을 비롯한 강자만을 위한 사고로 보일 수도 있습니다. 하지만 음식을 먹는 행위가 그 음식 안의 한울님을 접하는 행위라는 점에 주의할 필요가 있습니다. 즉 먹고 마시는 행위가 바로 종교적 수행입니다. 요즘은 거의 사라졌지만 예부터 민간에서 '고수레'라는 의식이 있었습니다. 산이나 들에서 음식을 먹을 때 일부를 떼어 허공이나 땅에 던지는 행위인데, 여기에는 음식을 산이나 들의 신, 실제로는 산짐승과 같은 생명체와 함께 나눈다는 의미가 있습니다. 인간에게 가장 중요한 먹고 마시는 일상행위조차 종교행위로 승화시킨 것입니다. 최시형의 '이천식천'은 이러한 기존의 민간신앙 의식과 유사성이 있습니다. 먹고 마시는 일은 한울님을 모신 음식을 접하는 행위이기 때문에 경건해야 합니다. 타인에게 음식을 대접하거나 동물에게 먹이를 주는 행위 역시 한울님을 봉양하는 행위, 즉 종교적 수행입니다. 그래서 최시형은 밥을 짓는 아낙이 갖춰야 할 마음가짐이나 밥을 지을 때 쌀을 씻는 횟수, 밥을 먹을 때 지녀야 할 마음가짐과 행해야 할 의식 등을 세세하게 일러둡니다. 물론 의식이 번잡스럽거나 거창하지는 않습니다. 무엇보다도 한울님에 대한, 한울님을 모신 음식에 대한, 한울님을 모신 자신에 대한 경건한 마음만 있으면 쉽게 할 수 있습니다.

실제로 민중에게 음식은 한울과 같은 존재입니다. 그것을 얻기 위해 고된 노동을 감수하니까요. 어떤 물건을 힘들게 얻은 사람과 쉽게 얻은 사람은 그 물건에 대한 태도가 다를 수밖에 없습니다. 음식도 마찬가지입니다. 음식을 힘들게 얻어야 하는 민중에게 밥은 어떤 존재였을까요? 최시형은 "곡식은 천지의 젖이다"라고 표현합니다. 밥을 지을 수 있는 곡식은 우주가 인간에게 주는 젖, 즉 생명의 원천입니다. 후에 무위당無爲堂 장일순張壹淳(1924~1994)은 '밥이 하늘이다'라고 하고, 김지하는 그것을 시로 표현하지요. 민중에게 밥은 한울님입니다. 따라서 밥은 한울이고 밥을 먹는 행위를 통해서 한울님을 접한다는 사고는 농민이 대부분인 당시 사회에서 쉽게 받아들여질 수 있었습니다. 더구나 밥만 경건히 먹어도 우주의 근원적 존재를 모신 주체가 될 수 있다는 사고는 민중에게 매력적일 수밖에 없었습니다.

이렇게 먹고 마시는 행위 외에 동학이 강조한 또 다른 수행방법은 주문 외우기였습니다. 최제우가 무극대도를 깨달을 때 한울님으로부터 받은 이 주문은, "지기금지 원위대강 시천주조화정 영세불망만사지至氣今至 願爲大降 侍天主造化定 永世不忘萬事知"총21자로 되어 있습니다. 이 가운데 앞의 여덟 자를 강령주降靈呪, 즉 신령을 부르는 주문이라 하고, 뒤의 열세 자를 본주本呪, 즉 본격 주문이라 합니다. 강령주는 그야말로 신령을 부를 때, 즉 정식으로 의식을 치를 때 사용하는 주문으로, 평소에는 본주 열세 자를 쉼 없이 외우라고 권유합니다. 최제우는 본주 열세 자에 무수한 책들이 담아내지 못한 도리가 담겨져 있다고 강조하면서 정성스럽게 외우기를 권합니다. 앞서 밝혔듯이 동학에서는 수행을 위해 구태여 어려운 한문을 익히고 책을 많이 볼 필요가 없습니다. 주문이 우주의 원리를 담고 있기 때문에, 이를 외우는 것만으로 수행을 할 수 있습니다. 물론 조건은 있습니다. 정성이 필요합니다. 정성 없이는 한울님이 나의 기도와 수행에 응답하지 않기 때문입니다.

요컨대 동학의 수행은 내 몸에 모신 한울님, 즉 지극한 기운을 잘 봉양하는 게 최우선입니다. 그리고 한울님으로부터 나온 내 마음을 잘 지키는 것도 중요합니다. 이는 결코 일상생활과 동떨어진 행위가 아닙니다. 먹고 마시는 일 자체가 한울님을 모시는 행위이고 한울님을 접하는 행위이기에 일상에서 정성을 다해야 합니다. 그리고 정성을 담아 우주의 원리를 함축한 주문을 외웁니다. 이러한 동학 수행법의 가장 큰 특징은 무엇보다도 접근의 용이성입니다. 글을 익히지 못한 백성들도 얼마든지 수행에 참여할 수 있습니다. 한울님을 모신 존재로서 자신과 타자를 정성스럽게 대하고 주문을 외우면 그것으로 충분한 수행이 됩니다. 글을 배우고 수많은 책을 읽고 인간사회의 수많은 도덕률을 이행해야 하는 성리학의 수행법에 비해서 참 쉽지 않습니까? 특히 육체노동에 종사하느라 글을 배울 여가조차 없는 일반민중이 접근하기에 매우 용이했습니다. 그렇다면 동학은 이러한 수행을 통해서 무엇을 추구했을까요?

평등한 새 세상의 주인이 된다―개벽

동학 수행을 통해 추구하는 것은 주체로 살아가는 개인입니다. 달리 말하면 개개인이 군자君子가 되는 것을 목표로 합니다. 군자는 원래 글자 그대로 '임금(君)'의 '아들(子)', 즉 지배층을 가리키는 용어였습니다. 그 반대는 피지배층을 가리키는 '소인小人'이고요. 그런데 공자가 춘추시대 지배층의 지배층답지 못함을 비판하기 위해 "군자는 옳음에 밝고 소인은 이익에 밝다"고 합니다. 이때부터 '군자'에 '지배층다운 덕목을 가진 이'라는 의미가 첨가되었습니다. 군자는 타인의 지도나 지배를 필요로 하지 않습니다. 스스로 판단한 행동이 도덕적으로 문제되지 않기 때문이지요. 즉 군자는 주체적으로 삶을 영위할 자격이 있는 사람입니다. 이처럼 '군자'는 신분보다는 도덕적 인격체를 가리키는 용어였지만, 신분차별이 엄연한 조선 사회에서는 현실적으로 피지배층을 가리키는 용어로는 사용될 수 없었습니다. 피지배층은 스스로 판단하고 행위하는 주체가 아닌, 누군가의 인도와 지배를 받는 객체였을 뿐이니까요.

그런데 동학에서 한울님을 모신 사람 모두가 군자가 되는 세상을 꿈꾼 것입니다. 앞에서 말한 수행을 통해서 말입니다. 최제우는 과거 역사를 평가하면서, 태평성대도 있었지만 모든 이들이 군자답게 되지는 못했다고 합니다. 사실 유교적 사고에서는 모든 사람이 군자가 될 필요가 없습니다. 훌륭한 임금이 군자를 등용해 다스리는 세상이 유교의 태평성대니까요. 즉 '사士' 이상의 계층만이 군자가 되어 나라를 다스립니다. 하지만 최제우는 당대를 모든 사람이 군자가 되지 못하는 마지막 시대로 봅니다. 이제 모든 사람이 군자가 되는 세상이 도래한다는 것입니다. 모두가 군자가 된다는 것은 모두가 인격의 완성체가 된다는 의미와 모두가 정치주체가 된다는 의미를 동시에 갖습니다. 과거와는 완전히 다른 세상이지요. 최제우는 이를 '다시 개벽開闢'이라고 명명합니다. 태초에 세상이 열린 것이 개벽이라면, '다시 개벽'은 태초에 세상이 열리듯 완전히 다른 세상이 도래했음을 의미합니다.

'다시 개벽'된 세상에서는 모든 사람이 군자가 됩니다. 사실 만인이 정치주체가 될 가능성은 '시천주' 사상에 이미 담겨 있습니다. 우주적 근원인 한울님을 모신 존재가 이 세상의 운영을 결정하는 주체일 수밖에 없으니까요. 일반 백성 누구나 동학에 입교함으로써 정치주체가 됩니다. 이러한 정치주체로서 동학교도의 모습은 동학농민혁명을 통해서 잘 드러납니다.

동학농민혁명은 1892년에 시작된 '교조신원운동敎祖伸寃運動'이 계기가 됩니다. 교조신원운동은 죄 없이 죽은 교조 최제우의 명예 회복을 촉구하는 움직임이었습니다. 40여 명의 동학교도가 1893년, 경복궁 정문인 광화문 앞에 엎드려 상소하는 사건이 일어났고, 조선정부가 이 사건의 주모자를 색출해 탄압하면서 이에 분노한 동학교도들이 보은에 모여 집회를 엽니다. 이 집회의 주 명분은 최제우의 명예회복이었지만, 여기서 주목할 만한 구호가 등장합니다. 바로 '척왜양창의斥倭洋倡義'인데요. '왜놈(일본)과 양놈(서양)을 물리치고 옳음을 세운다'는 이 구호는 당시 동학교도들이 일본과 서양의 제국주의를 이미 간파하고 있었고, 이 집회가 단순한 교조의 명예회복만을 위한 것이 아님을 보여줍니다. 특히 전통사회에서 옳음을 세워야 할 주체는 군자인데, 동학교도들 스스로가 옳음을 세우겠다고 외침으로써 자신들이 군자임을 천명한 것입니다.

이들의 움직임은 1894년, 고부 군수의 폭정에 항거하면서 무장혁명의 성격을 띠게 됩니다. 이들은 일종의 혁명공약문인 〈강령〉에서 "군대를 몰고 서울로 들어가 권력자와 귀족을 모조리 멸절하고 기강을 크게 진작시켜 명분을 세움으로써 성훈(임금의 뜻)을 따른다"고 선언합니다. 물론 '성훈을 따른다'고 한 것으로 보아 임금에게까지 도전할 생각은 하지 못했지만, 권력자와 귀족이라는 당시 지배층을 모조리 없애고 망쳐놓은 기강과 명분을 바로잡겠다고 공언한 것입니다. 구성원 대부분이 농민이었는데 말이지요. 이 〈강령〉에는 "일본 놈들을 몰아서 멸절시키고 왕의 길을 깨끗하게 만든다"는 구호도 있습니다. 국내 문제뿐만이 아니라 일본을 비롯한 외세에 맞서 나라를 보존할 주체도 자신들임을 천명한 것이지요. 농민을 중심으로 한 동학교도들이 스스로를 국가운영의 주체로 인식한 것입니다.

동학군의 사회주체의식은 '전주화약全州和約' 성립과정에서도 분명하게 표출됩니다. 전주가 동학군에 함락되었다는 보고를 받은 조선정부는 청에 동학군 진압을 위한 파병을 요청합니다. 그런데 요청하지도 않은 일본군이 청과 맺은 텐진조약에 따라 동학군 진압을 명분으로 조선에 들어온 것입니다. 이에 동학군은 외국군대의 조선 진입 명분을 주지 않기 위해서 중앙정부와 화해를 시도합니다. 이렇게 성립된 것이 바로 '전주화약'입니다. 〈강령〉에서 완전히 멸절하겠다고 다짐한 권력자와 귀족이 포진한 중앙정부와 평화조약을 맺은 것입니다. 이는 동학농민군의 무장봉기가 개인적·신분적 울분의 표출을 넘어선 행위로, 농민군 스스로가 국가의 주인임을 자각하고 있었음을 보여주는 사건입니다. 오히려 조선의 주인을 자처한 지배층이 국내 문제를 해결하기 위해 외국군대를 들여온 꼴이었지요.

동학농민혁명은 기존 신분질서를 유지한 채 최상위 지배층만 바뀌는 역성혁명과는 분명히 다른, 신분차별 없이 모든 사람이 정치주체가 되는 세상을 꿈꾸는 혁명이었습니다. 동학농민군은 스스로 '보국안민', '척왜양창의'의 주체임을 자각했고 이를 실현하려 했습니다. 결국 일본군의 힘을 빌린 조선정부에 제압당하면서 실패로 돌아가지만, 이후에도 동학교도들은 조선사회에서 패권을 장악한 일본의 침탈에 지속적으로 저항합니다. 특히 3대 교조인 손병희는 일제의 침탈에 맞서는 활동을 끊임없이 모색했고, 그 결과가 1919년 3·1운동에서 나타나는 동학교도의 활동입니다.

　동학은 모든 이들이 우주 근원을 모신 존재이고, 따라서 스스로 삶의 주체일 수밖에 없다고 말합니다. 주체로서의 개인은 자연스럽게 사회와 국가의 주인이며 나라를 보위하고 백성을 편안히 하는 (보국안민) 주체일 수밖에 없습니다. 물론 보국안민이 동학만의 이념은 아닙니다. 하지만 보국안민의 주체가 모든 사람이라는 사고는 조선이라는 신분제사회에서는 감히 생각조차 할 수 없는 것이었습니다. 모든 사람, 심지어 일자무식의 농민과 천민도 한울님을 모시고 주체로 살아갈 수 있다는 생각, 그것이 동학사상이 갖는 중요한 의미입니다. 이러한 주체가 살아가는 사회를 외세가 침탈해 지배하는 것 역시 용납할 수 없었겠지요. 동학농민혁명과 손병희를 비롯한 천도교도의 활동이 그러한 의식을 잘 보여줍니다.

동학의 한계와 의의

앞서 살펴보았듯이 사회·정치적 주체로서의 개인을 가능하게 한 동학사상은 매우 빠른 속도로 당시 사회에 전파됩니다. 소수의 사士 계층만이 사회운영 주체가 될 수 있는 봉건신분질서에 익숙한 조선사회에서 동학은 받아들이기 힘든 사고였을 텐데도 말이지요. 여기에서 우리는 당시 민중들이 스스로를 사회·정치적 주체로 자각하고 있었음을 추정할 수 있습니다. 이러한 자각은 1811년 평안도 농민전쟁에서 이미 실마리를 보이고, 이후 여러 사건을 통해 차츰 구체화됩니다. 그렇다면 평안도 농민전쟁 이후의 사건들과 동학농민혁명 사이에는 어떤 차이점이 있을까요?

사상적 관점에서 보았을 때, 동학은 정치적 주체로서 민중의 가능성을 이론적으로 정당화했다는 차별점이 있습니다. 이를 구호와 실천을 통해 구체적으로 천명한 사건이 동학농민혁명입니다. 이전의 많은 민중봉기가 가난과 가난을 강제하는 세상에 대한 분노를 표출하는 데 그쳤다면, 동학농민혁명은 세상에 대한 분노를 넘어 새로운 세상을 만들겠다는 의지를 드러냈습니다. 나아가 농민들 스스로를 그러한 세상을 만드는 주체라고 주장했습니다. 그들의 표현을 그대로 빌자면 '보국안민', '척왜양창의'의 주체가 농민이었습니다. 이렇게 정치적 주체성을 천명할 수 있었던 이론적 바탕에는 동학의 기본이념인 '시천주'가 있습니다. 우주의 근원적 존재를 모신 인간은 이미 정치주체로 자리할 수밖에 없습니다. 요컨대, 동학농민혁명은 농민을 비롯한 민중을 사회운영의 주체로 명시했다는 측면에서 이전의 여러 사건들이 지향한 바를 구체화한 사건입니다.

그런데 동학의 창시자 최제우의 사회인식은 기존 사회이념인 유교의 틀을 크게 벗어나지 않아 보입니다. 최제우가 원한 '임금이 임금답고 신하가 신하답고 아비가 아비답고 자식이 자식다운' 사회는 《논어》의 공자가 추구한 사회를 그대로 차용한 것입니다. 동학농민군의 구호로도 사용된 '보국안민'도 기존의 '국태민안'이나 '태평성대'와 의미가 다르지 않습니다. 최제우의 사회인식 근저에 유교가 깔려 있는 것이지요. 물론 어려서부터 유교가치관이 지배하는 사회에서 교육받고 활동한 최제우에게 그러한 사고에서 완전히 벗어나기를 바랄 수는 없습니다. 그렇다고 해서 그의 사상이 유교와 다름없다면 큰 의미가 없겠지요.

동학과 유교의 차이점은 우선 수행방법에 있습니다. 앞서 살펴본 것처럼 유교의 수행에는 서적탐구가 필수지만 동학은 일상의 수행을 통해 군자가 될 수 있습니다. 동학은 글을 모르는 일반 백성도 충분히 수행할 수 있는 것으로, 중요한 것은 한울님을 모시고 있다는 자각과 한울님을 모신 모든 존재를 경건하게 대하는 태도입니다. 수행을 통해 모든 사람이 스스로의 삶과 세상에서 주체가 될 수 있다는 사고는 신분차별이 만연한 사회의 일반적 사고와는 확연히 달랐습니다. 따라서 동학사상에 따르면, 임금과 신하, 아비와 자식이 제 역할을 하도록 하고, 나라를 보위하고 백성을 안정시키는 주체 역시 '사'만의 책무가 아닌 '시천주'한 모든 사람들의 책무가 됩니다. 동학에서는 사회적 신분과는 무관하게 모두가 정치주체로서의 '군자'가 될 수 있는 것입니다. 요컨대 동학과 유교의 차별점은 수행방법과 사회운영 주체에서 드러납니다. 동학에서는 모든 사람들이 일상적 수행을 통해서 사회운영의 주체가 될 수 있음을 말합니다.

그런데 또 하나의 문제가 있습니다. 동학사상에 따르면, 개인이 사회운영의 주체가 되기 위해서는 스스로 '시천주'임을 인식해야 합니다. 즉 한울님을 내 몸에 모시고 있다는 종교적 믿음이 필요합니다. 물론 한울님은 우주만물의 근원적 존재인 '지기', '혼원한 일기'일뿐, 어떤 인격적 존재가 아닙니다. 인격이 있는 신에 대한 믿음을 주장하는 여타 종교와 근본적으로 다른 점이지요. 또한 근원적 존재에 대한 경건함과 그 존재를 모신 인간에 대한 경건함을 강조하는 동학은 외재하는 신의 피조물인 인간이 신에게 절대적으로 복종해야 한다는 여타 종교와 애초에 다릅니다. 하지만 한울님이 이성적으로 증명되지 않는 믿음의 대상이라는 점은 여전히 문제로 남습니다. 한울님이 믿음의 대상인 한, 그것을 믿지 않는 자에게는 없는 존재나 마찬가지입니다. 즉 '시천주'를 믿지 않는 이에게 동학은 아무런 영향력을 끼칠 수가 없습니다. 이것은 동학만이 아니라 종교의 외피를 두른 모든 사고가 지닌 한계입니다.

이상에서 본 것처럼 최제우가 개창한 동학에는 극복해야 할 사회의 지배이념인 유교적 요소와 신앙인만이 받아들일 수 있는 종교적 요소가 담겨 있습니다. 하지만 모든 이가 우주의 근원적 존재를 모시고 있고, 그렇기 때문에 모든 인간이 주체로서의 자격을 갖는다는 동학의 근본 사상은 여전히 의미가 있습니다. 모든 인간이 주체로서의 자격을 갖는다는 것은 모든 인간이 자신의 삶의 결정권자이며, 결국 인간이 타자에 의해서가 아니라 스스로(自)의 이유(由)에 의해서 움직이는 존재임을 말합니다. 즉 동학에서는 자유로운 인간을 이끌어낼 수 있습니다. 그리고 이러한 자유로운 인간은 모든 인간이 자유롭다는 의미에서 평등합니다. 또한 앞에서도 언급했듯이, 우주적 존재를 모신 사람을 인간사회의 규율과 법칙으로 차별하는 것은 정당화될 수 없습니다. 요컨대 동학의 '시천주'는 자유롭고 평등한 인간을 가능하게 합니다. 더구나 동학에서 이러한 가능성의 실현은 일반 백성들의 일상적인 수행만으로도 성취할 수 있습니다.

물론 개인의 자유와 평등은 서양 근대의 산물이며, 서양 근대는 자본주의의 등장과 밀접한 관련성이 있습니다. 따라서 그와 같은 과정을 겪지 않은 조선의 철학사상을 서양의 그것과 단순 비교하거나 동일시해서는 안 됩니다. 하지만 여기에서 간과해서는 안 되는 것이 있습니다. 유교질서가 이미 붕괴되던 조선후기 사회에서 신분차별 문제를 인지하고 있었던 일반 백성들의 의식 속에는 이미 인간의 평등과 자유에 대한 사고가 싹트고 있었으며, 동학은 그러한 백성들의 사고를 체계화한 것이라는 점입니다. 동학은 변화하는 백성들의 사고를 담아냈으며, 이전의 사회와는 다른 사회를 지향했습니다. 노동하는 민중들이 사회운영의 주체가 되는 자유롭고 평등한 민주사회를 말이죠. 동학은 한국 현대철학의 시발점이 된다고 할 수 있습니다.

4장

나철과 대종교

역사적 실천을 통한 한얼의 회복

—

김정철

나철
羅喆(1863~1916)

본명은 나인영이며, '나철'은 단군교 중광 이후 사용한 이름이다. 1863년 12월 2일 전남 보성군에서 태어났으며, 과거시험에 합격하여 관직에 나아갔으나 혼란한 정세 속에 사직하였다. 국권회복운동을 전개하고 을사늑약 체결 후에는 '을사오적' 암살을 시도하였으나 실패하였다. 1909년 단군교의 '중광'을 선포하고 1910년 8월 '단군교'를 '대종교'로 개칭하였다. 대종교의 교리를 체계화하였으며, 만주로 총본사를 이전하여 교세를 크게 확장하였다. 일제가 대종교를 심하게 탄압하자 1916년 8월 15일 구월산 삼성사에서 유서를 남기고 스스로 목숨을 끊었다. 나철은 대종교를 통해 한얼의 본래 의미를 되살리고자 하였으며, 독립운동 실천을 위한 민족정신의 원천을 한얼에서 찾았다. 대종교의 사상은 종교적 구원에 머무르지 않고, 우주론, 존재론, 실천론 등 철학적으로도 풍부한 내용을 다루고 있다. 특히 대종교의 경전과 역사서에서 주체적 관점으로 사상과 역사의 재구성을 시도한 점은 주목할 만하다. 이는 외세에 휘둘리지 않고 한얼이라는 민족정신을 중심으로 역사를 평가하고 현실을 인식하고자 한 결과였다. 대종교의 주체적 사상과 역사의식은 곧 독립운동의 실천으로 이어졌으며, 만주 무장투쟁뿐만 아니라, 국어와 역사 연구, 정치활동에 이르기까지 다양한 분야에 강력한 영향을 미쳤다.

항일무장투쟁과 대종교

대종교大倧敎는 지금 우리에게 친숙한 기독교나 불교에 비하면 낯선 종교입니다. 이름은 알더라도 어떤 종교인지 제대로 아는 사람들이 별로 없지요. 하지만 대부분 10월 3일 개천절은 잘 알고 있을 것입니다. 단군이 이 땅에 처음으로 나라를 세운 날을 기념하는 국경일인 이 개천절 의식을 1904년에 처음으로 거행한 곳이 바로 대종교입니다. 단군과 밀접한 관련이 있는 종교인 셈이지요.

대종교가 비록 지금은 우리에게 낯설지만, 불과 백 년 전인 일제강점기로 돌아가면 상황은 매우 달라집니다. 일제강점에 맞서 싸운 많은 독립운동가들이 대종교 계열의 인물이었으니까요. 대종교인들의 독립운동은 크게 세 가지 활동으로 나뉩니다. 첫째는 무장투쟁 활동입니다. 만주지역에서 독립군을 양성하고 청산리전투와 봉오동전투를 승리로 이끌었지요. 둘째는 국어연구 활동입니다. 우리말을 연구해 민족 고유의 정신문화를 살리고자 했습니다. 셋째는 역사연구 활동으로, 우리 민족의 독자적 역사관을 정립하고 교육을 통해 이를 전파하고자 했습니다. 그렇다면 무엇이 대종교를 이러한 독립운동 활동으로 이끌었을까요? 그 열쇠는 바로 대종교의 사상에 있습니다.

대종교의 사상은 그동안 대종교의 종교적 성격과 무장투쟁의 성과에 가려져 제대로 조명을 받지 못한 측면이 있습니다. 우리는 주로 대종교인들의 독립운동에 대해서는 어느 정도 알고 있지만, 그들이 어떤 생각으로 독립운동에 나서게 되었는지는 잘 모릅니다. 더욱이 대종교의 사상은 독자적 역사관을 토대로 지적 전통을 재구성하여 독립운동의 실천으로 연결되었음에도, 이에 대해서는 알려진 바가 거의 없지요. 이것이 대종교 사상을 살펴봐야 할 중요한 이유입니다. 사상적 측면에서 주목해야 할 대표적인 대종교 인물은 나철羅喆(1863~1916)과 서일徐一(1881~1921) 그리고 윤세복尹世復(1881~1960)이 있습니다.

나철은 기존의 단군교를 부흥시키고 단군교라는 이름을 대종교로 바꾼 인물입니다. 그를 대종교의 창시자로 소개하는 경우가 있는데, 나철은 새로 만든다는 의미의 창시創始가 아니라 기존의 것을 다시 밝힌다는 의미로 '중광重光'이라는 용어를 사용했습니다. 예전부터 있었지만 사라져가는 단군교의 정신을 부흥시킨다는 의미이지요. 나철의 생애에 대해서는 별로 알려진 바가 없습니다. 본명은 나인영羅寅永이며, '나철'은 단군교 중광 이후 사용한 이름입니다. 1863년 12월 2일 지금의 전남 보성군에서 태어난 나철은, 어려서는 서당에서 한학을 배우고 젊어서는 과거시험에 합격하여 관직에 나갑니다. 그러나 관직생활은 오래가지 못했고, 사직서를 제출한 뒤 고향으로 내려옵니다. 국권이 위태로운 상황에서 관직생활에 별 미련이 없었던 게지요. 그후 적극적인 국권회복운동에 나선 나철은 1905년 일본으로 건너가 "동양평화를 위해 한-일-청 삼국은 상호친선동맹을 맺고 한국에 대해서는 선린의 교의로써 부조하라!"는 의견서를 제출하고 일본궁성 앞에서 단식투쟁을 벌입니다. 그러던 중 을사늑약 체결소식을 듣고 1907년 이기李沂(1848~1909), 오기호吳基鎬(1863~1916) 등과 함께 비밀결사인 자신회自新會를 결성해 조약체결에 협조한 '을사오적' 암살을 시도합니다. 결국 암살시도는 실패하였고 나철은 10년형을 선고받아 유배를 떠납니다. 하지만 고종의 특사로 1년도 채 되지 않아 석방된 나철은 그 직후 다시 일본으로 건너가 국권회복운동을 전개했지만 별다른 성과를 거두지 못한 채 돌아옵니다.

나철이 단군교를 본격적으로 접한 시기는 국권회복운동을 전개할 무렵으로 짐작됩니다. 그는 어떤 노인으로부터 〈단군교포명서檀君敎佈明書〉를 받은 후 서울 재동에서 동지들과 제천의식을 거행하고 1909년 음력 1월에 단군교의 '중광'을 선포합니다. 도사교都司敎라는 단군교 지도자로 추대된 나철은 교단조직을 정비하고 교세를 확장하면서 이듬해인 1910년 8월, '단군교'를 '대종교'로 개칭합니다. 나철이 대종교로 이름을 바꾼 데는 두 가지 이유가 있습니다. 첫째, 당시 정치상황에 따른 필요성 때문입니다. 그 시기 단군교는 민족적 성격을 강하게 드러내는 '단군'이라는 명칭 때문에 일제의 탄압을 받았습니다. 게다가 교세유지를 명목으로 오히려 친일행위를 일삼는 사람들이 '단군교'라는 이름을 사용하기도 했습니다. 이에 나철은 일제탄압을 피하고 친일파들과 거리를 두기 위해 단군교를 대종교로 바꿉니다. 둘째, 대종교의 본래 의미를 되살리기 위해서였습니다. 대종교라는 이름에서 '종倧'은 잘 쓰지 않는 한자인데, '상고신인', '신'이라는 뜻입니다. 따라서 최고의 신이라는 의미의 대종大倧은 곧, 모든 일의 시작과 끝을 상징하는 '한얼'을 가리킵니다. 나철은 대종교에서 가장 중시하는 개념이기도 한 한얼의 본래 의미를 되살리겠다는 의지를 드러낸 것입니다.

대종교의 교세가 계속 확대되자 일제의 탄압은 더욱 심해집니다. 결국 나철은 교단유지를 위해 북간도로 건너가 포교활동을 계속합니다. 이 과정에서 나철은 대종교의 핵심경전인 《삼일신고三一神誥》

를 풀이한 《신리대전神理大全》을 통해 교리를 체계화합니다. 1914년 백두산 북쪽 산 아래 청파호 근방으로 총본사를 이전한 대종교는, 만주를 무대로 교세를 확장해 교인의 숫자가 30여만 명에 이르게 됩니다. 이에 일제는 '종교통제안宗敎統制案'을 제정해 민족정신을 강조하는 대종교를 '종교를 가장한 독립운동단체'로 규정하고 탄압합니다. 결국 일제의 탄압으로 대종교는 존폐의 위기에 봉착하게 되고, 1916년 8월 15일 나철은 구월산 삼성사에서 스스로 목숨을 끊습니다. 일설에 의하면 단식수도 끝에 유서를 남기고 스스로 호흡을 조절하여 숨을 거두었다고도 합니다.

나철의 죽음 이후 대종교의 명맥은 서일, 김교헌, 윤세복으로 계승됩니다. 특히 서일은 대종교에서 반드시 주목해야 할 인물입니다. 대체로 만주무장투쟁을 주도한 북로군정서北路軍政署 총재로만 알려져 있는 서일은, 사실 대종교 사상을 쉽게 풀이해 교육한 인물입니다. 1881년 함경북도 경원에서 태어난 서일은 어려서는 한학을 익혔고 사범학교를 졸업한 뒤에는 교육 분야에 종사합니다. 1911년 독립운동을 위해 만주로 건너간 뒤 대종교에 입교했고, 대종교의 교리와 사상을 《삼문일답三問一答》《진리도설眞理圖說》《회삼경會三經》 등의 저술을 통해 구체적으로 풀어냅니다. 이후 서일은 만주로 망명한 의병을 중심으로 독립군단인 중광단重光團을 조직하고 단장으로 활동하면서 독립군 양성에 힘씁니다. 김좌진金佐鎭(1889~1930), 홍범도洪範圖(1868~1943), 이범석李範奭(1900~1972) 등과 함께 봉오동 전투와 청산리전투를 승리로 이끈 서일은 이후 대규모 병력을 동원한 일제의 추격을 피해 독립군단을 이끌고 시베리아로 떠납니다. 하지만 1921년 일어난 '자유시참변自由市慘變'으로 수많은 희생자들이 발생하면서 큰 타격을 입습니다. 자유시참변은 일제의 대규모 토벌을 피하고 볼셰비키 공산당의 도움을 요청하기 위해 시베리아에 집결한 대한독립군단이 러시아의 부당한 무장해제 요구를 거부하다 포위되어 사살당한 사건입니다. 그 배경에는 한국독립군의 해체를 요구하는 일본군과 러시아 볼셰비키 공산당 간의 협상이 있었습니다. 당시 볼셰비키 공산당은 혼란을 틈타 연해주를 점령한 일본군을 협상을 통해 철수시키려 했고, 그 과정에서 일본의 요구를 무시할 수 없었습니다. 이런 상황에 독립군 내부에서는 이르쿠츠크파 고려공산당과 상하이 고려공산당 사이의 대립투쟁까지 벌어지면서 자유시참변이 발생한 것입니다. 자유시참변 이후 다시 병력을 모으려 했지만 마적의 습격으로 근거지마저 파괴되자 서일은 결국 죽음을 택합니다. 그 역시 나철처럼 스스로 호흡을 조절하여 죽음을 맞이했다고 전해집니다.

　경남 밀양에서 태어난 윤세복은 어려서 한학을 익히고 자라면서 신학문을 접한 후 교육 분야에 종사하다가 1910년에 대종교인이 됩니다. 본명 세린世麟을 세복世復으로 바꾼 시기도 이 무렵인데, 일제에 빼앗긴 국권을 회복(復)하겠다는 뜻을 담은 이름입니다. 윤세복은 독립운동을 위해 만주로 건너가 동창학교東昌學校를 비롯한 몇몇 민족학교를 세우고 교육에 힘씁니다. 1924년 대종교 교주가 된 윤세복은 무장투쟁과 산업육성에도 힘썼고, 해방 이후에는 대종교 경전을 모아 간행하고《삼법회통三法會通》을 저술하는 등 대종교 사상을 체계화하고자 노력합니다. 윤세복은 1960년에 숨을 거두었습니다.

　앞서 살핀 바와 같이 대종교인들의 독립운동은 다양한 분야에서 전개됩니다. 그리고 이에 따른 일제의 탄압도 더욱 거세졌습니다. 그 대표적인 예가 1942년에 일어난 '임오교변壬午敎變'입니다. 임오교변은 대종교의 주요 인물 21명이 일제에 잡혀가 10명이 죽음을 맞이한 사건인데요, 당시 교주였던 윤세복을 포함해 살아남은 사람들조차도 긴 수감생활을 하게 됩니다.

일제강점기 대종교인들은 무장투쟁, 국어연구, 역사연구 등 다양한 독립운동 활동을 전개했고, 이와 동시에 대종교의 사상적 교리를 정리하고 발전시키고자 노력했습니다. 이들 사상의 공통점은 한얼로 대표되는 고유의 민족정신을 되살리는 데 있었습니다. 다방면에 걸친 대종교인들의 적극적인 실천은 이러한 사상적 힘에 기초합니다. 대종교는 종교적 시작을 '단군'에서 찾았다는 점에서 짐작할 수 있듯이, 사상적으로 한민족만의 고유한 기원을 강조합니다. 따라서 외세에 대항하는 민족적 주체성과 자주성에 대한 강조는 대종교 사상의 중요한 기반이 될 수밖에 없습니다.

하늘, 땅 그리고 인간

대종교의 사상은 앞서 살펴본 바와 같이 《삼일신고》에서 출발하여 나철의 《신리대전》과 서일의 《회삼경》, 윤세복의 《삼법회통》을 거치면서 체계적으로 정리·발전됩니다. 대종교의 사상에는 철학적인 내용이 많다고 할 수 있습니다. 교리 안에 철학에서 일반적으로 다루는 존재론과 우주론, 실천론이 모두 포함되어 있기 때문입니다. 이를테면 대종교 교리는 인간은 어떠한 존재이며, 이 세계가

어떻게 생성되고 소멸되는지, 이런 세상에서 인간이 어떻게 살아가
는지에 대해 설명합니다. 여기서는 대종교가 세계를 어떻게 설명하
고, 하늘과 땅 사이에서 살아가는 인간을 어떠한 존재로 설명하는
지 알아보겠습니다.

　단군교의 핵심경전인 《삼일신고》는 주로 숫자 3과 1로 이야기를
풀어갑니다. '삼일'은 한인-한웅-한검으로 구성된 세 검과 한얼의
삼신일체三神一體를 상징하며, '신고'는 신성한 말씀을 뜻합니다. 대
종교가 1과 3이라는 숫자를 사용한 이유에 대해 서일은, 1은 통합
하여 말한 것이고 3은 나누어 말했을 뿐이라고 설명합니다. 본체
인 '한얼'을 '1'로 표현하고 실질적인 쓰임을 '3'으로 표현했다는 것
이지요.

　1이 통합을 뜻한다면, 나눠지는 것은 둘이나 셋, 혹은 그 이상으
로도 가능한데 왜 3이라는 숫자를 사용했을까요? 서일은 3의 성격
이 다함이 없기 때문이라고 대답합니다. 그는 하늘의 형상을 ○(동
그라미)에 비유하면서 "1을 지름으로 할 때 3을 둘레로 하여 그 셈
에 다함이 없다"라고 말합니다. 다함이 없다는 말은 셈이 끝없이
이어진다는 뜻입니다. 우리가 아는 원주율을 떠올려보면 됩니다.
이는 곧 하늘은 쓰임이 온전하면서 성품 역시 한정돼 있지 않다는
말입니다.

　3은 세상의 다양한 모습을 설명할 때 쓰입니다. 세 신을 가리키
는 '세 검(三神)', 세 명의 깨달은 사람을 뜻하는 '세 밝은이(三嚞)', 사
람이 저지르는 세 가지 잘못을 뜻하는 '세 가달(三妄)', 사람이 살아
가면서 부딪치는 '세 길(三途)' 등이 있는데요. 이 가운데에서도 가
장 중요한 개념은 '세 검'입니다. 세 검은 한인, 한웅, 한검을 가리키

는데, 이들은 각각 세상의 조화를 일으키고 땅으로 내려와 교화하고 인간을 직접 다스립니다.

세 검은 단군 이야기를 통해서도 설명할 수 있습니다. 먼저 하늘을 다스리는 환인桓因이 있고 환인의 아들 환웅桓雄이 있는데, 환웅이 지상을 내려다보고 인간을 널리 이롭게 하기 위해 내려와 웅녀와 결혼하고 단군을 낳게 되고, 이렇게 태어난 단군이 고조선을 세우고 왕이 되어 인간을 다스립니다. 여기에 등장하는 환인, 환웅, 단군이 바로 한인, 한웅, 한검 곧 세 검입니다. 서일은 한얼과 세 검의 관계에 대해 《회삼경》에서 "크시도다, 한얼님의 도여! 하나이자 셋이니 본체(體)로는 더 도달할 위가 없으며, 쓰임(用)으로는 더 없는 끝에까지 다하시니라"라고 설명합니다. 여기서 셋은 하나의 본체인 '한얼'의 세 가지 쓰임으로 이해할 수 있습니다.

'한얼'은 지금 우리가 알고 있는 하느님과도 비슷합니다. 형체도 없고 냄새도 없지만 어디에나 존재합니다. '한얼'은 인간을 포함한 세상의 모든 사물, 그들 사이에서 일어나는 모든 일을 시작하고 끝맺는 본체입니다. 나철은 《신리대전》에서 한얼에 대해 "한울(하늘)에서는 그보다 더 위에 계신 이가 없으시며 만물에서는 그보다 더 비롯된 것이 없으시며 사람에게서는 그보다 더 먼저 된 이가 없으시니라"라고 말하면서 한얼이 인간은 물론 모든 사물의 시작임을 강조합니다. 또 나철은 3은 변화의 세계를 나타내고 1은 본체를 상징한다고 말합니다.

그렇다면 인간은 어떤 존재이고, 한얼과 어떤 관계를 맺고 있을까요? 윤세복은 《삼법회통》에서 "천지인天地人을 일러 세 극(三極)이라 하는데, 많고 많은 만물을 맡은지라 잘못을 반성하여 참(眞)에 나아가기를 바라면 세 법(三法)을 모두 통하리라(會通)"라고 설명하면서 인간이 일정한 수행법인 세 법을 통해 한얼과 하나가 될 수 있다고 강조합니다. 인간이 하늘, 땅과 함께 가장 중요한 존재라는 말이지요. 그 이유는 첫째, 앞서 살펴보았듯이 인간은 세 검의 교화와 다스림을 받은 존재이고, 둘째, 인간은 타고난 기운(氣)이 빼어나기 때문입니다. 기운은 만물을 이루는 원료인데, 인간은 수많은 생명 가운데에서도 타고난 기운이 가장 빼어납니다. 그래서 한얼과 가장 닮아 있고, 한얼에게서 뛰어난 능력을 부여받을 수 있었습니다. 한얼에게 부여받은 능력을 잘 길러내면 한얼과 하나가 될 수 있는 것이지요.

하지만 인간과 한얼 사이에는 중요한 차이가 있습니다. 한계가 없는 한얼과 달리 인간은 땅의 기운에 의존해 살아가기 때문에 한계를 지닐 수밖에 없습니다. 사물이 각자 형체와 성격을 갖추고 살아가는 터전인 땅은 온전한 하늘에 비해 불완전한 곳입니다. 땅이 불완전한 이유는 무한한 공간인 하늘과 달리 사방이라는 제한이 있고 기운에 의존할 수밖에 없기 때문입니다. 불완전한 땅에서 태어나 살아가는 생물은 저마다 타고난 기운에 따라 형태나 성격이 결정됩니다. 인간도 기운으로 이루어진 사물 가운데 하나일 뿐이기 때문에 타고난 기운에 따라 형태나 성격이 결정됩니다. 인간은 한얼과 하나가 될 수 있는 가능성이 있지만, 기운의 순수하고 탁한 정도에 따라 어떤 사람은 한얼과 비슷하기도 하고 어떤 사람은 한얼과 전혀 다른 모습이 됩니다.

저마다 다른 기질을 타고난 인간은 땅에서 태어나 살아가면서 수많은 감정을 느끼고 다양한 관계를 맺으며 살아갑니다. 대종교에서는 인간이 살면서 겪는 느끼고〔感〕, 숨 쉬고〔息〕 부딪치는〔觸〕, 세 가지를 가리켜 '세 길'이라고 부릅니다. 한마디로 인간은 세 길에서 방황하며 살아가는 존재입니다.

한얼과 땅의 기운을 대비하여 설명하는 대종교의 논리는 성리학의 '리기론理氣論'과 비슷합니다. 우주의 본체이면서 모든 일의 시작과 끝인 '한얼'은 성리학의 리理와 닮아 있고, '기운'은 생물의 형체와 성격을 결정하는 성리학의 기氣와 닮아 있기 때문입니다. 예컨대 성리학에서 리는 형체도 한계도 없이 세상 어디에나 있는 우주의 본체이며, 기는 형체와 한계가 있는 각 사물을 구성하는 원료입니다. 동일하게 대종교에서 한얼은 세상의 원리를 담지하는 우주적 본체이며, 인간은 수많은 사물 가운데에서도 가장 빼어난 기를 타고났기 때문에 마음공부를 통해 본성을 회복할 수 있는 존재로 설명됩니다. 그러나 일제강점기의 대종교와 성리학은 실천적 부분에서 중요한 차이를 보입니다. 무엇보다 기존 성리학 이념을 고수했던 유학자들은 대체로 외래문물과 사상을 완강히 거부하는 위정척사衛正斥邪의 길을 선택한 반면, 대종교인들은 활동무대를 만주로 옮겨 무장투쟁, 고유문화 연구와 교육활동 등 다양한 방면에서 독립을 위한 실천을 멈추지 않았기 때문입니다.

이처럼 대종교는 1과 3이라는 숫자에 주목하면서 근본적인 부분은 모든 일의 시작과 끝인 한얼을 통해 설명하고, 실천적인 부분은 세 검을 통해 설명합니다. 세 검의 교화와 다스림을 받은 인간은 한얼과 하나가 될 수 있는 가능성을 지닌 빼어난 존재입니다. 그러나 인간은 타고난 기운에 따라 성격이 달라지기 때문에 온전한 한얼과 달리 제약이 있을 수밖에 없습니다. 그렇다면 세 길에서 항상 방황하는 인간은 어떻게 한얼과 하나가 되는 길로 나아갈 수 있을까요?

인간은 어떤 삶을 살아야 하는가?

타고난 기운의 차이 때문에 세 길에서 헤매는 인간은 누군가 앞에서 이끌어주어야 합니다. 대종교에서는 이끌어주는 사람을 '세 밝은이'라고 부릅니다. 서일은 《회삼경》에서 이들을 가리켜 "상등의 밝은이는 성품(性)에 통달하였고, 중등의 밝은이는 목숨(命)을 알고, 하등의 밝은이는 정기(精)를 보전한다. 통함은 비어 있음이요, 앎은 밝음이요, 보전함은 굳셈이니, 밝은이들이 이 세 가지 보배를 가졌으므로 능히 그 아름다움을 온전히 할 수 있다〔上嚞通性, 中嚞知命, 下嚞保精, 通曰虛, 知曰明, 保曰健. 嚞有此三寶, 故能全其美〕"라고 말합니다. 이들은 같은 인간으로 태어났지만 다른 이들보다 빼어난 기운을 타고났기 때문에 한얼이 부여해준 성품, 목숨, 정기 세 가지 가운데 하나를 각각 온전히 지니고 있습니다. 그래서 이들이 사람들에게 가르침을 베풀어 타고난 한얼의 능력을 회복시킨다는 것이지요. 이 사람들의 가르침을 '세 법'이라고 부릅니다. 세 법은 느낌, 숨, 부딪침과 관련된 실천법으로, 감정절제〔止感〕, 호흡조절〔調息〕, 신체의 정결함을 유지하는〔禁觸〕 방법을 말합니다. 인간은 세 법의 실천을 통해 누구나 한얼과 하나가 될 수 있습니다.

　그렇다면 세 법을 실천하는 주체는 누구일까요? 바로 '나' 자신입니다. 대종교에서는 '나'의 실천을 강조하는 경향이 있는데, 실천이 곧 '나'의 태도에 달려 있기 때문입니다. 서일은 실천의 주체인 나의 태도를 세 부분으로 나누어 '세 나〔三我〕'라고 부릅니다. '오직 나〔獨我〕', '나를 위함〔爲我〕', '내가 없음〔無我〕'으로 구분되는 세 나는 각각 불교, 도교, 유교의 태도를 상징하며, 각 태도가 지나치면 부작용이 일어난다고 설명합니다. 굳이 불교, 도교, 유교의 가르침을 통해 세 나를 설명하는 까닭은 우리 현실에서 세 가르침의 적절한 조화가 필요하다고 보기 때문입니다.

'오직 나'에 대해 서일은 "스스로 높음을 주장하는 것"이라고 말합니다. 깨달음을 통해 누구나 부처가 될 수 있다는 불교의 가르침을 상징하는 것이지요. 대종교에서는 불교의 가르침이 나오게 된 원인을 "풍속이 계급을 숭상하여 귀함으로써 천함을 능멸"했기 때문이라고 설명합니다. 이것은 카스트제도를 반대하고 평등의 가르침을 내세웠던 부처의 시대를 나타냅니다. 그러나 이런 태도도 지나치면 부처가 되기 위해 불성만을 깨달으려다 오히려 현실과 멀어질 수 있겠지요.

'나를 위함'에 대해서는 "스스로 사랑함을 주장"하는 태도라고 말합니다. 스스로 사랑함은 자신의 몸을 보살피고 지키려는 도교의 가르침을 상징하는 것입니다. 서일은 이러한 태도는 "사람들이 권세와 이익을 따라 강함으로써 약함을 업신여길" 때 나타난다고 설명합니다. 권세와 힘으로 약한 사람을 억누를 때는 스스로를 지키고 사랑하려는 태도가 나타나기 마련이지요. 그러나 스스로 사랑하는 태도도 지나치면 이기적인 태도로 변할 가능성이 있습니다.

'내가 없음'은 "스스로 겸손함을 주장"하는 태도를 말합니다. 때와 장소에 맞는 공적인 일을 강조하는 유교의 가르침을 상징한다고 할 수 있습니다. 유교의 가르침은 "세상이 방자함을 좋아하여 사사로움으로 여러 사람을 해롭게 할" 때 나타난다고 설명합니다. 혼란한 세상에서는 사람과 사람 사이의 관계와 공적 가치를 중시했던 유교적 태도가 요구되기 때문이지요. 하지만 지나치게 남만 위하게 되면 결국은 자신을 무시하게 되고 약해지는 결과를 초래할 수도 있습니다.

대종교는 유교, 불교, 도교, 세 사상의 가르침을 조화시켜야 한다고 강조합니다. 역사적으로 처음 한얼의 가르침을 베풀었을 때는 문제가 전혀 없었지만 시대가 거듭될수록 "우리의 도가 점점 갈라지고 지혜가 날로 어두워져 근본을 잊은 사람이 있게 되고, 한얼님께 오만하고 인륜을 해치는 사람이 있게(我道漸岐, 我智日昧, 妄本背源者有之, 慢神賊倫者有之)" 되었다는 것입니다. 이러한 인식은 역사에 대한 비판적 태도로 이어집니다. 앞서 말한 세 태도의 한 측면에 치우치면서 혼란이 발생하고 나라가 망하는 문제가 발생했다고 이해하기 때문입니다. 불교가 지나치게 성행한 삼국과 고려가 망했고, 유교가 지나치게 유행한 조선 역시 스스로 약해져 망했다는 것입니다. 대종교에서는 세 사상의 가르침의 조화는 민족 고유의 정신을 되살리는 일에서 시작해야 한다고 말합니다. 그 핵심은 한얼의 정신입니다. 그 속에는 이미 유불도의 사상이 모두 포함되어 있고, 유불도 세 가지 사상은 한얼의 정신을 각각 다른 맥락에서 받아들인 것에 불과하다는 뜻입니다. 따라서 대종교는 한얼과 하나가 되면 유불도의 조화가 저절로 이루어지며, 유불도의 가르침을 상황에 따라 알맞게 적용할 수 있다고 설명합니다. 한얼과 하나가 되는 종교적 도약을 통해 어느 하나의 관점에 지나치게 치우치는 부작용을 피할 수 있다는 것이지요. 이는 역사적 경험에 대한 통찰을 통해 주체적 관점을 내세운 것으로 이해할 수 있습니다.

지금까지 살펴본 '세 검', '세 밝은이', '세 길', '세 법', '세 나'와 같은 개념은 모두 숫자 3을 포함하고 있는데, 3은 곧 변화하는 현실 속에서 실천과 밀접한 관련이 있습니다. 대종교에서는 인간이 현실 속에서 조화를 이루며 살면 한얼과 하나가 될 수 있다고 설명하며, 이를 간단히 "셋을 모아 하나로 돌아간다[會三歸一]"라는 말로 요약합니다. '모은다[會]'는 말은 단순히 합하는 것이 아니라 조화를 뜻합니다. '세 검'과 '세 밝은이', '세 길', '세 법', '세 나'는 하나로 조화되었을 때 의미가 있기 때문이지요. 여기에서 한얼의 중요성을 알 수 있습니다. 결국 우리의 삶과 실천이 조화와 균형을 이루었을 때 한얼과 하나가 될 수 있다는 뜻입니다.

앞에서도 언급했듯이 대종교 사상은 개인의 수양에 그치지 않고 현실의 실천으로 곧장 연결됩니다. 한얼과 하나가 되는 과정이 한얼의 정신을 되찾으려는 구체적 활동으로 이어지기 때문입니다. 한얼을 되찾는 일은 종교적 수양만으로는 불가능하고, 다양한 분야에서 실질적인 연구와 실천이 뒤따라야 합니다. 일제에 국권을 빼앗긴 현실은 곧 민족 고유의 정신과 문화의 위기를 의미했고, 이를 되찾기 위한 대종교인들의 실천은 분야를 가리지 않고 계속되었습니다. 이들이 국어, 역사연구는 물론 정치활동과 무장투쟁 활동까지 적극적으로 참여한 이유는 독립을 쟁취하려는 실천 자체가 민족정신을 회복하는 과정이었기 때문입니다.

역사적 실천을 통한 한얼의 회복

앞에서 보았듯이 나철이 단군교를 중광할 무렵 정세는 동학농민혁명과 청일전쟁 등으로 매우 혼란스러웠습니다. 다양한 분야에서 나타나는 대종교인들의 적극적인 실천은 이런 현실인식에 바탕을 둔 역사의식과 밀접한 관련이 있습니다. 일제강점기의 대종교인 가운데는 과거시험을 통해 관직에 나간 사람들도 다수 포함되어 있었기 때문에 대종교는 '양반종교'로 불리기도 했습니다. 대부분 유교 지식인에 속했던 사람들이 무슨 까닭으로 대종교인이 되었을까요? 이유는 그들의 역사인식에서 찾을 수 있습니다. 국권이 흔들리는 상황에서 지식인들이 가장 강조한 것은 우리 역사의 주체성을 바로 세우는 일이었습니다. 단군과 고조선의 역사는 이런 점에서 유교지식인들에게 매우 중요한 주제였습니다. 이전까지만 해도 유학자들은 기존의 성리학 전통을 지키면서 단군보다는 기자箕子를 더 강조하는 경향이 있었습니다. 기자는 중국 은殷나라의 충신으로 고조선시대에 한반도로 건너와 유교정신으로 교화했다고 전해지는 인물입니다. 기자에 대한 강조는, 고대중국의 현자가 한반도로 건너와 한반도를 교화시키고 유교적 전통을 세웠다고 보는 역사인식입니다. 하지만 국권이 위태롭게 흔들리는 상황에서 지식인들은 민족 고유의 문화와 정신을 강조할 필요가 있었습니다. 여기서 단군과 고조선의 역사를 고증하고 연구하는 경향이 등장합니다. 대체적으로 보수적인 유학자들은 기존의 전통을 지키려는 방식으로 나아갔고, 개혁적인 유학자들은 저마다 고조선과 단군의 역사를 고증하면서 인정하려는 경향으로 나아갔습니다.

대종교인들은 대체로 개혁적인 유학자 출신으로, 단군과 고조선의 역사를 사실로 인정하면서 고유한 정신의 근원인 한얼의 회복을 주장합니다. 많은 유교지식인들이 대종교를 선택한 이유는 "비록 나라는 망했어도 도는 보존할 수 있다〔雖國亡而道可存〕"는 믿음 때문이었습니다. 나철이 대종교 정신을 풀이하며 한 이 말은 나라가 망하더라도 고유한 정신과 문화만 보존한다면 언제든 나라를 되찾을 수 있다는 신념의 표현입니다. 기존의 성리학에서 '도'가 유교적 전통을 의미한다면, 대종교에서의 '도'는 앞에서 언급한 고유한 정신을 뜻합니다. 그래서 대종교는 중국의 유교가 아닌, 고유한 정신을 회복할 때 비로소 나라를 되찾을 수 있다고 주장합니다.

대종교는 단군과 고조선의 역사가 실제로 있었다고 인정합니다. 그리고 세 검 가운데 하나인 한검에 해당하는 단군을 인정하는 데 머물지 않고 세 검의 본체인 '한얼'에 대한 믿음으로 나아갑니다. 대종교의 경전에 《신사기》와 같은 역사서가 포함되어 있고, 김교헌이 고조선의 역사를 《신단실기》《신단민사》 등의 역사서 편찬을 통해 적극적으로 가르친 이유도 고조선의 역사와 정신을 인정·복원해야 할 것으로 생각했기 때문입니다. 두 역사서의 제목에 공통적으로 보이는 '신단神檀'은 한웅이 처음 지상에 내려온 자리를 가리키는데, 우리 민족이 세 검 가운데 하나인 한웅의 교화를 받았음을 잘 보여줍니다. 《신단민사》는 대종교경전 중 하나인 《신사기》에 나타난 '구족설九族說'을 따르면서 고조선부터 조선에 이르기까지의 역사를 철저하게 북방 중심으로 서술합니다. 《신사기》는 앞서 살펴본 한인, 한웅, 한검의 조화, 교화, 치화 과정을 역사적으로 서술하는데, 여기에 나온 '구족설'은 한검의 다스림을 받은 인간이 지역에 따라 아홉 갈래로 갈라졌다는 내용입니다. 《신단민사》는 고려와 조선시대를 북방민족을 중심으로 여요(고려와 요나라)시대, 여금(고려와 금나라)시대, 조청(조선과 청나라)시대로 구분하고, 한검의 다스림으로 시작된 역대의 제천행사를 밝히며 대종교의 이름이 어떻게 변해왔는지 살피고 있습니다. 《신단실기》 역시 같은 관점에서 역사기록과 신교사상의 자취를 기록하는데, 두 역사서 모두 역사서술을 통해 민족 고유의 정신을 드러내고자 합니다. 이러한 대종교의 역사인식은 〈단군교포명서〉에도 잘 나타나 있습니다.

무릇 우리 동포 형제자매는 모두 우리 대황조님(단군)의 유구하게 내리신 세대의 그 중심 자손들이다. 본교는 이에 4천년 우리나라의 고유한 종교라 그 말씀은 비록 잠깐 동안 그쳤더라도 그 이치는 다하지 않았고, 그 행함은 비록 잠시 멈추었더라도 그 도는 스스로 있어, 천지와 더불어 그 수명을 같이하며 산천과 더불어 그 오램을 한 가지로 하며 인류와 더불어 처음과 끝을 한 가지로 하였다. 이 교가 흥하면 천지가 다시 새로워지고 산천이 다시 빛나며 인류가 번창할 것이고, 본교가 쇠하면 반대가 되어 움직임과 고요함이 그 머물 곳을 잃어버리며 온갖 사물이 생기지 못한다. 이런 까닭으로 예나 지금이나 쓰러지고 솟아남과 대를 이어 내린 전통의 존폐가 본교에 관련됨이 징험의 마디에 영락없이 딱 들어맞는 바이다.

오호라! 4천년을 전해 내려오던 대교대도가 말없이 알지 못하는 가운데 한 가닥도 남김없이 잊고 말 지경에 다다랐음에 오늘날 본교의 이름조차도 기억하는 자 없음이 수삼백년에 이르게 되니 유교와 불교의 흘러듦에 따라 인심의 습속과 취향이 변해버렸음이 이와 같도다!

대종교의 역사관은 한얼의 가르침을 처음으로 받은 시대의 정신을 되살리려는 목적이 있었기 때문에 역대 왕조에 대해서는 비판적일 수밖에 없었습니다. '한얼'의 가르침에서 점차 멀어져간 역사로 이해하는 것이지요. 〈단군교포명서〉는 배달국(고조선), 삼국시대, 발해와 신라, 고려와 조선의 역사를 정리하면서, 각 시대가 쇠퇴의 길을 걷게 된 원인을 고유한 정신을 외면하고 외래 종교에 지나치게 빠져들었기 때문이라고 설명합니다. 삼국시대에는 고구려, 백제, 신라가 모두 석가의 불교에 물들었고, 통일신라와 발해, 고려도 불교에 물들어 망했으며, 조선 역시 유학에 빠져들면서 점차 환란이 일어나 쇠락했다고 설명합니다. 우리 역사에 있었던 나라들이 한얼과 세 검의 가르침을 담은 단군교를 제대로 계승하지 못하면서 외래 종교에 빠져들었고, 국운이 기울어 끝내 망했다는 것입니다.

대종교의 적극적인 무장투쟁은 이러한 역사인식에서 비롯됩니다. 일제에 대한 무장투쟁은 민족 고유의 정신을 회복하기 위한 과정이었습니다. 특히 백두산 주변을 비롯한 만주지역에서 포교가 매우 빠른 속도로 이루어지고 독립군을 양성할 수 있었던 것은 단군이 처음으로 고조선을 세우고 다스린 지역이 만주였기 때문입니다. 대종교인들은 독립운동을 위해 이주한 사람들은 물론, 이 지역 주민들과도 역사의식을 비교적 수월하게 공유할 수 있었으며 이러한 역사인식을 바탕으로 강력한 무장투쟁을 전개해나갑니다. 앞서 소개했던 서일, 김좌진, 홍범도뿐만 아니라, 북로군정서의 사단장 김규식, 연성대장 이범석도 대종교와 관련된 인물입니다.

정치활동을 통해 나라를 되찾으려는 대종교인들의 노력 역시 특유의 역사인식을 반영하고 있습니다. 대표적 인물로는 신규식申圭植(1879~1922)과 이동녕李東寧(1869~1940)이 있는데요, 어려서부터 신학문에 뜻을 두었던 신규식은 을사늑약 체결소식을 들은 뒤 독약을 마시고 자결하려다 실패합니다. 이때 한쪽 눈을 실명한 신규식은 애꾸눈으로 일제를 흘겨본다는 뜻인 '예관睨觀'이라는 호를 스스로 지어 사용했습니다. 이후 신규식은 1911년 상해로 망명해 상해임시정부를 수립하는 데 기초적 역할을 합니다. 이동녕은 젊어서는 독립협회에 가담해 활동했고, 최초의 민족교육기관인 서전서숙瑞甸書塾을 설립했습니다. 이후에 주로 교육활동에 힘쓰면서 신흥무관학교新興武官學校를 세우고 신민회에서 적극적인 활동을 벌인 이동녕은 신규식과 함께 임시정부에서 중요한 역할을 담당했습니다. 이들이 실천한 정치활동의 바탕에도 대종교에 기반을 둔 역사의식이 있습니다. 신규식은 "우리 개국시조이며 주재자主宰者인 단군의 가르침을 잊지 말아야 한다"는 말로 단군의 역사를 강조했고, 이동녕 역시 민족자강과 교육을 중시했다는 점에서 대종교의 역사의식에 큰 영향을 받았습니다.

무장투쟁과 정치활동 외에도 대종교인들은 민족 고유의 정신과 문화를 되살리기 위한 다양한 활동을 전개했습니다. 구체적으로는 첫째, 국어연구 활동을 들 수 있는데, 대표적 인물이 주시경周時經(1876~1914)입니다. 주시경은 처음으로 우리말을 '한글'이라고 부른 사람이기도 합니다. 배재학당 출신으로 기독교세례를 받은 주시경이 과감히 대종교로 개종한 이유는 일본의 무력 침략보다 정신적인 침략을 더 경계했기 때문입니다. 고유한 정신을 외면하고 외세에 의존한 탓에 나라를 잃었다고 생각한 주시경은《국어문법》과

《우리말본》등을 저술하며 한글연구와 대중화에 힘씁니다. 이 과정
에서 수많은 한글학자들이 배출되었는데, 김두봉金枓奉(1889~1961)
도 그들 중 하나입니다. 그는《조선말본》을 저술하여 스승의 연구
를 계승하는 동시에 대종교의 정신도 함께 이어나갑니다. 1916년
부터 나철을 수행한 김두봉은 상해에 체류하던 1922년《독립신
문》에 개천절의 역사를 기술하기도 합니다. 그는 조선어학회에서
활동하면서 동료학자들에게 "한갓 조선어문의 연구 또는 사전편찬
은 민족운동으로서 아무런 의미가 없고 연구의 결과, 정리 통일된
조선어문을 널리 조선민중에 선전·보급함으로써 처음으로 조선 고
유문화의 유지 발전, 민족의식의 배양도 기할 수 있으며 조선독립
의 실력양성도 가능한 것"이라고 조언합니다. 단순히 연구하는 데
만 그치지 않고 되도록 많은 사람들에게 보급하고 알려야 고유문
화를 발전시키고 민족정신을 길러 실력양성이 가능하다고 믿은 것
입니다.

둘째는 역사연구 활동인데, 대종교의 2세 교주인 김교헌金教獻
(1868~1923)이 대표적입니다. 그는 앞서 살핀 바와 같이《신단민사》
《신단실기》와 같은 역사서를 저술하여 단군민족의 역사를 정리하
고 독자적인 역사관을 정립합니다. 〈동국고대선교고東國古代仙敎考〉
를 통해 고유사상인 선교의 실체를 연구한 신채호나《몽배금태조
夢拜金太祖》를 통해 민족정신을 강조한 박은식의 역사서술도 대종교
사상의 영향을 강하게 받은 것으로 볼 수 있습니다. '조선얼'을 주
창한 정인보(鄭寅普, 1893~1950) 역시 얼의 근원을 단군의 홍익인간
에서 찾는데, 이 또한 대종교의 영향을 받아 민족의 고유 정신을
강조한 것입니다. 따라서 이들의 역사인식과 서술은 모두 민족 고

유의 정신을 되찾으려는 목적을 공통적으로 지니고 있습니다.

대종교의 국어와 역사연구는 자연스럽게 교육운동으로 이어졌습니다. 이동녕과 이회영李會榮(1867~1932)이 주도해 세운 신흥무관학교가 대표적입니다. 1911년 중국 어느 마을의 옥수수 창고에서 개교한 신흥무관학교는 이후 독립군양성의 산실 역할을 합니다. 이회영 집안은 조선 최고 명문가 가운데 하나였는데, 이회영을 비롯한 그의 가족은 국권을 빼앗기자 모든 기득권을 포기하고 독립운동에 나섭니다. 신흥무관학교 설립에 필요한 자금 대부분을 이회영의 집안에서 지원하기도 했습니다. 앞서 언급한 북로군정서의 이범석과 의열단을 조직한 김원봉金元鳳(1898~1958)도 신흥무관학교 출신입니다. 신흥무관학교에서는 대종교 계열의 역사서를 교재로 역사교육에 힘썼습니다. 만주를 단군이 다스린 땅으로 서술한 정교鄭喬(1856~1925)의《대동역사大東歷史》가 그 가운데 하나입니다.

대종교인들이 독립투쟁에서 보여준 역사적 실천은 나라를 잃은 절망적인 상황에서 민족 고유의 정신을 되살리고자 한 것입니다. 결국 독립운동의 실천은 종교적으로 한얼과 하나가 되는 수행과정과 다르지 않았던 것입니다. 이러한 종교적 수행과 역사적 실천의 결합은 일제강점기 대종교의 특징입니다. 물론 불교나 기독교 등 타 종교 인물들 역시 독립운동에 뛰어든 사례가 적지 않지만, 대종교처럼 종교적 수행 자체가 독립운동의 실천과 일치했던 사례는 찾아보기 어렵기 때문입니다.

새로운 철학전통의 정립과 역사적 실천

대종교는 인간을 하늘, 땅과 함께 가장 중요한 존재로 설정하고, 기운의 한계는 있지만 인간이면 누구나 일정한 수행과정을 통해 한얼과 하나가 될 수 있다고 주장합니다. 이는 변화하는 현실세계의 원리를 설명하면서도 인간이 조화와 균형을 이루면 누구나 한얼과 하나가 될 수 있다는 믿음을 강조하는 것이지요. 이러한 대종교의 사상은 새로운 철학전통을 정립하고자 한 시도로 평가할 수 있습니다. 대종교가 '세 나'를 통해 기존의 유교, 불교, 도교 사상을 비판하고 한얼의 회복을 통해 이들 사상을 종합하여 적절하게 활용하려 한 태도는 한얼을 중심으로 한 민족정신의 회복이 단순한 종교적 목표가 아니었음을 보여줍니다. 오히려 대종교는 민족의 고유한 정신에 바탕을 둔 새로운 철학전통을 정립하면서 새로운 문물과 사상을 받아들이고자 합니다.

고유한 민족정신에 바탕을 둔 새로운 철학전통의 정립은 새로운 문물과 사상을 받아들일 수 있는 주체적 정신으로 이어졌습니다. 기존의 조선성리학은 국권을 빼앗긴 현실에서 더 이상 제 역할을 하지 못했습니다. 조선의 유학자들은 고대 성인들로부터 당대에 이르는 계보를 '도통'이라는 이름으로 정리했는데, 도통은 곧 유교정신을 지켜나간다는 자긍심을 의미했습니다. 그런데 유교를 국가이념으로 지켜오던 조선이 망하자 많은 지식인들의 태도가 변화합니다. 대종교인들은 요순, 공자, 맹자를 비롯한 중국성인의 계보가 아닌 우리 역사의 전통 안에서 계보를 구성하고자 합니다. 대종교에서 고조선과 단군의 역사를 강조하고 상세하게 기술한 점은 기존

유학의 도통에서 벗어나 민족 고유의 정신을 중심으로 도통을 재구성한 것으로 볼 수 있습니다. 이러한 새로운 철학전통의 정립에는 단순히 사상적 의미만 있는 것은 아닙니다. 대종교인들이 사상적 발전을 이루는 데 그치지 않고, 구체적 실천을 병행했기 때문입니다. 이렇게 대종교는 종교적 구원의 길과 현실인식에 바탕을 둔 역사적 실천의 길이 결코 다르지 않음을 잘 보여줍니다.

해방과 함께 조국의 독립을 맞이했지만 문제는 끝나지 않았습니다. 미국, 소련 등 외세의 개입과 함께 혼란과 위기의 정세가 계속되면서 대종교인들은 실천에 대한 고민을 멈출 수 없었습니다. 해방 후 주요거점인 만주를 떠나야 했던 대종교는 서울에 남도본사를 다시 설치하고, 이듬해에는 만주 총본사를 서울로 이전합니다.

임오교변 당시 수감되었다가 4년 만에 해방을 맞이한 윤세복은 이후 포교활동을 재개합니다. 윤세복은 국학의 대중화를 위해 대종교 총본사에서 국학강좌와 교리강습회를 개설합니다. 1946년 8월 15일에는 광복 1주년 기념행사인 민족봉화제전에 쓰일 성화불씨를 총본사 안 천진전天眞殿에서 채취해 마라톤 선수 손기정에게 전달하기도 합니다. 천진전은 단군의 영정을 모신 건물로, 이후로도 국가행사나 국경일에 필요한 성화불씨는 주로 이곳에서 채취했습니다. 1950년에는 대종교 조직이 개편되어 교주 중심의 도통·전수제를 폐지하고 역할에 따라 직위를 정하는 교의회제도로 바뀌었습니다. 절대적인 결정권을 지닌 교주가 아니라 교의회를 열어 민주적 절차에 따라 주요 안건을 결정하게 된 것이지요.

일제강점기에 다양한 분야에서 적극적인 독립운동을 전개한 대종교는 해방 이후 특히 정치 분야에서 눈에 띄는 활동을 합니다.

초대 부통령인 이시영, 국무총리 이범석, 문교부장관을 지낸 안호상, 감찰위원장을 지낸 정인보 등이 정부의 요직을 거쳤습니다. 초대 대통령 이승만李承晩(1875~1965)이 대종교 계열의 인물을 대거 등용한 것은 정권의 정당성을 내세우기 위한 방법이기도 했습니다. 그러나 이후 이승만이 갑자기 임시정부와 대종교 관련 인물들을 제거하고 친일파를 대거 등용하면서 대종교인들의 정치활동도 위축될 수밖에 없었습니다.

대종교의 내부기반과 대외활동이 위축된 상황에서 일부에서는 대종교 계열의 역사서를 맹신하면서 우리 민족의 우월성만을 강조하기도 합니다. 전형적인 민족우월주의라고 할 수 있습니다. 하지만 이런 왜곡된 태도는 사실 대종교의 근본사상과 동떨어진 것입니다. 예를 들어 대종교경전인 《신사기》는 인간을 인종이나 지역에 관계없이 누구나 한얼과 하나가 될 수 있는 존재로 설명합니다. 한 민족의 우월성만을 강조하는 종교가 아니라 보편종교의 성격을 띠고 있는 것이지요. 대종교는 한얼정신의 회복을 통해 타문화를 포용하고 공존할 수 있는 가능성을 보여줍니다.

대종교를 오로지 단군을 믿는 미신적인 종교로 보는 경우도 있습니다. 단군상과 단군 이야기 등 현재 남아있는 대종교의 흔적들은 주로 신화적인 것으로 이해되어 왔습니다. 이는 그 역사적 유래나 의미를 잘 모르기 때문입니다. 대종교를 단지 단군을 신봉하는 미신적 종교로 이해하는 편견은 일제강점기 대종교의 체계적인 사상과 독립운동이 제대로 주목받지 못하는 결과로 나타났습니다. 하지만 앞서 살펴보았듯이 대종교는 사상적으로 체계화된 보편 종교의 성격을 지니며 철학적으로도 풍부한 내용을 담고 있습니다.

무엇보다 우리에게 대종교가 낯설어진 결정적 이유는 이후 특유의 실천성이 약화되었기 때문입니다. 앞서 말했듯이 대종교는 일제강점기에는 조국독립을 위해 활동했고, 해방 후에는 국학보급을 위해 활동했으며, 정치적으로는 민족정신을 계승하기 위한 활동을 전개했지요. 그러나 해방 후 혼란한 정세 속에서 대종교인들의 활동은 위축되고 맙니다. 날카로운 현실비판에 기초한 구체적 실천이 드러나지 않게 된 것이지요.

그렇다면 지금 우리에게 필요한 역사적 실천은 무엇일까요? 남과 북으로 갈라진 분단 현실은 우리가 반드시 직시해야 할 역사적 과제입니다. 대종교는 남북통일을 위한 역사적이고 사상적인 토대를 제공할 수 있습니다. 앞서 살펴본 것처럼 남북으로 갈라지기 전까지 한반도는 일제침략을 함께 겪고 극복한 경험을 공유하고 있기 때문입니다. 대종교의 사상을 통해 남과 북이 한검(단군)의 다스림과 교화를 받은 하나의 민족이라는 의식을 공유할 수도 있겠지요.

일제강점기에 나타난 대종교 사상은 지금 떠올려보아도 여전히 의미가 있습니다. 고유한 민족정신에 기반을 둔 대종교의 강력한 실천성은 끊임없이 변화하는 현실을 인식하고 이를 실천으로 연결할 수 있는 힘을 보여주기 때문입니다. 기존의 가치와 새로운 사상이 충돌하는 시기에 대종교는 기존의 가치를 대표하는 유교와 외래 사상을 모두 비판하고, 주체적인 역사의식과 새로운 철학전통의 정립을 통해 현실을 극복하고자 했습니다.

이러한 점은 앞장에서 서술한 동학과 비교해볼 수 있습니다. 동학은 인간이라면 누구나 주인으로서 정치적 주체가 될 수 있는 가능성을 보여주었다는 점에서, 일정한 수행을 통해 누구나 한얼과 하나가 될 수 있다는 대종교와 닮아 있습니다. 그러나 구체적인 성격에 있어서는 차이가 있는데, 동학이 농민의 계급의식을 반영하여 정치투쟁으로 나아간 반면, 대종교는 고유한 민족정신을 강조하면서 무장투쟁을 비롯한 다양한 독립운동으로 나아갔습니다.

한국 현대철학에서 대종교에 주목해야 하는 이유도 이러한 맥락에서 찾을 수 있습니다. 혼란하고 불안한 정세 속에서도 대종교는 역사통찰을 통해 고유한 민족정신을 강조하면서도 흔들림 없는 태도로 현실에서의 실천활동을 멈추지 않았습니다. 대종교의 강력한 실천성의 원천은 대종교의 사상, 곧 한얼을 중심으로 한 주체적 태도와 의식입니다. 지금 시대 역시 마찬가지입니다. 국권을 위협받을 정도는 아니지만, 수많은 정보의 홍수 속에 우리는 끊임없이 선택을 강요받으며 살고 있습니다. 무엇을 비판하고 무엇을 지켜나가야 할까요? 이 물음은 단지 대종교만이 아니라 우리 모두의 문제이기도 합니다. 일제강점기에 대종교가 보여준 날카로운 현실인식과 강력한 실천성은 이러한 점에서 여전히 의미가 있습니다.

5장

박은식의
민족주의적 양명학

전통의 개혁을 통한 위기의 극복과
자주적 근대 모색

—

이지

박은식
朴殷植(1859~1925)

황해도에서 이름난 주자학자로서 위정척사파의 면모를 지녔던 박은식은 40세가 되던 해에 사상의 일대 전환이 일어나면서 개화의 필요성을 적극적으로 주장하게 된다. 독립협회에도 가입하고, 만민공동회에서 간부로 활동하기도 하였으며, 《황성신문》과 《대한매일신보》 주필로서 많은 글을 남기기도 하였다. 이 시기에 그는 서구의 신학문을 적극적으로 수용하고자 하였고, 그에 따라 사회진화론과 과학기술 등을 받아들인다. 그러나 시대의 요청에 부응하기 위해서는 서구의 신학문을 배워야 하지만 공맹의 정신을 지켜야 한다는 태도를 견지한다. 그래서 전통유학을 개혁하는 새로운 유학을 추구하여, 주자학이 아닌 양명학을 받아들이게 된다. 또한 박은식은 1905년, 실질적인 국권이 상실된 후에는 대한자강회, 신민회 등에 가입하여 활동하는 등 애국계몽운동에 적극 가담하였고, 1909년에는 대동교를 창건하기도 한다. 대동교는 대동사상과 양명학을 바탕으로 유교를 개혁함으로써 민족이 처한 위기를 극복할 것을 목적으로 창건한 새로운 종교이다. 그러나 1910년 일제가 식민통치를 하면서 해산되었고, 박은식은 망명하여 독립운동가로서 일생을 바치게 된다. 그의 독립운동은 실천성이 강한 양명학 정신에 기반을 둔 것이다.

주자학에서 양명학으로

박은식朴殷植(1859~1925)은 구한말의 대표적인 애국계몽사상가이자 독립운동가이며 근대사학의 창건자로 알려져 있습니다. 그 가운데 우리는 대체로 그를 일제 식민지배기에 독립운동을 했던 인사로 기억합니다. 박은식에게는 여러 호와 필명이 있었는데, 대표적으로 알려진 것이 겸곡謙谷 또는 백암白巖입니다. 《백암박은식연보》에 따르면, 1859년 황해도에서 출생한 박은식은 중키에 턱뼈가 튀어나왔으며 항상 미소 짓는 얼굴로 관후하고 소탈한 성품이었다고 합니다. 양반가문이 아닌 양인에 속하는 농부집안에서 태어났지만, 어려서부터 아버지의 영향으로 사서삼경四書三經과 제자학諸子學을 배울 수 있었습니다. 이는 농사를 잘 지어 재산을 많이 모은 할아버지 덕분이었습니다. 박은식의 할아버지는 경제적으로 여유가 생기자 아들에게 과거공부를 시켰고, 비록 급제하지는 못했지만 향리의 서당훈장 노릇은 할 수 있었던 아버지가 아들 박은식에게 주자학을 가르친 것입니다. 주희에 대한 신봉이 두터웠던 박은식은 주희의 초상화를 방에 걸어놓고 매일아침 절을 드릴 정도였다고 합니다. 하지만 17세(1875년) 무렵 과거준비에 치우친 공부에 회의를 느낀 박은식은 집을 나와 전국을 두루 돌아다니게 됩니다.

공자에서 비롯된 원시유학의 특징은 인간에 대한 관심에 놓여 있습니다. 다시 말해, 세계와 우주의 근본원리를 해명하기보다는 인간내면에 깃든 우주적 본성에 주목합니다. 공자가 생각하는 인간본성은 본질적으로 동태적이며 다른 사람과의 관계를 통해 파악할 수 있습니다. 그 때문에 공자는 인간본성을 정의하고 객관적으로 기술하기보다 일상의 관계 속에서 그것을 찾아내고 구현하라고 합니다. 그렇기 때문에 공자의 철학은 실천적 성격을 갖습니다. 주자학은 원시유학에서 발전한 유학의 한 분파입니다. 추측컨대 박은식은 주자학을 익히면서 일찍이 유학의 본원적 정신에 다가가 깊이 공명했던 것 같습니다. 아무리 주자학 경전을 열심히 읽더라도 시문詩文과 같이 제한된 과거시험의 형식에 치중한 공부는 유학의 본원과 거리가 있습니다. 박은식의 회의와 유랑은 이런 맥락에서 이해해볼 수 있습니다.

유랑의 시기에 박은식은 몇몇 지식인들과 교류합니다. 안중근의 아버지인 안태훈과 문장을 겨루어 황해도 양대 신동이라는 평판을 얻기도 하고, 경기도 광주에 사는 정약용의 제자와 그 후손의 집에서 정약용의 주요저작을 열람하기도 합니다. 이른바 실학자로 알려진 조선후기 학자 정약용은, 조선성리학이 낳은 이론적·현실적 폐단을 극복하고 사회를 개혁하기 위한 작업의 하나로 공자의 정신으로 돌아가 공자를 새롭게 독자적으로 해석하였습니다. 정통 주자학자였던 박은식이 주자학적 풍토에 저항한 정약용을 주의 깊게 읽었다는 사실은 눈여겨 볼만합니다. 그가 당시에 정약용을 긍정했다거나 반감을 드러낸 흔적은 없습니다. 다만 공자에 대한 정약용의 해석을 간과하지 않았으리라고 짐작할 뿐입니다. 실제로 훗날 그가 사상적 전환을 일으킨 후 정약용의《논어論語》해석에 근거한 주장을 합니다. 하지만 박은식은 여전히 주희를 사모하는 정통 주자학자였습니다. 박문일을 찾아가 주자학을 체계적으로 수학하고 주자학자로서 상당한 명망을 얻기도 하였으며, 어머니의 권유로 과거에 응시해 36세가 되던 갑오년(1894년)까지 6년간 관직에 있

기도 합니다. 당시 박은식의 사상적·정치적 정체성은 위정척사파
면모를 지닌 주자학자였습니다.

박은식의 사상에 일대 전환이 일어난 시기는 그가 40세가 되던
1898년입니다. 1898년은 독립협회가 자주민권과 자강自强운동을
본격적으로 전개한 해입니다. 갑오년 이후 낙향해 몇 년간 두문불
출하던 박은식은 상경해 독립협회 활동을 목도하면서 당시 대한제
국(大韓帝國: 1897년 10월 12일부터 1910년 8월 29일까지 조선의 국명)이 처
한 현실을 새롭게 인식하고 성찰할 기회를 갖게 됩니다. 이후 박은
식은 스스로 독립협회에 가입하고, 독립협회가 해산되자 만민공동
회 간부로 활동합니다.《황성신문》을 창간해 장지연과 함께 주필
을 맡기도 하고, 일제탄압으로 활동이 자유롭지 않을 때는 영국인
이 사장을 맡아 검열을 피할 수 있었던《대한매일신보》주필로도
활동합니다. 이밖에도 서우학회를 조직해 학회지 주필로 활동하면
서 많은 논설을 발표하기도 합니다. 사상의 전환기라 할 수 있는
이 시기를 박은식은, "세계 학설이 수입되고 언론자유의 시기를 만
남"으로써 주자학에만 골몰하던 학문적 태도를 바꿔 과거 배척했
던 도가, 묵가, 법가의 학설과 불교, 기독교의 긍정적인 교리를 수
용하게 되었다고 회고합니다. 위정척사의 입장에서 변화하는 세계
현실에 부응하는 신학문을 받아들여야 한다는 입장으로 전환한
것입니다. 그리하여 조선성리학자들이 이단 취급한 학문도 유연하
게 받아들이고, 서구의 신학문인 사회진화론과 민권사상 및 과학
또한 적극 수용합니다.

그렇다고 해서 박은식이 유학전통을 부정하고 버린 것은 아닙
니다. 오히려 그의 학문 중심에는 여전히 공자와 맹자의 원시유학

이 있었습니다. 다만 주자학이 더 이상 당면한 현실에 대응해 공맹의 진정한 정신을 실현할 수 있는 학문이 아니라고 판단하고, 공맹의 본원적 정신을 계승할 새로운 유학을 모색하여 '유교구신론儒敎求新論'이라는 이름으로 개혁을 제창합니다. 그러니까 박은식의 개혁론에서 대상이 되는 것은 유교 자체가 아닌 주자학, 좀 더 정확히는 주자학을 근간으로 한 조선성리학과 그 학문적 주체, 그리고 그들이 조성한 정치·사회·문화적 풍토였습니다. 박은식이 보기에 국가의 위기를 초래한 성리학을 혁신하고 시대에 부합하는 새로운 유학으로서 실천성을 보장해줄 수 있는 것이 바로 양명학이었습니다.

양명학은 박은식에게 서구 근대 과학기술과 마찬가지로 '신학문'이었습니다. 그는 새롭게 받아들인 서구의 신학문에서 발견한 야만성과 비도덕성을 양명학을 통해 극복하고자 합니다. 이는 양지良知가 주체가 되어 대동大同의 세계를 지향하는 양명학의 핵심개념을 실천하는 것입니다. 하지만 양명학을 근간으로 철학적 사유를 체계화하려는 박은식의 시도는 현실의 벽 앞에서 무너집니다. 이미 1905년 을사늑약 강제체결로 실질적인 국권이 침탈된 대한제국은 1910년 8월 29일 완전히 식민지로 점령당합니다. 일제의 무단통치가 시작되자 모든 언론기관이 폐쇄되고 각종 저서가 금서 조치됩니다. 세상과 소통할 수 있는 모든 창구를 빼앗긴 셈입니다. 나라를 잃은 자로서 빼앗긴 조국에서 극심한 활동의 제약을 받게 된 박은식은 결국 망명의 길을 택합니다.

독립운동의 최전선인 만주로 망명한 박은식은 역사서 집필에 주력하면서 여러 신문과 잡지 주필을 맡습니다. 또한 독립운동단체를 조직해 일제에 대항하는 무력투쟁을 적극적으로 후원하기도 합니다. 이러한 일련의 활동은 박은식에게 곧 양명학의 정신을 구현하는 일이었습니다. 이어서 설명하겠지만, 자주적이고 능동적인 양지의 지행합일적 실천성을 스스로 실현한 것입니다. 비록 독창적인 양명학이론을 체계적으로 수립하지는 못했지만, 박은식은 양지가 주체가 되는 변혁론을 개진하려는 의지를 독립운동을 통해 실천하고 구현했습니다. 박은식의 생애 마지막 해였던 1925년, 그가 《동아일보》에 2회에 걸쳐 발표한 논설에서 이러한 의지를 확인할 수 있습니다. 그는 주자학과 양명학의 차이점을 드러내면서, 시대의 문제에 직면해 양명학의 가치를 발전시키고자 한 의도를 회고하며 다음과 같이 기술합니다.

> 지금은 과학의 실용이 인류에게 요구되는 시대이다. 하여 모든 청년이 마땅히 이에 힘써야 할 것이지만, 인격의 본령을 수양하고자 하면 철학을 또한 폐할 수 없다. 동양의 철학으로 말하자면, 공맹孔孟 이후에 주자학과 양명학 두 파가 서로 대치하였는데, 오늘에 이르러서는 젊은 학자들이 주자학의 지리호번支離浩繁은 힘쓰기 어렵고 양명학의 간이직절簡易直截이 필요할 듯하여 《양명실기陽明實記》란 책을 저술하여 학계에 제공하였다. (〈학의 진리는 의로 좇아 구하라〉, 1925)

박은식은 1920년 상해에서 임시정부를 적극 후원합니다. 당시 임정은 이승만의 (미국) 위임통치 청원을 비롯한 갖가지 문제를 두고 내부 분열이 격화된 상황이었습니다. 이 혼란을 수습하기 위해 각파의 젊은 독립운동가들은 박은식을 차기 지도자로 추대합니다. 결국 임시정부를 책임지고 이승만의 탄핵문제를 일단락지은 후 박은식은 제2대 대통령으로 선출됩니다. 하지만 박은식은 곧바로 개헌하여 대통령제를 폐지하고 국무령제를 신설해 내각책임제로 바꾼 후 5개월간의 대통령직을 사임합니다(1925년 3월~1925년 7월). 대통령직을 사임하고 은퇴했을 때 이미 병색이 완연했던 박은식은, 얼마 되지 않은 1925년 11월, 67세를 일기로 생애를 마칩니다. 상해에 안장된 박은식의 유해는 1993년 8월 봉환되어 동작동 국립묘지에 국민장으로 이장됩니다.

변하는 것, 변하지 않는 것, 그리고 지켜야 하는 것

앞서 언급했듯이 박은식은 40세 이후 사상적 변화를 겪습니다. 쇄국에 기울어진 위정척사파 지식인의 입장을 고수하다가 1898년 독립협회와 만민공동회 활동을 통해 조국의 현실을 세계사적 흐름에서 파악할 필요를 깨달으면서 개혁적인 사상을 갖게 됩니다. 주자학과 위정척사사상으로는 시대의 문제를 해결할 수 없다고 판단하고, 기존에 조선이 배척한 동양의 전통사상뿐만 아니라 서구종교와 학문까지 폭넓게 수용하였습니다. 특히 서구의 사회진화론은 박은식에게 당면한 새로운 현실을 인식하는 기본 틀을 제공하게 됩니다.

사회진화론은 사회변동을 생물학적 진화론의 법칙에 의거해 설명하는 이론입니다. 영국학자 허버트 스펜서H. Spencer(1820~1903)가 진화론을 사회에 적용하는 데에 중요한 기여를 하였는데, 그에 의하면 인간사회는 생물의 발전법칙과 마찬가지로 생존경쟁과 적

자생존適者生存, survival of the fittest, 좀 더 정확히 말하면 적응하지 못한 자(不適者)의 제거과정을 거치면서 저급한 단계에서 고급한 단계로 진화합니다. 사회는 원자화된 개인으로 구성되어 있는데, 제약된 생존조건에 적응하면서 살아남는 자는 단련되어 고도로 진화하고, 동시에 발생하는 낙오자와 그들의 고통은 어쩔 수 없이 제거되어야 한다는 것입니다. 이러한 사회진화론은 19세기말 20세기초 국제사회의 변동, 다시 말해 제국주의의 확장과 식민지배 상황과 맞물리면서 개인의 차원을 넘어 민족과 국가, 인종집단으로 확대·적용됩니다. 적자가 생존한다는 법칙을 필연적인 것으로 전제하는 사회진화론은 약육강식弱肉强食, 우승열패優勝劣敗를 보편원리로 받아들여 제국주의 침략을 정당화하는 논리를 제공합니다. 강자의 침략을 합리화하는 정치이데올로기로 작용한 것입니다. 이런 세계에서 약자는 패배자로 전락해 강자의 지배를 받아들일 수밖에 없습니다. 그런데 여기서 약자는 그들을 돕는 손길이 없기 때문에, 도태되지 않고 살아남으려면 스스로 힘을 키워 강해지는 길 외에 다른 방도가 없습니다. 그리하여 역설적이게도 사회진화론은 약자 스스로 강자가 되는 것, 즉 자강을 돕는 이론으로 기능하기도 합니다.

　　19세기말 개화 이후 일본과 중국을 통해 조선에 소개된 사회진화론은, 부국강병과 자주독립을 추구하는 한반도 지식인들에게 좋든 싫든 현실을 판단하고 미래를 결단하는 지배적 담론으로 심대한 영향을 미칩니다. 일본을 비롯한 서구열강들이 잇달아 국가의 존립을 위협하는 상황에서, 자주독립을 위해서는 서구학문과 기술을 도입해 능력을 배양해야 한다는 자강이론이 개화론자들을 압도합니다. 박은식이 수용한 사회진화론적 자강정신 역시 초기에는 이와 같은 개화지식인들의 이해와 궤를 같이 합니다. 특히 일본이 서구열강들과 대등하게 경쟁한다는 사실에 자극을 받아 일찍이 일본이 서구문물을 수입해 서구적 근대로 변모한 방식에 관심을 갖습니다. 또한 청일전쟁의 패배로 충격에 빠진 중국의 미래에 대해 진지하게 고민하던 강유위康有爲(1858~1927)와 양계초梁啓超(1873~1929) 같은 변법사상가들의 주장에도 상당한 영향을 받습니다. 이들 변법사상가들은 개인이 아닌 민족과 국가에 일차 관심을 두고 체제개혁을 주장합니다.

　박은식은 새로운 학문, 그 가운데에서도 서구과학과 기술수용을 적극 주장합니다. 1905년 을사늑약으로 실질적인 국권을 침탈당한 후 국권회복이 가장 시급한 문제로 떠오르자 박은식은 자주권 수호를 위해 민족역량을 배양시킬 지식과 세력을 길러야 한다고 말합니다. 여기서 세력은 경제력과 군사력 증강을 가리킵니다. 경제성장을 위해서는 무엇보다 실업實業을 육성해야 하고, 경제발전을 위해서는 과학기술의 발전이 전제되어야 합니다. 그리고 이러한 세력을 키우기 위해서 교육을 통한 지식증진이 필요합니다. 박은식은 남녀노소, 신분고하를 막론한 민족 전체를 교육의 대상으로 봅니다. 전 민족이 과학기술 지식을 습득하여 산업현장에서 실업을 증진해야 한다고 주장합니다.

　이처럼 새로운 국제질서 속에서 민족자주와 독립을 위한 자강정신의 필요를 역설하고 사회진화론적 발전과 서구 근대과학기술이 갖는 의의를 일정 정도 인정하지만, 나아가 박은식은 그것이 담지한 부도덕성이나 위험성, 그리고 제국주의적 야만성을 폭로합니다.

하루아침에 외교가 단절되고 주권이 없어지는 참혹한 상태를 당했는데도 저들 여러 나라들은 전혀 전일의 우호를 잊어버리고 모두 손을 모아쥐고 물러서서 쳐다만 보고 아무 말도 없다. 그러니 공법公法이라는 것이 어디에 있으며, 인도人道를 어떻게 말하겠는가? …… 현재의 시대는 생존경쟁을 진화론進化論이라고 말하며, 약육강식은 공례公例라고 말한다. 저 가장 문명한 나라라고 하는 영국도 인도와 이집트에 대하여 어떠한 정책을 썼으며, 덕의를 숭상한다는 미국도 필리핀에 대하여 어떠한 수단을 썼던가? 현재 영국의 새매처럼 날고 범처럼 뛰는 자는 그 입으로 말하는 것은 보살(菩薩: 대승불교의 이상적인 수행자, 대자대비한 존재)이요, 그 행동은 야차(夜叉: 사람을 해치는 사나운 귀신)인 것이다. (〈자강능부自强能否의 문답〉, 1906)

박은식은 과학기술이 단지 물질적 도구만이 아니라는 것을 잘 알고 있었습니다. 그래서 과학기술을 포괄하는 이론과 배태한 문명의 문화적 토양 간 연관성을 충분히 고려한 후, 한국토양에 적용가능한 과학기술을 선택적으로 수용해야 한다고 주장합니다. 서구 근대문물 도입은 새로운 문명사회로 진입하는 지표가 될 수도 있지만, 도덕성을 담보하지 않은 기술과학 발전이 야기할 수 있는 폐해가 생길 수도 있습니다. 또한 신분제를 바탕으로 성장한 조선사회의 관행과 체제에 대한 반성, 그리고 의식의 변혁 없이 서구문물제도를 도입한다면 오히려 구시대의 이해와 질서를 답습하는 길이 될 뿐입니다. 그 때문에 박은식은 과학기술 지식에 대한 교육인 '지육智育'뿐만 아니라 '덕육德育'의 필요성을 강조합니다. 그가 말한 '덕육'은 서구 근대 과학문명의 폐단을 극복하는 정신을 기르고 자기정체성을 확립하는 기반이 됩니다. 이는 얼핏 동도東道와 서기西器의 결합으로 보입니다. 하지만 단순히 동양의 전통제도와 사상을 고수하면서 서구 근대학문과 기술을 수용하자는 주장은 아닙니다. 그는 새로운 질서와 체제로 전환되는 극심한 변동 속에서 새 시대에 대응할 수 있는 의식을 주체적으로 변혁하자는 비판적 태도를 견지합니다. 이는 공자철학의 최고 원리이자 맹자에 이르러 더 정교해진 유학전통의 핵심개념 '인仁'을 근간으로 합니다.

대체로 유학의 핵심가치를 효제충신이나 삼강오륜이라고 여기는 사람들이 많습니다. 하지만 이는 유학에 대한 가장 큰 오해입니다. 유학의 가장 상위개념, 이것 없이는 유학의 정수를 이해할 수 없는 개념이 바로 '인'입니다. 여기서 공자의 '인' 개념을 잠시 소개하겠습니다. 박은식 철학의 핵심을 이해하기 위해 반드시 알아야 하기 때문입니다.

'인'이라는 한자어의 대표 의미는 '어질다'입니다. 그러나 '어질다'는 의미만으로는 인을 설명할 수 없습니다. 오히려 오해를 낳기 십상입니다. 또한 '인'의 영어 번역어, humanity, benevolence, selflessness, charity 등도 '인' 개념을 포괄하지 못합니다. 도대체 공자가 말하는 인이 무엇이기에 한마디로 정의내리지 못하는 걸까요? 공자는 《중용中庸》에서 "인이란 사람(다움)이다(仁者, 人也)"라고 한 바 있습니다. 맹자 역시 인을 사람(다움)(仁也者, 人也)으로 설명합니다. '인'을 인간의 본질로 간주하는 것이지요. 그렇다면 인간성을 규정하는 이 '인'이 함축하는 의미는 무엇일까요.

《논어論語》에서는 인을 50여 회나 언급하지만 모두 동일한 내용을 담고 있지는 않습니다. 그 가운데 인에 대한 대표적 서술로, 우선 '애인愛人'이 있습니다. '인'이 '다른 사람을 아끼는 마음'이라는 것입니다. 공자는 또한 인을 '서恕'로 설명합니다. '서'는 글자형태에서 보듯이 같다는 의미의 '여如'와 마음心이 결합된 한자입니다. 다른 사람을 나와 같이 여기는 마음을 뜻합니다. 그래서 공자는 내가 무언가를 원한다면 다른 사람도 원하는 바가 있음을 알아야 할 것이고, 내가 원치 않는 일은 다른 사람에게 강요하지 말라고 당부합니다. 자신의 욕망을 확인함으로써 타인의 욕망을 인정하는 원리이지요. 그러니까 공자가 바라보는 인간은 '인'이라는 보편적 인간성을 공유하는 연속체라고 할 수 있습니다. 자신의 욕망을 충족하기 위해 타인을 배제하는 존재가 아닙니다. 독자적이지 않으며 다른 사람과의 관계 속에서 타인과 공감하고 유대를 이루는 존재입니다. 이는 자연의 보편적 생명력이 인간본성으로 계승되었다는 인식에서 비롯된 것인데, 그렇기 때문에 인간은 공존하고 공감 가능하며 소통할 수 있습니다. 인간에 대한 관점이 이와 같이 전제된 세계에서는, 고립된 개체간 경쟁이 전제된 (사회진화론적) 세계와는 분명히 다른 근거와 방향을 제시합니다.

　인은 이처럼 인간의 상호교류와 유대의 원리뿐만 아니라 실천의 원리도 함축하고 있습니다. 인간의 본성으로 내재한 인은, 본래적 자아를 구성한다고 할 수 있습니다. 하지만 완결된 형태로 주어지지 않았기 때문에 인간들 간의 유기적 상호관계 속에서 구현되어야 합니다. 그 시작은 진실된 마음으로 드러난다고 합니다. 그리고 이 마음이 행위의 기초를 제공합니다. 그것은 외재하는 법칙이나 격식이 아닐뿐더러 외재적 법칙이나 규율에 억압받거나 왜곡되어서는 안 되는 본래적 마음입니다. 그런데 본래적 마음은 타자를 배제하는 마음이 아니라 타인과 공존하므로, 자신과 타인을 위하여 욕망을 조절해야 하는 숙제가 남습니다. 그러므로 인은 본래의 마음을 기초로 자신과 타인의 균형을 이루는 문제와 연관됩니다. 그것은 의무의 법칙이 아니라 주체성의 능력입니다. 하지만 공자는 인의 실현을 언제나 예와 더불어 언급하기 때문에, 인이 내포한 실천적 원리를 파악하는 데 혼선이 야기됩니다. 그러나 예는 인의 실현에 있어서 부차적으로 요청된 것이고, 인이 이보다 상위에 있는 근본임을 공자도 거듭 강조합니다. 본질적 관계를 따져보자면, 인에는 시공을 초월한 보편성이 있지만 예는 역사적 산물입니다. 이후 맹자에 와서 예에 대한 강조는 약화되었고, 인이 함축한 주체성의 원리가 인간의 본성과 연관하여 발전된 논의로 전개됩니다.

박은식은 공맹유학에서 '인' 개념이 갖는 이러한 원리에 주목하고 특별한 확신을 갖고 있었던 것으로 보입니다. 연대성과 주체성 원리를 함축하는 인 개념은 세계의 근본원리로서 '도道'라고도 하는데, 이는 시공을 넘어선 보편적 가치이기 때문에 사회가 천변만화하더라도 근본적 지위는 변할 수 없는 것이었습니다.

저도 최근에 신학문에 대해 조금은 들어서 어렴풋이 짐작하고 있습니다. 예전에 발휘하지 못한 것을 발휘하여 시대의 요청에 부응하는 것은 어찌 배우지 않고 되겠습니까? 하지만 천하의 일이 천변만화한다고 하더라도 결국은 인간의 몸과 마음이 근본이 되는 것입니다. 몸과 마음을 다스리지 않고서 어떻게 변화에 적응할 수 있고 무슨 일을 가히 할 수 있겠습니까? 그런데 몸과 마음을 다스리고자 하면 우리 공맹의 글을 버리고서 무엇으로 할 수 있겠습니까? (《상의재민상서上毅齋閔尚書》, 《겸

곡문고謙谷文稿》, 1901)

당시 국제정세 속에서 한반도의 급박한 사회변동을 직시하고 민족적 위기를 극복하고자 했던 박은식에게 공맹의 본원적 정신은 사상의 구심점이자 서구학문에 대한 비판의 근거이며 자기변혁의 지향이었습니다. 그리고 이러한 공맹의 본원적 정신의 핵심개념인 인은 양명학의 '양지' 개념으로 재해석됩니다.

신학문으로서의 양명학

박은식은 서구학문과 기술을 적극적으로 수용함과 동시에 비판적 태도를 견지한 것과 마찬가지로, 오랫동안 주류학문으로 조선사회를 지배한 성리학에 정통한 학자로서 성리학을 강력하게 비판합니다. 주자학에 기반을 둔 조선성리학이 급변하는 시대상황을 선도하기는커녕 적절한 대응조차하지 못해 국가위기를 초래했다고 파악한 것입니다. 따라서 박은식은 성리학을 개혁하여 공맹의 도가 시대의 요청에 따라 구현될 수 있도록 해야 한다고 역설합니다.

우선 "우리나라 지식인들의 고질병인 자신만이 현명하고, 자신만이 옳다고 생각하고, 남에게 배우기를 부끄러워하는 죄"때문에 "우리 동포 모두를 남의 노예가 되어버리게 하였다"고 박은식은 말합니다. 성리학자들의 학문적 폐쇄성을 지적한 것인데요, 이는 성리학자들의 주자학에 대한 묵수적 맹신에 기인한 것이라고 봅니다. 주자학만을 정통으로 여기고 그외 학설을 사문난적斯文亂賊으로 억압하는 악습 때문에 학자들이 배타적으로 변하고 경직되어 국가권력을 농단하고 당쟁만 일삼은 채 민생을 외면해 결국 멸국을 초래했다는 것입니다. 이는 학문 내부의 폐단과도 이어지는데, 대표적 문제가 조선성리학의 지나친 예론이었습니다. 박은식은 특히 기해예송(己亥禮訟: 1659년 효종이 사망하자 복상문제를 두고 일어난 논쟁)을 지적하면서, 학자들이 예禮의 근본을 잊고 형식화되고 억압적인 예를 정쟁의 수단으로 삼았다고 비판합니다.

이처럼 성리학 풍토가 지배적인 당시 유교계에 대한 비판적 성찰은 유교를 개혁해야 한다는 주장으로 나아갑니다. 박은식은 1909년 3월 《서북학회월보》에 게재한 논설 〈유교구신론〉에서 스스로 "대한 유교계儒敎界의 일인一分子"임을 자임하면서 유교계에 크게 세 가지 문제가 있다고 지적합니다. 이 세 가지 문제를 개량하여 새로운 것을 구해야만 우리 민족이 당면한 위기를 극복할 수 있다는 것입니다. 박은식이 지적한 세 가지 큰 문제는 이렇습니다.

첫째, "유교파 정신이 오로지 제왕帝王의 편에 있고, 인민사회人民社會에 널리 미치는 정신이 부족"합니다. 박은식이 파악하기에 공자와 맹자에게는 백성과 함께 하는 정신이 있습니다. 예컨대, 공자가 "대동大同"의 뜻을 밝히고, 맹자가 "백성을 중요시한다(民爲重)"고 말한 것이 그렇습니다. 하지만 유학이 전승되는 과정에서 공자와 맹자의 본래 정신이 왜곡됩니다. 공자 사후에 고대유학이 맹자와 순자荀子의 입장으로 갈리는데, 맹자는 공자정신을 "백성을 소중히 한다"는 측면에서 전승하고, 순자는 "군권을 존중한다(尊君權)"는 측면에서 전승했다는 것입니다. 맹자는 '인'을 중심으로, 순자는 '예'를 중심으로 공자의 학설을 해석·발전시킨 점과 연관지어볼 수 있습니다. 그런데 맹자계열은 머지않아 학문의 맥이 끊긴 반면, 순자의 제자들은 널리 퍼져나가 군주들의 뜻에 영합해 군권을 강화했기 때문에 역사에서 지배적 지위를 차지했다고 합니다. 이 때문에 공자의 본래정신이 왜곡되었을 뿐만 아니라 백성의 삶의 문제를 소홀히 하게 되었다고 평가합니다. 따라서 박은식은 "공자의 진정한 정신을 계승하고 이 학문의 공덕을 발휘하여 백성에게 행복을 주고자 한다면, 이것을 개량해 맹자의 학문을 넓혀서 인민사회에 널리 미치는 노력을 해야" 한다고 제안합니다. 민생안정을 도모해야 할 정부가 이를 외면하고 권력을 전횡해왔으며, 왜곡된 유학전통이 이를 강화하는 데 일조했다는 비판입니다. 이는 또한 급변하는 국제정세 속에서 민족의 위기를 외면하고 정부가 외세에 의존해 권력을 유지하고 있다는 비판으로도 이어집니다.

둘째, "여러 나라를 돌면서 천하를 바꾸려는 주의(思易天下의 主義)를 강구하려 하지 않고, 내가 계몽될 사람(童蒙)을 구하는 것이 아니라 계몽될 사람이 나를 구한다는 주의만을 고수"했다고 합니다. 박은식은 유교가 불교나 기독교처럼 전세계에 널리 전파되지 못하고 국지적 전통으로만 전승된 것을 비판적으로 바라봅니다. 공자는 여러 나라를 돌면서 자신의 사상을 전파하고 현실사회에서 널리 구현되기를 열망했지만, 유학자들이 전승된 학설에만 사로잡혀 스스로 고루해지고 현실물정과 세상을 전혀 알지 못했다고 지적합니다. 더군다나 "세계 문호가 열리고 인류가 경쟁하는 시대에 암혈을 굳게 지키고 문 밖으로 나가지 않는다면 광대한 천지가 모두 타인들에게 점령될 것이니, 어디에 가서 도를 전수하겠는가"라고 반문합니다. 다시 말해 유학은 언제나 변화하는 현실을 주시하며 실천적으로 대응해나가는 학문임에도, 견고한 이론적 전통만을 배타적으로 전승한 데에 따른 폐단을 지적합니다.

셋째, "우리 한韓의 유가儒家에서 간이직절簡易直切한 법문法門을 구하지 않고 지리한만支離汗漫한 공부만을 오로지 숭상하였다"고 비판합니다. 여기서 "지리한만한 공부"는 주자학을, "간이직절한 법문"은 양명학을 가리킵니다. 주자학에 따르면, 우리가 이 세계를 제대로 알기 위해서는 다양한 사물과 발생하는 수많은 사건을 가능한 한 많이 알아야 합니다. 이 세계의 존재근원이자 근본 원리를 '리理'라고 부르는데, 리를 제대로 파악해야 올바른 판단을 할 수 있다는 겁니다. 그러니까 리는 우리가 알아야 할 최고 가치이자 기준이고, 궁극의 원리입니다. 그런데 리는 그 자체로는 알기 어렵습니다. 하지만 이 세계 모든 개별자들의 존재원리는 궁극의 리에서 생겨났기 때문에, 개별자들에 대한 이해와 지식을 쌓아간다면 궁극의 리를 알 수 있습니다. 이러한 공부방법을 격물궁리(格物窮理: 개별적 사물과 사건에 다가가서 그 속의 원리를 궁구한다)라고 하는데요, 이 리를 파악할 때까지 많은 공부를 해야 하고, 리를 파악하기 전에는 제대로 된 이해와 판단이 불가능합니다. 다시 말해서 주희의 공부방법은 오랜 시간이 필요한 지리支離한 공부일 뿐만 아니라, 긴 세월을 바쳐 성실히 해도 본원상의 통찰을 얻기 어렵습니다. 이에 반해 양명학은 "본령本領의 학문"을 구하는 데 있어서 "간단절요簡單切要한 법문"이 됩니다. 왕양명王陽明(1472~1528)은 본령, 즉 세계의 근원이자 궁극의 원리이며 판단의 기준인 리가 인간 각자의 마음에 있기 때문에, 주희의 말처럼 지적인 작업을 통해 어렵게 도달하는 것이 아니라 자기 본래 마음을 성찰함으로써 터득할 수 있습니다. 내 마음에 본래 있으나 사사로운 것들에 가려 잘 알지 못한 것을 직시하기만 하면 됩니다. 본래 있기 때문에 배우지 않고도 알 수 있다고 하여 '양지'라고 부릅니다. 내 마음의 양지를 자각만 한다면, 곧 이루고자 하는 마음이 발동해 실천으로 나아갑니다. 이와 같은 양명학에 대해 박은식은 "대개 양지를 이룬다는 치양지致良知의 학學은 본심을 직접 지시하여 범인凡人을 넘어 성인聖人으로 들어가는 길이며, 지행합일知行合一은 마음의 은미한 곳에 대하여 성찰하는 방법이 긴요하고 절실하며 사물을 응용하는 데 있어서는 과감한 힘이 활발하다"고 하였습니다. "이것이 양명학파의 기절(氣節: 내적 신조)과 외적 사업(事業)이 특징적으로 나타나는 실질적 효과(功效)가 실로 많은 까닭"이라고 평가합니다.

이상에서 살펴본 바와 같이 박은식은 전통 학문의 폐단을 진단하고 그것이 초래한 국가적 위기를 극복할 수 있는 방향을 모색하였습니다. '유교구신론'이라는 이름의 개혁론을 제시함으로써 주자학을 근간으로 하는 조선성리학의 구태를 개량하고자 했고, 주체성을 강화해 공맹의 본원적 정신을 회복하고자 했습니다. 이러한 방향에서 새 시대에 부합할 수 있는 모범을 양명학에서 찾았고, 혁신유학인 양명학을 통해 한국의 근대를 모색했습니다.

박은식이 양명학을 선택한 데는 몇 가지 외부적 요인도 작용했습니다. 하나는 일본 양명학에 대한 인식입니다. 그는 일본의 메이지유신과 근대화 주역들 대부분이 양명학자라는 점을 상당히 고무적으로 봅니다. 양명학이 시대에 부합하는 실천성을 확보했다고 생각한 것입니다. 또한 강유위와 양계초 등 중국 변법사상가들의 생각에도 영향을 받았습니다. 이를테면 전통유학의 부정적 측면을 '존군권'의 입장에 있는 순자철학의 영향으로 평가하는 점이나, 주희의 학문적 방법인 '격물궁리'에 대한 비판이 그렇습니다. 그렇지만 박은식이 양명학을 단지 현실의 필요 때문에 표피적 기능만 취한 것은 아닙니다. 또한 일본이나 중국으로부터 일방적인 영향을 받은 것도 아닙니다. 일본의 유신세력들이 백성을 천황의 신하로 제약하는 신민臣民사상으로 양명학의 원리를 활용했다면, 박은식의 양명학은 민주적 평등을 발판으로 한 민족독립을 지향하는 방향으로 나아갑니다. 또한 중국의 변법사상가들은 주체성의 능력을 유자儒者 엘리트로만 제한하지만, 박은식이 생각하는 주체성은 신분, 지위, 성별에 관계없이 모든 백성들에게 향해 있습니다. 이는 '양지'에 대한 박은식의 이해에 기반을 둔 것으로, 박은식 철학의 고유함은 이 양지 개념에 있다고 하겠습니다.

    양지 개념의 철학사적 근원은 맹자에 있습니다. 맹자는 다음과 같이 말합니다. "사람이 배우지 않고도 할 수 있는 것이 양능良能이고, 생각해보지 않고도 알 수 있는 것이 양지良知이다." 비록 《맹자》에서 양지는 이 문장에 단 한번 언급되지만, 유가철학에서 양지는 매우 중요한 개념입니다. 배우지 않고도 할 수 있고, 생각하지 않아도 알 수 있는 능력이 인간에게 본래 있다는 것인데, 그렇다면 그 '안다'는 능력은 객관적 지식습득이 아닌 인간에게 내재한 도덕적 정감과 관련이 있다는 말입니다. 이것은 앞서 언급했듯이 공자의 '인'이 가진 본래적 능력을 다른 이름으로 표현한 것이라고 볼 수 있습니다. 유기적 관점에서 인간은 자연의 보편적인 생명력이 인간 사이를 관통하기 때문에 본래적으로 소통하고 타인과 공감할 수 있습니다. 공감하고 소통하는 가운데 드러나는 좋고 싫음, 옳고 그름 등의 원초적인 감각이 도덕 실현에 출발점이 되는 것입니다. 내면에서 자연히 일어나는 도덕적인 예민함은 배워서 알게 되거나 인위적으로 조작하는 것이 아니기 때문에 양지라고 한 것입니다. 맹자가 한 번 언급한 양지에 대한 설명을 후에 왕양명이 개념적으로 전개하였던 것입니다. 왕양명의 양지 개념을 박은식은 이렇게 파악합니다. "선생이 말한 양지는 맹자가 말한 성선性善과 같다. 성에는 선하지 않은 것이 없으므로 불량함이 없다는 것을 알 수 있다. 대개 천하의 사람들로 검증해보면, 비록 극도로 불효한 아들이라도 효가 귀중함을 모르는 자가 없고, 비록 극도로 불충한 신하라도 충이 귀중함을 모르는 자가 없는 것은 양지의 근본은 같기 때문이지만, 사람들이 불효불충의 악에 빠지는 것은 욕망에 움직여 그들의 양지를 속이기 때문이다. 사람의 의념이 일어날 때에 그것이 선한지 악한지를 양지가 스스로 알 수 있는데, 이것이 나의 신성함의 주인이며, 나의 공정함의 감찰관이다." 여기서 보면 양지 자체가 시비선악의 판단능력입니다. 이는 인간이 도덕적 행위를 하기 위해서는 먼저 도덕적 원리를 인식해야 한다는 주자학의 입장과 분명히 다릅니다.

나아가 박은식은 《왕양명선생실기》(1910)에서 양지의 성격을 여섯 가지로 규정합니다. 자연히 밝게 통찰하는 앎(자연명각지지自然明覺之知), 순일하고 거짓이 없는 앎(순일무위지지純一無僞之知), 끊임없이 유행하여 쉬지 않는 앎(유행불식지지流行不息之知), 두루 감응하여 막힘이 없는 앎(범응불체지지泛應不滯之知), 성인과 어리석은 사람 간의 차이가 없는 앎(성우무간지지聖愚無間之知), 우주와 인간을 합일하는 앎(천인합일지지天人合一之知). 그러니까 양지는 도덕적 원리를 탐구해서 파악하는 것이 아니라 본래 있는 도덕적 감각이 자연스럽게 드러나는 자발성을 갖고 있습니다. 그리고 이는 순수하고 거짓이 없으며 부단히 활동합니다. 또한 도덕의 실현은 원칙적으로 어떤 상황에서도 막힘이 없습니다. 양지는 인간이라면 누구나 가진 마음의 본체이므로 성인이나 어리석은 사람이나 매한가지입니다. 양지의 실현을 통해 우주적 합일을 이룰 수 있게 됩니다. 이를 인간의 주체적 자주성과 능동성, 부단한 생동성과 감응성, 평등성과 우주적 연대성으로 표현할 수 있으며, 박은식은 양지의 이러한 속성을 공자와 맹자가 파악한 것과 같은 인간의 본질로 이해합니다.

양지의 본래적 속성은 실천의 근거를 함축하고 있으므로, 이 학문의 특성은 존재의 본질을 규명하는 것에 그칠 수 없습니다. 양지 본체는 필연적으로 자신을 드러내는, 실제적 일과 연관되지 않을 수 없기 때문입니다. 그러니까 인간은 모두 양지를 본래적으로 갖고 있는데, 그것은 본질적 속성상 실현, 즉 실천하지 않을 수 없습니다. 앎이라는 양지의 지각이 일어나게 되면 행하지 않을 수 없다는 것입니다. 그래서 "알고서도 행하지 않는 것은 다만 아직 알지 못하는 것"입니다. 또한 이 앎은 본래적인 도덕 지각능력이므로, 선험적인 도덕원리의 인식을 요구하지 않습니다. 자신에게 내재한 도덕적 지각능력에 주목하면 되는 것입니다. 그리고 이러한 능력은 실제 일에 맞닥뜨렸을 때 발현하게 되기 때문에 구체적인 실천을 구하게 되며 변화가능성이 열려 있습니다. 그래서 양명학에서는 변화와 구체성에 대한 지향을 일반화의 원리에 가두어 형식화시킨 '예'에 대해 언급을 하지 않습니다. 박은식은 왕양명이 예 논쟁에 대해 언급하지 않는 것을 중시하였으며, 따라서 조선성리학의 예송논쟁에 대한 비판의 근거로 삼을 수 있었습니다.

이와 같은 양지의 실현이 온전하게 완성된 경지가 '대동'입니다. 양지는 또한 만물을 일체로 하는 인(萬物一體之仁)이기 때문에, 모든 인간이 개별자로서 자신만의 고유성을 갖고 있지만 그 본래적 속성으로 갖고 있는 인을 통해 타인과 소통하고, 그 소통이 극대화될 수 있다고 전망합니다.

이상과 같이 박은식은 양명학을 통해 전통유학을 개혁할 뿐만 아니라 이를 통해 당면한 유학의 위기와 국가의 위기를 함께 극복하고자 합니다. 이에 따라 양명학의 강화된 주체성 이념과 실천적 원리는 민족의 자주권을 회복하려는 애국계몽운동과 이후 독립운동의 실천적 이념으로 기능합니다. 그렇지만 그가 양명학을 수용한 것을 두고 주자학과의 단절된 전환으로 볼 수는 없습니다. '인'이 갖는 또 다른 주요한 원리인 소통과 연대성의 문제는 주자학에서도 추구하던 바이고, 이 점에 있어서는 양명학과 연속성을 갖는다고 말할 수 있습니다. 그러나 학문하는 방법의 차이에서 비롯된 성질이 현실사회의 문제와 대응관계를 조성하는 데에 있어서 상당한, 그리고 구체적 차이를 초래하고, 이는 이론과 개념에서의 차이도 병행합니다. 따라서 그가 주자학과 거리를 두고 양명학을 수용한 것은 실천적 원리에서 찾은 현재성에 있을 것입니다.

양지의 화신

박은식의 양명학에서 양지로 규정되는 인간의 본래적 속성은 세계와 소통하는 감각을 갖고 있습니다. 인간은 이러한 감각을 구체적인 상황에서 활동하는 가운데 구현하는 자기수련을 통해 대동의 이상을 실현할 수 있습니다. 자신에 대한 이해에서 다른 사람에 대한 이해로 나아가는 이러한 소통의 원리는, 그 자체로 대동의 이상을 지향합니다. 또한 모든 인간은 자신의 본래능력인 자주적 자각능력을 발현할 수 있는 평등한 존재입니다. 그렇기 때문에 박은식에게 있어서 이러한 양지의 속성과 대동의 이상은 서구의 과학과 진화론적 원리에 의해 작동하는 사회병폐를 극복할 수 있는 대안으로 강구해볼 만한 것이었습니다.

그런데 양지의 속성과 원리를 이론으로 제시하는 데 그치지 않고, 대동의 전망은 이상으로만 전개되지 않았습니다. 실천적 원리는 곧바로 박은식의 실천으로 드러납니다. 우선 그는 대동의 이상을 실현하기 위하여 대동교大同敎를 창설합니다. 일제하에서 유림이 친일화되는 것에 저항하여 양명학에 근간을 둔 종교를 창립한 것입니다. '공자탄신기념회강연(1909)'에 대동교의 종지가 잘 드러납니다.

성인의 마음은 천지만물을 한몸으로 삼는다. 이것은 의념을 상상하거나 미루어 헤아려 나온 것이 아니라, 인의 본체가 원래 그와 같은 것이다. 왜 그런가? 천지의 기가 곧 나의 기요, 만물이 부여받은 기가 곧 내가 받은 기다. 이 하나의 기를 함께 하는데, 그 부여받은 원리가 어찌 같은 것이 없겠는가? …… 그러므로 천지만물일체의 인을 모든 사람이 갖고 있지만 다만 사람들은 형체의 사사로움과 물욕의 가리움으로 틈과 거리가 생기고, 사물과 나에 대한 계산과 비교가 반드시 생긴다. 이에 이해에 따라 서로 공격하고 분노가 서로 치받는 경우에는, 하늘이 부여한 훌륭한 것을 완전히 상실하여 생명을 죽이고 해치며, 인류에 해를 끼치면서도 하지 못하는 것이 없으며, 심지어는 동족을 원수로 삼고 골육상잔하여 천부의 법칙을 끊어 없애니, 천하의 혼란이 어느 때나 그칠 수가 있겠는가.

또한 박은식은 〈종교설〉에서 "가르침이란 성인이 하늘을 대신해서 언어를 세움으로써 만민을 계몽하는 것이다"라고 하였습니다. 대동의 이상을 종교의 재현으로 실현하고자 한 것입니다. 그렇지만 그가 구상한 종교적 성질은 일종의 유용성의 측면에서 요청한 것인데, 이는 양명학의 이론적 전개에서 필연적으로 요구되는 것은 아닙니다. 다만 사역천하思易天下, 즉 양명학의 원리를 널리 알려서 국가의 위급함을 구하고자 하는 그의 민족적 구세주의救世主義의 열망에서 비롯되었다고 볼 수 있습니다. 그렇기 때문에 여기서의 성인 역시 종교적으로 설명될 수 있는 초월적인 전능한 존재가 아닙니다. 모든 백성은 자신에게 본래적으로 갖추어져 있는 인, 그러니까 양지의 속성을 자각하는 주체로 변형될 수 있습니다. 모든 이가 성인이 될 수 있는 것이지요. 종교는 이것이 실현되도록 이끄는 매개역할을 담당합니다.

양명학의 정신을 통해서 개체의 자주성을 회복하고 자발적 연대와 소통이 구현되는 대동의 이상을 희구하였던 박은식은 또한 서구적 근대의 강제적이고 수동적인 이식을 경계하며 자주적인 한국적 근대를 강구하였습니다. 그것은 양지 본체에 대한 철학적 성찰과 이를 구체적인 대동의 이상으로 연결시키는 학문작업을 통해 이루어질 수 있었습니다. 그렇지만 그 앞에 놓인 역사적 상황은 이와 같이 심화된 작업을 진행할 수 있도록 놓아두질 않았습니다. 1910년 일제가 한반도를 식민지로 강점한 후, 그는 활동의 제약을 받게 되면서 망명을 택합니다. 그리고 만주로 가서 독립운동의 길을 모색하며 저술작업에 착수합니다. 저술은 곧 그에게 있어서 실천이었고 양지의 구현이었습니다.

만주로 망명하여 처음 1년간 윤세복의 집에 머물면서 박은식은 역사서, 특히 고대사 관련 저서를 집필하는 데에 주력합니다. 윤세복은 대종교신도로서 후에 대종교 제3세 교주를 지낸 인물이지요. 윤세복을 통해 박은식은 고대사 관련 사료를 제공받을 수 있었고 또한 대종교를 받아들이게 되었습니다. 역사서 서술은 국혼國魂에 대한 지대한 관심과 연관됩니다. 일제침략으로 나라가 멸망하였다 하더라도 국혼, 그러니까 나라의 정신을 유지·강화한다면 나라를 회복할 수 있다고 주장하며, "국교國敎와 국사國史가 망하지 아니하면 그 나라도 망하지 않는 것이다"라고 말합니다. 원래 박은식이 국혼이라 언급한 것에는 국교, 국학國學, 국어國語, 국문國文, 국사가 있습니다. 그리고 그 가운데 첫머리에 있는 국교, 그러니까 종교를 국혼 가운데 가장 중요한 것으로 여깁니다. 그럼에도 그가 망명 이후 죽기 전까지 힘쓴 것은 국사였습니다. 망명 전까지 그는 유교를 당대의 국교라고 여겼고, 그렇기 때문에 양명학을 기초로 유교를 개혁하고 그 연장에서 대동교를 창건했습니다. 그러나 일제의 탄압으로 성공하지 못하자 망명 후에는 대종교를 국교로 정립하고자 합니다. 윤세복을 통해 대종교를 받아들인 박은식은 모든 신교神敎의 원류가 단군에게 있음을 고증할 수 있다고 확신합니다. '대종교'라는 명칭에서 '종倧'은 상고시대의 신인神人을 지칭하는 용어라고 해설하면서, 대종교가 개국시조로 신앙되는 단군을 존숭하는 종교이고, 단군이 창건했거나 그 시대의 신앙인 신교의 발전형태이기 때문에 대종교를 민족종교(國敎)라고 강조하지요. 그러나 대종교가 1909년에 이르러서야 확고한 민족종교 형태로 창건되었고, 아무리 역사적 정당성을 강조한다 할지라도 그 시대의 신도는 극히 적었습니다. 1910년 이후 만주로 이주한 대종교신도들이 독립운동을 매우 적극적으로 전개하고 한인촌에서 세력을 크게 떨치며 신도수도 급속도로 증가하지만, 교세가 유태인의 유태교나 돌궐인의 회교와 같이 민족을 통일시킬 수 있는 국교로서는 미약하다고 보았습니다. 그가 국혼의 하나로서 국교의 중요성을 강조하고, '대동교 창건'이나 '대종교신앙'을 통해 민족적 통일을 기도하였지만, 현실적으로 세력을 가진 국교가 되지 못하였기 때문에 국사를 통해 국혼의 강화를 꾀한 것으로 보입니다. 상실한 나라를 회복하기 위해서는 모든 민족성원들에게서 독립의 필요성에 대한 주체적 의식을 이끌어낼 수 있어야 하고, 이를 위해 역사를 보급하는 것만큼 중요하고 필요한 것이 없다고 판단한 것입니다. 어쩌면 그는 종교를 통해 양명학정신을 보급하려 했을 때에 강조하였던, "하늘을 대신한" 성인의 기능을 자처했던 것일지도 모릅니다. 그리고 그 성인의 역할은 모든 이들이 스스로 성인이 될 수 있도록 촉발시키는 것이었습니다.

이후 그는 북경, 천진, 상해, 홍콩 등을 다니면서 강유위를 비롯한 천하의 지사들과 교류합니다. 한국의 독립운동을 계획하면서도 이어서 《안중근전安重根傳》《한국통사韓國痛史》《이순신전李舜臣傳》《한국독립운동지혈사韓國獨立運動之血史》를 저술하기도 합니다.

《한국통사》는 1915년(57세)에 완성하여 '대동편역국'이라는 상해의 중국인 출판사에서 간행하였는데, 여기서 그는 1864년부터 1911년까지 한국근대사를 일제침략사를 중심으로 서술합니다. 그는 자신의 저서가 "국혼이 담긴 최근의 역사"로서, 동포들에게 읽히고 이해받을 것을 희망하였습니다. 일제의 만행과 부당한 침략의 과정을 폭로하여 독립운동을 위한 정신적 원동력을 촉발하고자 한 것입니다. 이 책은 간행되자마자 국내외에서 큰 반향을 일으킵니다. 중국과 만주, 러시아의 한국동포들 사이에 널리 읽혔고, 그들의 독립운동을 고취시키는 역할을 합니다. 미주에서는 순국문으로 번역되어 교민들의 교과서로 보급되기도 했으며, 국내에도 비밀리에 대량 보급되었습니다. 일제는 박은식의 《한국통사》가 미치는 심대한 영향에 당황하고 조선사편수회를 설립하게 되지요.

《한국통사》를 저술함으로써 한국의 근대사를 체계화한 이후, 박은식은 3·1운동에서 받은 충격을 바탕으로 1920년에 《한국독립운동지혈사》를 저술합니다. 《혈사》는 그야말로 '독립쟁취를 위한 혈투의 역사'입니다. 1884년 갑신정변에서 시작하여 1920년 독립군전투까지 일제침략에 대한 한국인의 독립투쟁사를 3·1운동을 중심으로 하여 서술한 것입니다. 여기서 그가 이전에 소극적이거나 부정적으로 평가했던 운동들을 혁명으로 재평가하는 것을 볼 수 있는데요, 대표적으로 동학농민혁명이 그러합니다. 이전에는 '갑오동학당의 난亂'이라 평가한 것을 '갑오동학당의 대풍운大風雲'으로 수정하고 이를 '우리나라 평민의 혁명'이라고 서술합니다. 또한 《혈사》에서는 의병을 자세히 다루면서 민중의 역할과 민권의 중요성을 두드러지게 강조합니다. 이처럼 혁명의 의미를 적극적으로 개진하면서

3·1운동의 의미를 밝히는 데에 큰 비중을 둡니다. 그러니까 박은식은 《통사》를 통해 독립운동의 정신을 고취시키고자 했다면 《혈사》에서는 그 정신을 실천으로 전화시키는 방향을 모색했다고 볼 수 있습니다.

그뿐만 아니라 조국을 빼앗긴 현실 앞에서 원리적이고 학술적인 탐구보다 당장의 실천방식을 모색하는 일이 앞설 것입니다. 박은식에게 있어서 조국의 잃어버린 국권을 회복하는 일이 그 무엇보다 상위에 있는 가치이고 목표였기 때문에 국가와 민족으로 통합할 수 있는 국혼을 강화하는 일이 절실했고, 이러한 정신을 고취하는 데에 있어서 작금의 비극을 낳은 역사적 현실을 폭로하는 것보다 효과적인 실천적 방법은 없었습니다. 따라서 박은식은 국혼사상을 바탕으로, 당시 자신과 조국이 처한 현실적 조건에 가장 잘 대응하는 실천의 양식을 역사에서 찾았다고 할 수 있겠습니다. 그런데 대응의 방식은 상황에 맞게 선택적일 수 있지만, 실천적 태도는 그가 유학의 전통 가운데에서 신학문으로 채택한 양명학의 철학적 특성과 본질적인 연관성을 갖고 있다고 볼 수 있습니다.

전통의 회복:
민족적 위기의 극복과 근대적 개혁의 전망

40세 무렵 박은식에게 일어난 사상의 전환은 자신이 처한 시대의 문제를 민족적 위기로 인식한 데에서 출발했습니다. 민족적 위기에 대한 자각은 국가의 자주와 독립을 요구하는 일이었고, 그 방편으로 자강의 노선을 취했습니다. 이는 당시 민족의 문제를 자신의 문제로 자임한, 이른바 애국지사들에게 공통적으로 찾아볼 수 있는 면모입니다. 그런데 박은식은 위기의 원인을 당시 국가통치에 기반이 된 주류학문의 병폐에서 찾았고, 위기를 초래한 학문적 폐단을 극복할 수 있는 대안적 학문을 제시함으로써 국가의 자주와 독립까지 꾀하였습니다.

그 대안적 학문은 기존의 전통학문을 혁신하는 것이었고 동시에 새로운 시대에 대응 가능한 것으로서 신新학문이었습니다. 박은식에게서 신학문의 '신' 즉 '새로움'을 구성하는 것은 새로운 시대에 부합할 수 있으며 기존의 병폐를 극복한다는 데에서 오는 것이기 때문에, 당시 신세계였던 서구에서 유래한 학문에만 적용 가능한 것이 아닙니다. 물론 그는 서구의 신학문인 과학기술에 대한 지식은 물론 사회과학 이론과 사상을 적극적으로 받아들입니다. 그러나 그는 곧 서구학문의 한계와 위험성을 간파하고, 이 역시 경계하고 극복해야 하는 것이라는 비판적 의식을 견지합니다. 그리고 그 비판적 시각의 근저에는 인간에 대한 이해의 차이가 놓여 있습니다.

박은식에게 있어서 당시 서구의 신학문은 사회가 급속도로 발전할 수 있는 기반을 제공하고 인간에게 풍요로움을 보장해줄 수 있는 것으로 보였고, 그 원동력을 인간의 욕구에서 찾고 있는 것으로 파악하였습니다. 인간이라면 누구나 무언가를 욕망합니다. 이런 욕구는 자기 발전의 원동력이 될 수 있습니다. 그런데 그가 접한 서구이론 속의 인간은 자신의 욕구를 충족시키기 위해서 타인을 배제하고, 한정된 재화를 둘러싸고 충돌과 투쟁을 피할 수 없는 존재로 규정되어 있었습니다. 자기 욕망만을 추구하는 배타적인 개체들 간의 무한경쟁을 전제하고, 그 속에서 타자의 궤멸을 함축하는 발전을 지향하는 이론은 파괴적이며, 그래서 야만적이고 부도덕하다고 보았습니다. 그래서 이와 같은 인간 이해를 뛰어넘는 정신을 추구하였습니다. 박은식은 그 가능성을 전통 학문 속에서 찾았습니다. 그것은 바로 공자가 보여준 인간에 대한 이해입니다. 인간은 누구나 무언가를 욕망하지만, 욕망하는 자신의 욕구를 계기로 해서 타인의 욕구를 인정할 수 있는 존재라는 것입니다. 그것은 욕구의 심층에 인간의 본성을 이루는 또 다른 층차가 자리하기 때문입니다. 그 심층의 속성이 곧 '인'입니다. 인은 우주를 관류하는 생명의 힘이 인간에게 관통한 속성이라는, 동양의 전통적 사고방식의 또 다른 표현입니다. 인간에게 내재한 이러한 인의 속성에 의해 타자와의 충돌의 원인이 될 수도 있는 욕망이 또한 타자를 인정하는 계기가 될 수도 있습니다.

또한 욕구의 심층에 있는 인의 성질은 맹자에게 와서 보다 적극적으로 규명이 되면서 인은 자발적이고 능동적인 실천의 주체로 발전합니다. 그러한 주체의 실천적 성질은 양지로 불리면서 양명학에서 더욱 적극적으로 전개됩니다. 그러므로 양지는 세계 속에서 연대의 흐름이 관류하는 실천의 주체이고, 양명학은 이와 같은 양지의 속성으로 인간을 이해합니다. 박은식은 바로 양명학에서 규명하는 양지라는 인간의 본질을 받아들임으로써 이를 근간으로 기존 학문의 병폐를 극복하는 기점으로 삼았습니다. 다시 말해서 양지로 규명된 인간의 본질이 주체적 실천성을 지니고 있으며 타자와의 연대성을 함축하고 있기 때문에 당시의 민족적 위기를 타개할 수 있는 실천력을 고양시키고 민족적 통합을 이끌어낼 수 있는 정신적 기반의 가능성을 찾을 수 있었습니다.

박은식은 인의 이와 같은 원리와 그것이 지향하는 대동의 세계를 기반으로 서구의 인간이해를 극복하고자 했습니다. 그뿐만 아니라 양명학의 양지로 전개된 공맹의 인간이해가 주자학은 물론 서구학문의 한계를 극복할 수 있는 이론의 기반을 제공할 수 있다고 여겼습니다. 그렇지만 그에게 있어서 양명학은 당시의 시대적 조건하에서 민족적 요구에 부응하기 위한 필요에 의한 것만이 아니라, 새로운 인간이해의 가능성을 전통 학문에서 찾아서 이로부터 한국적 토양에서 추구해야 하는 새로운 시대상과 인간상을 제시하고자 하는 의도를 갖고 있었습니다. 그는 새로운 시대에로 전환되는 시기에 변화에 대응하는 정신으로서, 전통 학문이 갖는 가능성을 간과하지 않고 현재적인 의미로 해석하려는 시도를 한 것입니다. 비록 전통 속에서 새시대를 모색함에 있어서 그가 의도한 바의 학문적 성과로 나타나지 못하였다 하더라도 후반생의 전부를 독립운동에 바침으로써 그가 시도한 새로운 학문의 실천성을 구현하였습니다.

19세기말에서 20세기초에 걸쳐 한반도에서 일어난 변동은 정치, 경제, 사회, 문화, 사상 등 모든 영역에 걸친 전면적인 것이었으며, 이전 시대와는 분명 다른 체제로 이행하는 것이었습니다. 그리고 그 변동은 매우 급박하게 이루어졌습니다. 그러나 변동의 자생적 요인이 미처 무르익기도 전에 외부로부터 이식된 것들과의 충돌은 극심한 혼란을 낳았고, 그 혼란은 지금도 우리 사회의 여러 분야에서 진행 중입니다. 그렇기 때문에 지금 우리 자신을 읽기 위해서는 반드시 조명해야 하는 시기입니다. 박은식은 이 급박한 변동의 시기에 우리 민족이 주체적으로 시대의 변화를 읽고 대응할 수 있도록 하기 위해, 고민하고 실천한 철학자였습니다.

6장

신채호의 민중중심사상

민중의 주체성과 절대자유의 정신

—

진보성

신채호
申采浩(1880~1936)

신채호는 1880년 지금의 대전시 중구 어남동에서 태어났다. 뛰어난 역사가, 언론가, 사상가로 일제강점기 독립운동에 투신했다. 세수할 때 허리를 굽히지 않고 꼿꼿이 서서 하여 소매와 옷이 자주 젖었다는 일화는 그의 성격과 사람됨을 알 수 있게 하는 대목이다. 어릴 때부터 한학에 조예가 깊었고 유학 공부를 학문의 근원으로 삼았지만 일제의 침탈을 경험하며 목도한 서양학문에 관심을 가지고 서양사상은 물론 동아시아 근대사상을 능동적이고 적극적인 태도로 수용한다. 26세에 성균관 박사에 임명되었지만 바로 사직하고 언론사 주필로 활동한 이력은 그가 당시 절박한 현실을 어떻게 인식하고 있었는지 잘 보여준다. 적극적인 사회관과 자기 학문의 실천의지가 강했음을 알 수 있다. 신채호는 《조선상고사》에서 표현한대로 역사를 아와 비아의 투쟁이라고 표현한다. 동시에 민족주의를 중심으로 근대적 민주공화정을 꿈꾸었지만 그 한계역시 실감한다. 신채호는 《대한매일신보》에 수많은 논설을 게재하여 성리학적 도덕주의와 동아시아의 지배적 담론이었던 유교주의를 극복하기 위해 노력했다. 3·1운동 이후 민족에서 민중으로 자기 학문의 실천적 중심주체가 변화하였고, 1923년 〈조선혁명선언〉을 통해 민중직접혁명론을 주장한다. 이를 계기로 신채호의 철학과 사상은 아나키즘을 지향하게 된다. 제국주의와 사회진화론을 극복하고, 궁극적 인간의 자유와 평등한 세상을 꿈꾸던 아나키스트로 거듭난 데에는 크로포트킨의 상호부조론과 고토쿠 슈스이의 영향이 컸다. 그의 아나키즘은 민족적 주체성에 대한 이해를 바탕으로 하고 있으며, 민중이 사회의 주체이자 절대자유를 추구하는 존재이다. 이런 그에게 무력투쟁은 마지막 자기 철학의 정수를 보여준 아나키즘을 현실에서 구현할 수 있는 실천적 기재로 사용되었다.

유자儒者를 넘어서 민족운동의 삶으로

사람들은 학자나 지식인을 규정할 때 앞에 '연약한' 또는 '나약한' 이라는 글자를 곧잘 붙이곤 합니다. 아마도 대부분의 지식인들이 책 속에서 자신의 삶을 돌아보고 세계를 관조하는 성향을 지니고 있기 때문에 붙여진 불편한 말일 것입니다. 특히 일제강점기 국가의 존망이 일신의 안녕을 위협했던 시대는 많은 지식인들을 더욱 나약한 존재로 만들었습니다. 그러나 우리 역사에서 시대의 모순과 맨몸으로 부딪히며 치열하게 생각하고 행동하려 한 지식인이 없었던 것은 아닙니다. 그 가운데 단재丹齋 신채호申采浩(1880~1936)는 이론적으로나 실천적으로 어디에도 의존하지 않는 오롯한 주체성을 모색했고 민족의 독립을 넘어서 궁극적 인간의 자유를 추구했습니다.

신채호는 소설《꿈하늘》(1916)에서 자신을 투영한 주인공 '한놈'을 만들어냅니다. 민족의식으로 가득한 '한놈'은 신채호 자신이기도 하면서 동시에 식민지 시기 방황하는 한 민족을 뜻하기도 합니다. 이 '한놈'처럼 신채호의 삶과 사상도 수많은 우여곡절과 변화가 있었습니다. 처음 자연인 신채호를 본다면 선비 특유의 고집스러운 면과 함께 친근감을 내보이는 인간적인 면을 발견할 수 있습니다. 격식 없는 자유스러움과 호방한 성격 속에서도 호연한 자세와 함께 소탈해 보이는 학자풍의 면모는 주변 인물들이 전하는 신채호의 모습이었습니다. 이광수는 신채호를 두고, 초라해 보이는 겉모습과는 달리 "아무의 말도 듣지 않고, 아무것도 두려워하지 않는" 비범한 눈빛을 가졌다고 첫인상을 말했습니다. 또한 성균관에서 만난 친우 변영만이 신채호를 직접 만나 겪은 일화와 주위의 에피소드를 모아 지은 〈단재전〉은 변영만이 신채호의 집을 방문했을 때 벌어진 신채호와 아내의 부부싸움에 대한 묘사로 시작합니다. "얽은 코에 주름진 이마"를 가졌지만, "눈썹에는 은은히 영롱한 기색이 있고, 맑은 눈동자에 또랑또랑한 목소리"가 인상적이었다던 신채호는 특히 유학공부에만 전념하지 않고 불교도 좋아해 자유롭게 행동했고, 책을 읽을 때 책장을 넘기는 것이 마치 비바람 치는 듯했으며, 사람 가리기가 엄정했고, 무언가를 기롱하고 꾸짖는 것이 때때로 조금도 교양이 없는 사람 같았다고 합니다. 다분히 인간적인 신채호의 모습을 정감어린 논조로 낱낱이 폭로한 것이지요. 하지만 이들이 항상 신채호를 두고 칭찬해 마지않는 점이 있습니다. 바로 학문에 대한 열의와 사회모순을 그냥 두고 보지 않고 이상을 현실에 자리매김하기 위해 실천으로 보여주었다는 점입니다. 신채호의 글은 억압하는 현실의 모순을 깨부수기 위한 탄알과 같았고, 행동은 그의 글에서 보여준 모습 그대로였습니다. 앎과 실천을 합일하기 위한 노력의 여정이 신채호의 삶 전체였습니다. 역동하는 삶, 그 자체가 곧 신채호의 삶이었습니다.

신채호는 1880년 12월 8일 지금의 대전시 중구 어남동 도리미 마을에서 태어났습니다. 아버지가 38세의 나이로 별세하자 신채호는 주로 할아버지에게서 한학교육을 받으며 성장했습니다. 신채호가 공부에 재능을 보이자 할아버지는 당대 노론의 대신이며 학문적으로 이름이 있던 친우 신기선에게 신채호를 소개합니다. 신기선 역시 신채호의 능력을 높이 사 신채호가 19살이 되던 해 성균관에 입학을 추천합니다.

당시 성균관에 입교하여 변영만, 조소앙 등 학우들과 함께 의사義士로 이름 높았던 수당修堂 이남규李南珪로부터 가르침을 받고 새로운 학문에 눈을 뜬 신채호는 학문에 전념하면서도 동시에 독립협회운동에 동참하게 됩니다. 신채호가 성균관에 입학한 당시는 독립협회의 자주민권자강사상이 본격적으로 전개된 해였습니다. 이런 활동을 통해 신채호는 개화자강사상을 섭취하고, 그당시 가장 급진적인 자유민권운동이었던 만민공동회의 간부로 활동합니다. 독립협회와 만민공동회가 해산되면서 주동자들과 함께 일시 투옥된 신채호는, 이후 낙향해 독립운동에 투신한 신규식과 문동학원을 설립하고 1901년부터 애국계몽운동을 전개합니다. 이런 사실로 미루어보면 신채호는 성균관 박사博士가 되는 1905년 이전부터 조금씩 유학적 가치관에서 이탈해 본격적으로 사회문제에 투신하였음을 알 수 있습니다.

신채호는 26세에 성균관 박사로 임명됩니다. 당시 성균관 박사는 성균관에서 유교교육을 담당하던 관직으로 나중에 교수로 개칭됩니다. 조선의 국립대학이자 최고 고등교육기관인 성균관의 박사라는 지위는 학문의 권위를 인정받을 뿐만 아니라 학자들 사이에서도 선망의 대상이 되는 자리였지만 신채호는 임용 다음날 과감히 사직하고 단발을 결행합니다. 신채호는 자신의 글 〈단발〉(1909)에서 "이 머리 위의 더부룩한 머리털을 깎을 지식도 역시 수천 년 만에야 비로소 난 것이라"고 하며 자기 삶의 새로운 행보에 대한 결심을 표현합니다. 앞으로 싸워 나가야 할 삶에 대한 비장한 각오를 드러낸 것이지요.

이후 장지연의 위촉으로《황성신문》주필이 되지만, 장지연이

〈시일야방성대곡〉으로 을사늑약 강제체결을 폭로하면서 《황성신문》이 폐간되자 다시 《대한매일신보》 주필로 언론활동을 합니다. 이때부터 신채호는 논설기고를 통해 본격적인 활동을 시작하는데, 이 시기는 신채호의 역사관과 철학이 치열하게 형성되는 때였습니다. 〈단재전〉에서 변영만은 "그의 글을 한번 펼쳐본 사람은 팔뚝을 움켜잡고 통쾌하다고 부르짖지 않는 사람이 없었다"고 회고하면서 "근래 소년학도들이 약간이나마 바른 생각을 가지고 지난날의 어리석음을 되풀이하지 않으려고 하는 것은 대개 모두 단생(단재)의 힘"이라고 평가합니다.

31세가 되던 1910년 4월, 경술국치를 예감한 신채호는 중국 청도로 망명합니다. 이후 블라디보스토크와 중국에서 활동하다가 3·1운동 이후 상해로 이동해 독립운동가들과 임시정부 수립에 적극 참여합니다. 그러나 이승만이 통합임시정부 대통령으로 선출되자 임시정부와 결별하고 반임정활동과 무장투쟁론 선전에 주력합니다. 당시 신채호는 한국과 중국 지식인들에게 일본제국주의에 대한 투쟁을 고취시킬 목적으로 월간지 《천고》를 발행하기도 합니다. 1922년(43세)에는 의열단장 김원봉의 초청으로 상해로 가 〈조선혁명선언〉(1923)을 집필합니다.

1924년 즈음에는 북경에서 독립운동가이자 아나키스트인 이회영과 유자명, 그리고 대표적 유림이자 아나키스트들과 뜻을 같이한 독립운동가 김창숙과 자주 연락하며 독립운동의 방략에 대해 논의합니다. 이회영의 셋째아들 이규창은 자서전 《운명의 여진》에서 신채호가 매일 부친과 다방면에 걸쳐 환담하였고 김창숙도 매일 그 자리에 참석했다고 기록합니다. 이들이 나눈 얘기 중 많은 부분은 항일무장투쟁의 발판을 만드는 것이었습니다.

그 이후 집필활동을 지속하던 신채호는 49세가 되던 1928년 4월 북경과 천진에서 개최된 무정부주의 동방연맹대회에 참가합니다. 신채호는 세계각국에 선전할 동방연맹의 선전기관지 발간 및 폭탄 제조소 설치자금을 마련하기 위해 같은 해 5월 8일 외국환 위조지폐 2천 원을 수령하려다 대만 기륭基隆 우편국에서 기륭경찰서 형사들에게 체포됩니다. 당시에 대만은 조선과 마찬가지로 일본점령 하에 있었기 때문에 이 사건은 곧바로 일본경찰이 관할하게 됩니다. 신채호는 처음에 대련경찰서로 호송되었다가 1930년 5월 9일 재판에서 중죄 사상범으로 10년형을 판결받고 여순감옥으로 이감됩니다. 신채호는 수감 중에도 《조선사연구초》(1930)를 집필하였고 《조선일보》에 〈조선사〉(1931)와 〈조선상고문화사〉(1931~1932)를 연재하였으며, 그외 여러 잡지에 글을 발표합니다. 하지만 건강이 악화되면서 1936년 2월 21일, 57세의 나이로 세상을 떠납니다. 신채호의 시신은 이틀 뒤 화장되었으며 유해는 고국으로 송환되었습니다.

신채호는 조선의 독립과 자기 신념의 실천을 위해 생을 바친 지식인입니다. 수양과 인격도야에 치중하던 당대 유학자들과 달리, 신채호는 새로운 사상의 조류를 받아들이면서도 독서와 실행을 통해 고유의 철학과 사상을 형성합니다. 유학공부를 바탕으로 하지만 새로운 문물을 개방적으로 수용하고 날카로운 현실인식과 시대모순에 대한 적극적인 저항을 추구합니다. 단적인 예로 신채호가 《대한매일신보》에 기고한 시국논설 중에는 1908년에 쓴 〈일본의 삼대충노〉라는 논설이 있습니다. 일진회를 조직한 송병준을 제1충노로, 동아개진교육회의 조중응을 제2충노로 규정하고, 놀랍게도 자신을 성균관에 추천한 신기선을 일본의 충직한 세번째 노예에 빗댑니다. 신기선은 대한제국 관료이자 이름 있는 학자였고 신채호가 직접 수학한 인연도 있었습니다. 하지만 이완용과 조중응이 이토 히로부미의 지원금을 받아 조직한 친일단체 '대동학회'의 회장에 취임하자 신채호는 그를 통렬하게 비판합니다. 논설에서 신채호는 다른 사람들의 입을 빌려, 신기선이 '유학에 대한 소견이 천박'하고 '벼슬에 욕심이 많다'고 평가하면서 "서울의 유림을 위협하여 일본에 동화되게끔 흡입코자 하니……입이 백 개라도 변명키 어렵다"고 합니다.

신채호가 신기선의 학문을 천박하다고 표현한 것은 당시 신기선과 같은 보수유학자들에 대한 비판이기도 했습니다. 신채호는 자신의 저작에서도 드러나지만 기존 유학자들처럼 추상적인 방법으로 인간과 세계를 파악하려 하지 않습니다. 전통의 리기론이나 심성론 같은 기존 학문방법에서 벗어나 근대공간에서 새로운 사조와 맞부딪혀 사대적이고 종속적인 학문의 테두리를 과감히 돌파하고자 합니다. 뒤틀린 유교를 근본적으로 해체하는 작업을 통해 오히려 고유한 사상적 주체성을 확립하려 한 것이지요.

이러한 작업의 일환으로 신채호가 진행한 것이 '민족' 개념의 확립입니다. 신채호는 《독사신론》(1908)에서 '민족'을 역사의 주체로 규정합니다. 보통, 민족이란 개념을 우리 안에서 오랫동안 전래된 옛 개념이라고 여기는 경우가 많습니다. 과거 박정희정권이 정권의 역사적 정통성과 지배력을 강화하기 위해 '단일민족'이라는 구호를 강조하면서 생긴 잘못된 고정관념이지요. 사실 '민족'은 생각보다 '젊은' 개념입니다. 신채호는 그 당시 서구에서 받아들인 '민족' 개념을 통해 중화민족과 대등한 위치에 서는 우리 '민족'을 강조합니다. 이는 중국 중심의 중화주의를 탈피한 것으로 신채호가 지속적으로 관심을 둔 역사의식의 중심축입니다. 이런 의식은 〈지동설의 효력〉에서도 잘 나타납니다. 신채호는 개화사상가 박규수가 지구의를 돌리며 김옥균에게 한 말을 그대로 인용하여 "오늘에 중국이 어디 있느냐. 저리 돌리면 미국이 중국이 되며, 이리 돌리면 조선이 중국이 되어 어느 나라든지 가운데(中)로 돌리면 중국이 되나니, 오늘에 어데 정한 중국이 있느냐"는 자신의 주장을 피력합니다.

더 나아가, 논설 〈제국주의와 민족주의〉(1909)에서 신채호는 제국주의에 대항하는 방법으로 다른 민족의 간섭을 받지 않는 민족주의를 주장합니다. 이를 통해 동아시아 패권주의의 전통인 중화의식을 과감히 벗어버린 점, 그리고 여러 '민족'들을 각기 대등한 주체로 보는 관점에서 역사를 이해하고 기술한 점은 신채호가 전근대적 사유를 극복하고 근대세계를 이해하며 적극 투신했음을 의미합니다. 근대적 사유형성을 통해 신채호는 새로운 자기철학이 정립될 바탕을 만든 것입니다.

근대적 세계관의 형성과 '아'와 '비아'의 투쟁

신채호는 《대한매일신보》에 기고한 〈진화와 퇴화〉(1910)라는 논설에서 '시간이 흐르면서 세상은 진화된다고 여겨지지만, 한국의 경우 조선 이후로 퇴화하고 있다'며, 국가의 문명이 퇴보하니 멸망이 머지않았다고 개탄합니다. 나아가 〈도덕〉에서 나라 잃은 민족의 도덕은 망국민의 도덕이고 무국민의 도덕이며, 〈이해利害〉에서 지금의 세상에는 이해득실만 있을 뿐 옳고 그름의 분별이 없다고 말합니다. 이처럼 당시 신채호는 동아시아의 유교질서가 무너지고 세계질서가 각 국가와 민족의 치열한 생존경쟁을 통해 재편되고 있다고 보고, 조선민족이 20세기의 '신국민'으로 새롭게 태어나야 한다고 역설합니다. 또한 신채호는 〈이십세기 신국민〉(1910)에서 자유를 강조하면서 '한국인들이 형식적인 유교주의에 얽매여 자유라는 두 글자를 망각하고 있다'고 지적하고 노예의 삶을 벗어나 주인의 삶을 살아야 한다고 역설합니다. 망국의 현실에서 정립된 이러한 관점은 서구사회의 제국주의적 팽창, 그리고 서구적 가치기준의 보편화가 빚어낸 갈등상황을 배경으로 합니다.

이와 관련하여 당시 유행하던 사회진화론을 눈여겨볼 필요가 있습니다. 이는 특히 열강들의 식민지 침략을 정당화하는 논리로 미화 혹은 악용됩니다. 약육강식의 법칙 위에서 진화가 이루어지듯 제국의 식민지침략 역시 멀리 보았을 때 인류의 발전으로 이어진다는 주장으로, 일본 역시 동아시아 침략을 이런 식으로 정당화하고 미화하려 합니다. 즉 동아시아 침략을 '서구문물을 가장 먼저 받아들인 선진국 일본이 이를 한국과 중국 등에 전파함으로써 다함께 번영할 수 있는 기틀을 만드는 일'이라 미화하고 이런 궤변을 뒷받침하기 위해 '의리', '형제' 등의 개념까지 동원하지요. 하지만 식민지국가에는 망국과 수탈이라는 뼈아픈 현실이 있을 따름이었습니다. 어쨌든 당시 조선지식인들에게 사회진화론과 그 제국주의적 악용은 무엇보다 이론적 생소함 때문에 쉽사리 판단하기 어렵고 혼란스러운 것이었습니다.

당시 동아시아에는 중국 중심의 '천하天下-세계', 사대질서와 조공국가 개념 등이 무너지면서 서로 자국의 이익을 극대화하려는 세계질서가 새로이 퍼지고 있었습니다. '인의仁義'라는 전통가치를 내세우지만 그 뒤에 '이해利害'의 칼을 숨긴 신세계 질서의 이중성을 보고, 신채호는 더 이상 성리학적 도덕주의와 세계관으로는 버틸 수 없다고 판단합니다. 참담한 현실을 설명할 수도 극복할 수도 없는 공허한 이론체계일 뿐이라고 생각한 것입니다. 신채호는 동아시아의 전통에서 장기간 지배담론이었던 유교의 도덕 및 가치관을 극복하고, 사회진화론과 같은 서구이론을 주체적으로 받아들여 현실에 적용하려 했습니다. 당시 신채호가 강조한 자강론이 대표적 예입니다. 하지만 쉽지 않았습니다.

치열한 고민을 통해 신채호는 '국가-민족'을 강조합니다. 이는 무엇보다 근대적 세계질서에 대한 판단을 배경으로 하는데, 그가 보기에 근대적 세계질서란 자국의 이익을 좇는 근대적 국가들의 경합을 통해 구축됩니다. 전근대적 가치는 모두 몰락했거나 유명무실한 것이 되었고요. 더욱이 신채호는 근대 서양과 일본이라는 강력한 타자를 경험했습니다. 이러한 세계현실에서 그는 스스로 우뚝 서서 열강들과 어깨를 나란히 할 수 있는 주체로서 '국가-민족'을 생각해내고, 이를 '아我'로 표현합니다. '아'라 하면 보통 '자기', '자아' 등의 의미로 생각할 수 있으나, 신채호의 '아'는 자신은 물론 '우리' 또는 '동포, 국민, 민족' 등으로 의미가 확대됩니다. 신채호가 '동국'이나 '단군', '부여족'을 강조한 것 또한 조선상고사를 바탕으로 '아'의 위상을 공고히 하기 위해서였습니다.

신채호는 전근대적 사대주의와 중화중심주의에 기초한 역사이해 방식을 거부하고 이를 극복하기 위해 조선상고사를 주체적으로 재해석하고자 합니다. 민족적 '아' 개념은 이 과정을 통해 탄생합니다. 신채호는 《조선상고사》(원제: 〈조선사〉) 서문에서 역사의 원리를 "아와 비아의 투쟁"이라고 규정합니다. '아我'는 자국과 관계된 것으로 타국과의 투쟁 속에서 형성됩니다. 국가적 차원으로 확장되고 고양된 '나'라고 할까요? 반면 '비아非我'는 '타민족', '타국' 등을 의미합니다. '비아'에는 타국에 의한 노예화가 잠복해 있고 '비아'적 요소의 강화는 '아'의 입장에서 극복과 경계의 대상입니다. 이 '비아'는 '아'의 외부에도 있고 내부에도 있어서 '아'는 언제나 '비아'의 영향을 받을 수밖에 없기 때문에 '아'를 확립하기 위해서는 주체적 정신이 제대로 지켜져야 합니다. '아'의 고유한 정신이 보존되어 회복되고 확립되어야 예컨대 조선의 독립도 가능합니다. 이와 관련하여 신채호는 '국수國粹'라는 개념을 중시했는데, 이는 "자기나라에 전래된 종교, 풍속, 언어, 역사, 습관 상 정밀하고 아름다운 모든 것"을 가리킵니다. "'아'가 '아'를 존중하며 '아'가 '아'를 사랑하는 마음"(《국수》, 1910)은 국수가 있기 때문에 생깁니다. 신채호는 국수를 통해 주체의 고유한 자긍심과 정신을 강조합니다. 신채호의 국수는 국가의 운명이 사그라지던 시기 민족을 통합하는 구심점으로, 민족은 국수를 근본으로 발현된 것이라고 할 수 있습니다.

중국의 양계초도 독특한 민족개념을 정립하는데, 그에게 '민족'은 '인종', 특히 '황인종'의 연합체를 의미합니다. 그는 백인종 중심의 서구열강에 대항하기 위한 동아시아 민족들의 연대와 규합을 이러한 '민족' 개념으로 구상합니다. 양계초가 초국가적 연대의 기초로서 '민족' 개념을 내세웠다면, 신채호는 '하나의 민족으로 구성된 국가'에 관심을 기울입니다. 신채호는 〈보종보국론保種保國論〉 (1907)에서 "금일 시사를 담론하는 자들 두 파가 있으니 하나가 '인종보존(保種)'이고 또 하나는 '나라보존(保國)'이라"고 운을 뗀 뒤 "만일 보국은 생각하지 않고 인종만 보전하는 것이 옳다고 구하려다가는 그 나라가 보전되지 않음에 그 인종이 따라 망할 것이니, 두 설 중에 그 옳음에 가까운 것을 구한다면 나는 반드시 보종론을 버리고 보국론을 따를 것"이라고 입장을 확실히 합니다. 이는 그가 바라본 당시 세계정세 및 조선의 현실, 그리고 역사에 대한 이해 방식 등에 영향을 받은 것이지요. 아시아의 연대를 꿈꾼 양계초가 일국의 차원에 머문 신채호보다 더 훌륭해 보일 수도 있습니다. 하지만 당시 현실을 더 날카롭게 통찰한 것은 신채호였습니다.

　당시 신채호를 비롯한 조선의 민족주의자들은 양계초가 제창한 민족주의에 많은 영향을 받았습니다. 그래서 다수의 민족주의자들이 황인종 연합을 중요시하는 동양주의에 동조하기도 했습니다. 동양주의를 이용해 국가를 구하자는 심산이었지요. 그러나 신채호가 보기에 동양주의를 내세우는 사람들의 주장대로라면 조선이 멸망한 상태에서 중국이나 일본이 한반도를 점유해도 큰 문제가 되지 않습니다. 인종의 단합은 서양제국주의가 나눈 기준을 그대로 따르는 것일 뿐만 아니라 일본을 따르는 친일파 논리와도 일치했습니다.

　양계초도 중국과 비슷한 처치의 조선에 동정과 비애의 감정을 숨기지 않았지만, 그와 동시에 조선을 서양과 일본 제국주의 세력에 빼앗긴 중화제국의 안타까운 속국으로 보고 있었습니다. 신채호는 이 점을 간파하고 〈동양주의에 대한 비평〉(1909)에서 "국가는

신채호

175

주인이고 동양은 손님"이라고 표현하면서 오히려 다른 나라 사람이 동양주의를 이용하여 '나라의 혼'을 빼앗으려 하니 깊이 경계해야 한다고 부르짖습니다.

이렇듯 양계초가 꿈꾼 동아시아의 연대는 일본이 제시한 '대동아공영권'의 발상과 일면 유사합니다. 신채호가 양계초의 '민족'보다 조금 좁은 의미의 '민족' 개념을 설정하고 주변국가 간 경계를 설정하려 한 의도는 바로 이미 현실화된 동아시아 내 제국-식민지 침략논리를 분명하게 거부하기 위해서였습니다. 따라서 '서구열강 대 동아시아'라는 양계초의 세계정세 이해보다 신채호의 현실파악이 더 날카로웠다고 하겠지요.

그런데 여기서 한 가지 염려스러운 점은 신채호가 주장한 '국가-민족' 개념에서 '국가'라는 말이 자칫 '국가주의'와 혼동될 소지가 있다는 것입니다. 뒤에서 다시 언급하겠지만 신채호의 '국가-민족' 개념은 '국가주의'와 전혀 다릅니다. 국가주의가 대개 '무지몽매'한 존재로 치부되는 피동적이고 비주체적인 '국민'을 전제한다면, 신채호의 '국가-민족'은 한 사람, 한 사람이 '영웅'이자 역사의 주체인 '국민'을 전제로 합니다. 따라서 양자는 완전히 다른 것입니다.

민족에서 민중으로: '민중'이 '영웅'이다

신채호는 1910년 이후 역사학에 몰두하면서 조선의 고유사상에 관심을 갖습니다. '낭가郎家사상'이 바로 그것인데요, 1924년 《동아일보》에 게재한 〈조선역사상 일천년 래 제일대사건〉에서 신채호는 신라의 '화랑도花郞徒'를 '낭가'라고 부릅니다. '낭가'라는 표현은 유가나 불가처럼 하나의 사상적 틀을 갖추었다는 뜻입니다. 화랑도는 '풍류風流'라는 말로도 쓰이는데, 조선시대 문인사대부들의 고상한 유희문화를 가리키는 말이기도 합니다. 사실 풍류는 신라시대 대학자 최치원의 난랑비서문鸞郞碑序文에서 나온 말입니다. "나라에 (유불선儒佛仙 삼교를 포함하는) '현묘한 도'가 있으니 '풍류'라고 한다"고 했지요. 이 '풍류'는 '화랑도' 즉 '낭가사상'의 바탕이 되며 낭가사상은 '민족정신'의 고유한 역사적 표현입니다. 신채호는 국권회복과 신국가건설의 주체인 '민족'을 역사의 근원적 맥락에서 규명하고 《조선상고문화사》와 《조선상고사》를 통해 부여족인 발해부터 고구려와 신라까지 이를 중심으로 주체적 입장에서 조선사를 집필합니다.

신채호는 사회진화론의 우승열패 신화가 세계질서로 자리잡은 현실을 극복하기 위해 중국 중심의 사대주의 역사관 탈피를 급선무로 보았습니다. 당시 신채호는 강대국에 의지한 조선의 정체성을 비판하면서 민족 스스로 강해지는 길만이 정글 같은 세계에서 살아남는 유일한 방법이라고 봅니다. '국가-민족'의 관점에서 강력한 민족국가 건립을 추구하고 이를 위해 신채호는 대중에게 좀 더 친숙하고 수월한 방법으로 우리 민족의 주체성을 알리기 위해 노력합니다. 신채호는 역사공부 역량을 발휘하여 국난극복에 앞장선 역사의 영웅을 현실로 불러들일 문화적 장치를 만들어냅니다. 바로 소설을 쓰는 것이었습니다.

《꿈하늘》에서 신채호는 신라화랑의 근원이 단군시대까지 거슬러 올라가며 고구려, 백제에도 명칭만 바뀌었을 뿐 화랑정신이 그대로 이어진다고 말합니다. 이는 우리 역사에서 '상무정신'으로 활약한 인물들에게 그대로 전승되어 민족을 위해 활약한 영웅이자 민족정신의 화신으로 완성됩니다. 신채호가 저술한 전기傳記소설 속 영웅들, 을지문덕, 강감찬, 이순신, 최영 등은 그의 역사의식이 투영된 분신입니다. 바람 앞의 등불 같은 조선민족을 비장하게 바라보던 신채호의 시선처럼 이 영웅들은 망국멸족의 처참함을 벗어나게 해줄 민족의식의 아이콘과 같은 존재였습니다.

역사 속 영웅의 상무정신을 강조한 신채호는 식민지배와 타인의 겁박에 저항하지 못하는 당대 보수지식인들과 정치인들의 문약함을 비판합니다. 아울러 〈종교가의 영웅〉(1910)에서 신채호는 이슬람교의 종지에 '싸우다가 죽는 자라야 천국에 간다'는 구절이 있다고 주장하면서 국가와 민족의 위태로운 상황을 외면하는 종교신자들도 질책합니다. 이 두 비판의 논점은 약육강식의 세상에서 현실을 회피하지 말고 맞서 싸우자는 것입니다. 이처럼 신채호의 문학작품 속 영웅은 독립에 장애가 되는 사회전반의 모순덩어리를 일거에 제거하고, 핍박으로 무력해진 개인의 독립의지를 고취시키는 존재입니다.

신채호는 논설 〈영웅과 세계〉(1908)에서 "영웅이란 자는 세계를 지어내는 성신聖神이며 세계라는 것은 영웅이 활동하는 무대"라고 정의합니다. 자못 스케일이 크지요. 이때까지 신채호가 기대한 영웅의 이미지는 '지식이나 기개가 모든 사람을 뛰어넘는 초월적 능력의 소유자'였습니다. 1905년 을사늑약과 1907년 정미7조약이 체결되어 일본의 식민지 점령이 현실화되던 급박한 상황에서 초월적 영웅을 갈구한 신채호의 심정은 충분히 이해가 갑니다. 하지만 한편으로 영웅은 현실에서 쉽게 찾아볼 수 없는 인물이기에 안타까운 열망과 희구의 대상으로 표현될 수밖에 없었습니다.

신채호는 〈이십세기 신동국의 영웅〉(1909)에서 이상적 영웅출현의 바람을 넘어 좀 더 현실적인 영웅의 모습을 제시합니다. '국민적 영웅'의 출현을 고대한 것이지요. 이 국민적 영웅은 종교, 학술, 실업, 미술 등 사회전반에서 출현하는 다수의 소영웅들입니다. 그리고 〈이십세기 신국민〉(1910)에서는 영웅보다는 오히려 국민을 강조하며 "국민의 각오"를 말합니다. 그는 "국민동포가 단지 20세기 신국민의 이상과 기력을 불러일으켜 국민적 국가의 기초를 굳게 하여 실력을 기르며, 세계대세의 풍조에 잘 대응하여 문명을 넓히면 가히 동아시아 한쪽에 우뚝 서서 강국의 기초를 자랑할 것이며, 가히 세계무대에 뛰어올라 문명의 깃발을 휘날릴 것"이라고 주장합니다. 당시 공화주의 국민국가의 출현을 바랐던 신채호는 현실의 위기를 극복하고 새로운 세상을 이끌 주인공으로 새로운 '국민'을 지목합니다.

이쯤 오면 신채호가 초기 논설에서 그린 영웅의 이미지는, 특별한 존재이긴 했지만 그렇다고 메시아는 아니었음이 확실해집니다. 신채호가 생각한 '이십세기의 새로운 영웅'은 현실에서 새롭게 나타나야 하는 보통사람의 변화된 모습일 뿐입니다. 그리고 '나'-'영웅'-'국가'는 모두 '민족'이라는 하나의 주제로 연결되어 국가를 구성하는 중요한 요소가 됩니다.

〈이십세기 신국민〉을 쓸 당시 신채호는 '군왕'과 '국가'를 나누어보기 시작합니다. 신채호는 논설 〈나라의 가치〉(1910)에서 "백성이가치가 있기 때문에 그 나라의 가치가 있는 법"이라고 말합니다.

이전에도 이미 〈어떤 것이 충신이라 함을 의논함〉(1909)에서 당시를 "국민이 사람마다 나라 '국'이란 글자의 뜻을 강론하며 충성 '충' 자의 뜻을 〔재〕해석하여 '진정한 큰 충신'을 바라는 시대"라고 규정했습니다. 이는 충성의 대상이 봉건적 군왕이 아닌, 국민 자신이어야 한다는 것이며 전통적 사고와 근대적 사고가 결합되어 나온 주장입니다. 국권회복의 절박함을 앞에 두고 근대국가 관념의 중요성을 강조한 말이지요. 그러나 이런 생각이 전부 근대적 세계관과 가치판단의 영향에서 나온 것만은 아닙니다. 신채호는 전통에 대한 적극적 재해석과 새로운 적용을 통해 자신의 문제의식을 선명하게 드러내기도 합니다.《맹자》를 근거로, 군왕보다는 국가를 우선시해야 한다고 밝힌 것이 그것이지요. 신채호는 "백성이 가장 귀하고, 사직이 다음이고 군주는 가볍다〔民爲貴 社稷次之, 君爲輕〕"는《맹자》의 구문을 인용하여 '황제는 가장 가벼운 존재이며 황실은 사직과 같을 뿐, 백성이 곧 국가'라고 주장합니다. '국민이 곧 국가' 라는 것인데 이는 기존의 조선 정치현실에 대한 통렬한 비판이며, "군주는 손님이고 백성이 주인"이라고 주장한 중국 명말청초 진보유학자, 황종희의 '군객민주'를 뛰어넘는 발상입니다. 신채호는 고대유학의 문헌에서 찾아볼 수 있는 강력한 민본民本에 대한 규정을 바탕으로, 국민이 지배대상에서 국가의 주체로 자리매김할 수 있는 근거를 찾아 자신의 주장을 분명히 한 것입니다.

한편, 신채호는 중국의 양계초가 지은《이태리 건국 삼걸전》(1907)을 번역합니다. 18세기 이탈리아 민족국가 통일과정에서 활약한 세 영웅의 일생을 그린 이 책은, 한 국가를 구성하는 민중의 존재가 세 영웅을 만든 바탕이 되었으니 결국 다수의 민중·국민이 없다면 영웅도 존재할 수 없다는 메시지를 담고 있습니다. 이 글의 서문에서 신채호는 이렇게 말합니다.

내 마음과 뜻을 담아 붓을 들어 이태리 애국자 삼걸의 역사를 서술하니, 그 국난이 우리의 사정과 서로 비슷하고 그 나라의 수명도 지금에 이르러 멀지 않다. 그 어려움과 고통의 지내온 역사가 내 가슴에 공감되고 그 음성과 웃는 모습이 내 앞에 우뚝 솟아 나타나도다. 만약 이 책의 인연과 이 책의 소개로 대한大韓 중흥 삼걸전 혹 삼십걸, 삼백걸전을 다시 쓰게 되는 것이 나 '무애생(無涯生: 신채호의 필명)'의 피 끓는 염원이로다.

여기서 신채호는 소수의 영웅이 민중이나 국민과 같은 다수의 영웅으로 확장되길 바라는 염원을 담고 있습니다.

이런 맥락에서 신채호는 〈몸과 집과 나라 세 가지 정황의 변천〉(1909)에서 국가는 국민을 위해 '공적인 생산'을 일으켜야 하고 국민이 국가의 '공적인 권리'를 소유하는 것은 당연한 이치라고 지적합니다. 이어서 예부터 지금까지 어떠한 절세영웅이 나타나도 국민을 위한 산업과 권리를 독점하거나 침탈할 수 없다고 합니다. 이제 신채호에게 군왕에 충성하는 봉건적 지배체제는 무의미해집니다. 국민이 역사와 시대의 주인으로 철저하게 인식된 것이지요.

신채호가 소설을 통해 과거에서 현재로 소환한 국난극복의 영웅들은 '전제국가'가 '근대국가'로, '신하된 백성'이 '국민'으로 진화하기 위한 매개가 되었습니다. 초월적 카리스마를 지닌 시대의 영웅들은 그들을 따르던 수많은 무명의 소영웅들이 아니었다면 영웅의 이름을 얻을 수 없었기에, 신채호가 과거의 영웅을 현실로 불러온 것은 국민 개개인이 능력을 백분 발휘할 수 있는 잠재적 영웅임을 드러내고자 한 것입니다. 이는 신채호가 〈조선혁명선언〉에서 '민중'을 역사주체로 보는 입장의 바탕이 됩니다. 그리고 이후《조선상고사》에서 밝힌 것처럼 '각자 인간들 스스로에게 갖추어진 본성(自性)'을 발현시키는 자가 곧 영웅입니다.

신채호가 민중을 좀 더 주체적으로 보게 된 결정적 계기는 3·1운동입니다. 이미《대한매일신보》주필로 활동하던 1907~1909년 사이에 신문지상에서 '민족'이란 단어가 눈에 띄게 발견되지만 대한제국이 망하고 신채호가 중국으로 망명한 1910년부터 현저히 감소합니다. 이는 망국과 함께 사라진 '국민국가' 형성의 희망처럼 '민족'이 더 이상 '민족적 아'의 해방을 실현할 주체로 여겨질 수 없었음을 뜻합니다. 신채호는 3·1운동 이전까지 논설에서 간혹 '민중'을 사용했지만 큰 의미는 없었습니다. 그러다가 3·1운동 당시 민중의 자발적 봉기를 목격하면서 독립운동의 주체가 '민중'으로 변화되었다는 사실을 알아챘습니다. 민중의 저력을 실감한 것입니다. 또한 3·1운동 이후 지식인 계열의 혁명가가 아닌, 평민 출신의 독립군과 의열단의 활약상을 보면서 '폭력저항'을 통한 '민중의 직접혁명'이야말로 일제의 억압에서 벗어날 수 있는 유일한 길이라고 인식하게 됩니다. 이제 '영웅'의 정체가 '국민'에서 한걸음 더 나아가 '민중'이 됩니다. 신채호는 역사 속 상무적 영웅의 강인하고 능동적인 투쟁성이 민중에게 있음을, 그리고 민중이 국민보다 더 적극적으로 역사를 이끌어가는 주체임을 비로소 확인한 것입니다.

3·1운동 이후 민중의 자발적 저항에 힘을 얻은 신채호는 42세

가 되던 1921년부터 무장투쟁 계획을 본격적으로 실행합니다. 특히 1922년 의열단장 김원봉의 초청으로 상해로 이동해 집필한 〈조선혁명선언〉은 한국 아나키스트 운동에 지대한 영향을 끼친 사건 중 하나로 평가됩니다. 신채호의 민족해방운동론은 〈조선혁명선언〉에 집약되어 있다 해도 과언이 아닙니다. 일제강점기 한국인 아나키스트들의 민족해방운동론을 집대성한 이 글은 이후 한국인 아나키스트들의 교과서로 자리잡습니다. 여기서 신채호는 '폭력적 민중직접혁명론'을 주장합니다. 〈조선혁명선언〉에서 신채호는 특히 독립을 실현하기 위한 '민중의 각오'를 역설합니다. 이는 앞서 언급한 '국민의 각오'와는 많이 다릅니다. 민중은 신인神人이나 성인聖人 또는 영웅호걸의 각오로 만들어지는 것이 아니라, 먼저 깨달은 '민중'이 미처 깨닫지 못한 다른 '민중'들을 각오케 하고 '민중이 민중을 위해' 혁명을 일으킵니다. 선언문 말미에는 자유의지를 갖고 혁명을 주도하는 민중과 혁명을 통해 이루어질 아나키적 이상사회의 모습을 그리고 있습니다.

민중은 우리 혁명의 대본영大本營이다.
폭력은 우리 혁명의 유일 무기이다.
우리는 민중 속에 가서 민중과 손을 잡고
끊임없는 폭력·암살·파괴·폭동으로써,
강도 일본의 통치를 타도하고,
우리 생활에 불합리한 일체 제도를 개조하여,
인류로써 인류를 압박치 못하며, 사회로써 사회를 수탈하지 못하는
이상적 조선을 건설할지니라.

이 선언에서 신채호는 의열단활동의 정당성과 이론적 근거를 제시하면서 다섯 가지 파괴대상과 일곱 가지 암살대상을 열거합니다. '파괴해야 할 다섯 대상'은 조선총독부, 동양척식회사, 매일신보사, 각 경찰서, 기타 왜적의 중요기관이었고, '암살해야 할 일곱 대상'은 조선총독과 고관, 일본 군부수뇌, 대만총독, 매국노, 친일파 거두, 적 스파이, 반민족적 악덕지주였습니다. 〈조선혁명선언〉의 핵심은 불합리하고 비인간적인 일체의 권력과 제도를 '파괴'하여 이상세계를 '건설'하는 것입니다. 여기서 '파괴가 곧 건설'이라는 명제에 주목할 필요가 있습니다. 이 명제는 러시아 아나키스트 바쿠닌 Mikhail Bakunin(1814~1876)이 주창한 것으로 아나키스트들의 대표적 표어입니다.

신채호의 아나키즘: 민중(민족) 해방을 위해

신채호는 1924년 이규준을 중심으로 조직된 다물단(1925년 4월 북경에서 조직된 항일비밀운동 단체)의 선언문을 기초했고, 1927년에는 북경에서 열린 무정부주의동방연맹 창립대회에 한국인 아나키스트 대표로 참석합니다. 49세가 되던 1928년에는 천진에서 열린 '재중국 한국인 아나키스트 대회'에 참석하여 〈선언문〉을 발표하는데, 이 선언문에서 신채호는 원래 자유롭고 평등했던 민중사회를 힘 있는 지배자들이 교란시켜 역으로 민중을 제재하는 법률이나 형법을 만들었고 명분이나 윤리, 도덕을 통해 민중을 노예처럼 복종하게 만들었다고 주장했습니다. 신채호는 이런 문제가 혁명을 일으키는 원인이라 파악하고 모든 정치, 법률, 도덕, 윤리는 박멸대상이며 군대, 경찰, 황실, 정부, 은행, 회사 등이 파괴대상이 되었다고 지목합니다. 이 글에서 신채호는 매우 강력한 어조로 혁명을 옹호합니다. 〈조선혁명선언〉에서 '파괴를 통한 건설'을 부르짖은 것처럼 〈선언문〉에서 신채호는 민중의 직접혁명으로 조선독립을 이룰 것을 강조하고 인간사회의 근원적 모순구조를 지적합니다.

이제 신채호는 민중혁명사상의 마지막 궤적을 아나키즘anarchism을 통해 전개합니다. 아나키즘은 개인의 절대자유와 평등을 추구합니다. 이를 실현하기 위해 개인의 자유를 억압하는 국가권력과 사회제도를 깨부수고, 개인의 자유의지로 만들어진 공동체를 지향합니다. 이때 공동체는 어떠한 지배자나 권력체가 존재하지 않는 상태입니다. 당시 동아시아의 아나키즘은 러시아의 크로포트킨이 주장한 '상호부조론'에서 큰 영향을 받는데, 상호부조란 '만물은 서로 돕는다'는 의미입니다. '경쟁'을 부각시키는 사회진화론에 비해 '협력'과 '공존'을 강조함으로써 인간의 자유와 평등을 옹호하는 사상이라고 할 수 있겠지요.

신채호는 사회진화론을 극복하는 과정에서 '상호부조론'의 영향을 받은 아나키즘을 수용하고, 크로포트킨을 석가, 공자, 예수, 마르크스와 함께 5대 성인의 반열에 올립니다. 이처럼 한국의 아나키스트들이 크로포트킨에 심취한 이유는 독립운동가이자 아나키스트였던 유자명의 저술에도 나타납니다. 당시 서구 제국주의자들은 다윈의 생존경쟁설을 식민침략전쟁을 합리화하는 데 이용했지만 크로포트킨의 《상호부조론》은 침략을 반대하는 반제국주의의 근거가 됩니다. 사회진화론에서 보이는 인종차별주의와 불평등한 식민주의에 반대하는 뜻이 크게 작용한 것입니다.

그런데 신채호는 1928년 아나키즘을 전면적으로 받아들이기 전까지 자신이 아나키스트임을 온전히 인정하지 않았습니다. 〈크로포트킨의 죽음에 대한 감상〉(1921)에서도 이러한 태도는 잘 드러납니다. 그 이유는 아나키즘이 민족해방과 식민지 침탈 상황을 제대로 극복할 수 있을지 확신이 서지 않은 상황에서, 자칫 또 다른 사상적 사대주의를 낳지 않을까 경계했기 때문입니다. 이는 그의 글 〈낭객의 신년만필〉(1925) 중에서 "석가가 들어오면 조선의 석가가 되지 않고 석가의 조선이 되며, 공자가 들어오면 조선의 공자가 되지 않고 공자의 조선이 되며, 무슨 주의가 들어와도 조선의 주의가 되지 않고 주의의 조선이 되려 한다. …… 아! 이것이 조선의 특색이냐. 특색이라면 특색이나 노예의 특색이다"라고 한 대목에서 쉽게 알아챌 수 있습니다.

신채호가 사회진화론적 힘의 논리에서 벗어나게 된 것은 1917년 러시아 민중이 주도한 러시아혁명을 목격하면서부터입니다. 이후 3·1운동으로 민중의 저력을 발견하면서 민중해방을 위한 실천방략에 몰두하게 됩니다. 하지만 미국에 대한 위임통치론을 제기한 이승만이 상해임시정부 대통령으로 선출되자, 신채호는 이승만 탄핵을 제창하고 이후 세상을 떠날 때까지 반임시정부노선을 고수합니다. 1921년 신채호는 독립운동 진영에 군사적 통일기관 설립을 추진했지만 제대로 되지 않았습니다. 이에 신채호는 일반적 독립전쟁노선을 포기하고 테러에 의한 폭력투쟁노선을 민족해방운동의 주요 방법론으로 채택합니다. 결국 신채호가 폭력투쟁노선의 아나키즘을 수용한 데는 임시정부에 대한 실망감과 함께 정치적 상황도 일정 정도 작용했다고 할 수 있습니다.

신채호의 아나키즘은 앞서 언급한 〈조선혁명선언〉에서 본격적으로 드러납니다. 그리고 신채호가 대련경찰서에 체포되었던 당시 경관의 취조기록을 살펴보면, 경관이 신채호에게 "그대는 아나키스트인가?"라고 묻자 강경한 어조로 "나는 의심 없는 무정부주의자요"라고 대답한 것을 확인할 수 있습니다. 또한 황성신문사 근무시절 고토쿠 슈스이幸德秋水(1871~1911)의 《장광설》(1902)을 읽고 많은 영향을 받았다는 사실도 확인할 수 있습니다. 사회주의자이면서 제국주의 타도를 주장했던 고토쿠 슈스이는 1906년 이후 일본의 아나키즘을 이끈 인물입니다. 그는 노동조합운동인 '아나코 생디칼리즘anarcho syndicalisme'을 중심으로 아나키즘 운동을 전개합니다.

신채호는 1909년 《대한매일신보》에 게재한 〈제국주의와 민족주의〉라는 논설에서 고토쿠 슈스이의 표현대로 제국주의를 "영토와 국권을 확장하는 주의"로 규정·비판하였고, 중국신문 《진보震報》에 기고한 글에서는 "일본에 오직 고토쿠 슈스이 한 사람만이 있을 따름"이라고 말하기도 했습니다. 1929년 재판정 진술에서도 고토쿠 슈스이의 저서를 읽은 후부터 무정부주의로 기울었다고 발언하여, 아나키즘을 수용하는 데 고토쿠 슈스이의 영향력이 컸음을 인정합니다. 고토쿠 슈스이의 저서 《기독말살론》을 한문으로 번역·소개하기도 했지요.

그러나 1929년 2차 공판에서 신채호는 고토쿠 슈스이의 저서를 읽고 아나키스트가 되었다고 한 예심조서 내용을 수정하여, 자신은 "책에서 얻은 이론으로 아나키스트가 된 것이 아니고, 자신의 인간적 요구에 의한 것"이라고 진술을 번복합니다. 이는 법정진술의 한계 때문에 일어난 해프닝이기도 하지만 허리를 굽히지 않고 꼿꼿이 서서 세수했다고 전해지는 일화처럼 자의식과 자존심이 강한 신채호였기에 가능한 진술이라고 생각할 수도 있습니다. 다른 이의 생각을 수동적으로 받아들여 추종한다는 게 용납할 수 없는 일이었겠지요. 하지만 신채호의 사상이 어떻게 전개되었는지 생각해보면 후자의 진술은 이해가 갑니다. 이론에 치중하기보다 구체적 상황의 모순을 극복하는 시도를 끊임없이 하면서 자기 사상을 전개한 신채호였기에 1910년 이후 그가 논설에서 자주 표출한 인간의 자유의지에 대한 근본적 요구가 아나키즘을 받아들이는 데 크게 작용했다고 보는 것이 더 적절한 평가일 것입니다.

신채호는 1910년부터 이미 논설에서 무력투쟁론을 주장합니다. 논설 〈문화와 무력〉(1910)에서 "임진년 난에 팔도가 어육魚肉이 되고 병자년 난에 치욕이 더욱 심하였지만 깨닫지 못하였으며, 근세에 이르러서 이십세기 대국주의를 가지고 강토를 확장하여 나라를 높이고자 하는 무리들이 육대주에 횡횡하여도 깨닫지 못하고 선비들은 좀먹은 책자나 대하여 앉았을 뿐이요, 조정에서는 헛된 문구와 예절이나 의론하다가 오늘날 이 비참한 지경을 이루었다"고 하여 조선에서 문文이 성하고 무武가 멸시받는 잘못된 전통을 비판하며 "오늘날 뜻이 있는 군자가 불가불 국민의 무혼武魂을 다시 세우며 무기武氣를 양성"할 것을 역설합니다.

이런 견해가 형성된 이유 중 하나로, 기본 기능을 상실한 사회가 위기를 극복하기 위해서는 암살이 불가피하다고 역설한 고토쿠 슈스이의 《장광설》〈암살론〉의 영향을 들 수 있지만, 신채호의 아나키즘은 본질적으로 고토쿠 슈스이가 지향한 아나키즘과는 차이가 있습니다. 아나키즘이 처음부터 테러적 폭력투쟁을 지향한 것은 아닙니다. 신채호의 아나키즘이 폭력투쟁을 수반하게 된 몇 가지 이유를 살펴보면 다음과 같습니다.

첫째, 〈조선혁명선언〉의 집필을 요청한 의열단이 테러활동을 통한 민족해방투쟁을 지향했다는 점입니다. 당시 의열단은 상해에 폭탄제조공장을 두고 있을 정도로 테러활동에 주력한 단체입니다. 신채호도 여기에 깊은 인상을 받은 것이 사실이고요. 둘째, 유럽의 일부 아나키즘 문학가들은 1880년대 초반부터 아나키즘 성향의 문예지를 발표했는데 모든 권위에 대한 저항과 부정을 '테러', '폭탄', '파편'과 같은 어휘로 표현했습니다. 이로써 '테러'와 결합된 특수한 형태의 아나키즘이 탄생하는데, 당시 일본 식민지배를 받던 조선의 상황에서 신채호는 폭력투쟁을 수반한 아나키즘이 유일한 독립쟁취의 방법이라고 생각하게 된 것입니다.

한편 아나키즘 운동에 결정적 영향을 미친 크로포트킨은 1890년, 직접행동을 테러와 같은 파괴행위와 동일시하는 것에 반대하는 입장을 표명합니다. 그러나 당시 중국에서 활동하던 소수의 한국인 아나키스트들은 공산주의자들과 같은 대중적 기반이 없었기 때문에 신채호가 주창한 테러적 직접행동론을 민족해방운동의 방략으로 이어나갈 수밖에 없었습니다. 이를 바탕으로 한국적 아나키즘의 성격이 형성된 것입니다.

폭력적 민중직접혁명론을 지지하는 신채호의 입장은 단호합니다. 그의 소설 《용과 용의 대격전》(1928)은 민중의 주체성과 저항의지를 함몰시키는 예수를 참살하고 상제로 상징되는 전제권력의 절대자를 부정합니다. 특히 〈인도주의의 가애〉에서 "내가 인도인이 되었다면 석가를 결박하여 불 속에 던져버릴 것이며, 간디를 잡아서 바다에 수장할 것이다"라고 하며 무저항비폭력주의를 서슴없이 비판합니다. 동시에 국내에 번지던 실력양성론이나 계몽주의 독립운동 노선도 미온적이라고 비판합니다.

신채호가 주장한 민중직접혁명은 민중이 스스로를 위해 일으키는 혁명입니다. 실제로 당시 아나키스트들은 기존 독립운동 세력이나 엘리트 혁명가들의 모습과는 많이 달랐습니다. 이들은 엘리트가 주도하는 정치혁명을 부정하고 민중이 직접 사회혁명을 달성하는 것을 민중해방의 실천으로 보았습니다. 신채호는 민중을 억압하는 정치를 비판하고 이를 뒤엎을 힘이 '민중의 각오'에서 나온다고 보았습니다. '민중의 각오'는 혁명의 전위세력이 좌지우지하는 공산주의 혁명과도 다릅니다. 오직 민중의 자발적이고 능동적인 모습만이 민중해방의 처음이자 마지막 모습입니다.

아나키적 사회는 절대자의 전제지배와 권력이 존재하지 않는, 공동체의 구성원 모두가 평등하며 개인의 자발적 자유의지가 보장되는 사회를 말합니다. 그러면서 삶의 풍요로움을 유지할 수 있는 바탕이 존재하지요. 신채호는 1929년 10월 3일 무정부주의 동방연맹 사건 재판장에서 동방연맹의 정체를 묻는 재판관의 질문에, "무정부주의(아나키즘)로 기존에 성립된 국가형태를 변혁하여 다 같은 자유로서 잘살자는 것이오"라고 대답합니다. 수탈과 능욕을 일삼는 제국주의체제에서 해방된 사회가 바로 이런 모습입니다. 프롤레타리아 국제주의를 표방하는 공산주의자, 영·미 자유주의를 지향하는 민족주의자의 논지는 모두 아나키적 사회를 지향한 신채호의 방향성과는 달랐습니다.

이미 1910년대부터 신채호는 다수의 논설을 통해 봉건적 억압을 비판하고 그것을 뛰어넘는 자유의 이상을 제시합니다. 시기에 따라 변화는 있지만 '자유'와 '평등'이라는 이상은 늘 그에게 존재했고 조금씩 발전하였습니다. 〈조선혁명선언〉에서 신채호는 이족 통치, 특권계급, 경제적 약탈제도, 사회적 불평등, 노예적 문화사상을 파괴대상으로 지목하지만, 아나키즘을 전면적으로 수용한 이후 타도하고 극복해야 할 궁극의 대상인 지배권력은 '국가'이며 이제 강도 일본이 되었습니다.

영원한 자유를 위하여

신채호의 민중직접혁명론은 '민중이 스스로를 해방'시킨다는 민중 중심의 혁명론입니다. 그러나 신채호가 말한 '민중'은 결코 '조선민족'의 테두리를 떠나지 않습니다. 1920년대 이후 신채호의 항일운동은 '민족'을 억압하는 일본 제국주의에 대한 저항과 함께 '민중'의 자유를 방해하는 '국가'이자 '정부'인 일본에 대한 저항이었습니다. 그 때문에 신채호에게 '민족' 운동과 '민중' 운동은 같은 노정을 경유할 수밖에 없는 운명과 같은 것이었습니다.

이런 특징은 아나키스트 이홍근이 〈해방운동과 민족운동〉(1929)에서 "식민지에서의 노동자·농민운동은 사회해방이면서 민족해방의 임무를 겸한다"고 말한 것으로 잘 설명됩니다. 신채호 역시 '민족'과 '민중'은 해방된 나라와 궁극적 인간의 자유와 평등을 염원하는 운동주체로 함께 오롯이 서야 한다고 생각합니다. 신채호에게 보이는 인간의 자유에 대한 욕망과 의지가 일제강점기에 민족적 상실을 탈환하려는 시도와 같은 궤적을 그리고 있기에, 신채호가 지향한 '자유'와 '아나키즘'은 분명 독립의 실현이라는 연속성의 지평에 서있습니다.

이렇게 신채호는 아나키즘을 통해 자유를 지향하는 자기 사상의 마지막 돌파구를 찾았습니다. 사상적 실천의 중심이 되는 '민중'은 3·1운동 이후 일제에 대항한 항일투쟁의 주역이었고 역사와 사회를 이끌어가면서 동시에 변혁을 추구한 실천적 주체였습니다. 신채호는 이런 주체의 기원을 한반도 공동체를 기반으로 '민족'의 시원에서 찾았고, 단군을 중심으로 우리 민족의 상고사를 새롭게 구성하는 데서부터 시작합니다.

신채호는 〈허다한 옛사람의 죄악을 심판함〉(1908)이라는 논설에서 자신이 꿈에 하늘나라에 올라보니 일곱 층이나 되는 높은 자리에 단군이 앉아 있었고 그 주위에 우리 역사의 영웅들이 자리하고 있었다는 몽환적 에피소드를 이야기합니다. 이 얘기는 단순히 신채호의 개인적 감상에 불과한 것이 아니라 신채호의 역사의식 전반에 작용하는 상고사의 관점을 보여줍니다. 신채호가 자신의 역사저술에서 단군과 부여족을 강조한 일차 목표는 중국 중심의 사대주의 역사관을 극복하고 우리 민족의 주체의식을 확립하기 위해서였습니다. 그리고 우리의 주체성을 서구의 제국주의 침탈로부터 보존하려는 의지를 그 안에 담고 있습니다.

신채호는 이렇게 정립한 '민족' 개념을 배타적 민족주의 안에 가두지 않고 오히려 '민족운동'에서 '민중운동'으로, 다시 '아나키즘'으로 연결시키는 고리 역할을 하게 합니다. 이런 양상을 보면, 신채호가 구상하고 전개한 사상이 다소 즉흥적인 독립의 열망에서 배출된 단편적 이해의 소산이 아님을 알 수 있습니다. 뚜렷한 목적의식을 갖고 진취적이고 적극적으로 전개한 것입니다.

그러나 한편, 신채호 사상의 변화와 전개 과정에서 논리적으로 일관되지 않거나 이론적으로 치밀하지 못한 부분이 발견되기도 합니다. 이것은 서양학문의 기준에서 봤을 때 드러나는 한계이지만, 다른 한편으로 신채호의 철학적 사유와 발상이 전통적인 학문방법이나 제도권 학제에 얽매이지 않고 급변하는 현실정세에 빠르게 반응했던 결과이기도 합니다. 특히 1905년 을사늑약 이후 1910년 경술국치 사이에 신채호가 집필한 논설의 관점은 매우 빠른 속도로 변화합니다. 하지만 이것이 신채호의 사상전개에 단점으로 작용한다고 볼 수는 없습니다. 보수적 관점을 지닌 당대 지식인들처럼 기존 전통을 고수하여 지킨다는 명목으로 현실에 안주하거나 현실 문제를 회피하는 자세를 버리고, 새로운 사조를 몸소 체험하여 창조적 사유의 지평을 열기 위한 행보에서 나온 부득이한 일면이었기 때문입니다. 또한 자기 학문의 이론전개와 정합성을 추구하기보다 비판의식을 갖고 현실에 참여하는 실천을 중시했기 때문에 사회전반의 새로운 사조를 긍정적이고 비판적으로 받아들이는 데 거부감이 없었고 이를 통해 사상적 전회轉回를 거듭한 것입니다.

신채호는 앞서 확립한 민족적 주체성에 대한 이해를 바탕으로 당시 서구에서 발생한 이론을 주체적으로 수용합니다. 민족개념을 비롯하여 사회진화론을 피지배자의 입장에서 장점으로 전환시킨 자강론이나, 신채호 사상의 중요 개념인 '아와 비아의 투쟁'은 이러한 시대의 모순과 압박을 정면으로 대응해 도출된 결과입니다. 아나키즘 역시 일본에서 유입된 서구이론이었으나 식민지 조선의 실정에서 민족독립과 자유를 실현할 수 있는 기제로 적극 수용한 것이지요. 이후 그에게 아나키즘은 의열단의 폭력적 투쟁방법과 결합하여 억압받는 현실을 즉각 극복할 수 있는 가장 실천적인 방법이 됩니다.

최종적으로 아나키즘을 받아들인 신채호 철학의 정수는 사유의 한계를 설정하지 않는다는 점입니다. 신채호가 아나키즘을 받아들인 일차 목적은 조국독립과 민족해방이었지만 여기에 머물지 않고 '민중'이 '사회의 주체'이며 '절대자유를 추구하는 대상'이라는 근본적 사유로 발전시킵니다. '아'의 사상체계에서 볼 때 '민족적 아'의 해방과 함께 '개인적 아'의 해방까지 확장한 것이지요. 개인의 집합인 민중이 민족의 둘레보다 더 큰 테두리를 지니게 된 것입니다. 그렇기 때문에 신채호는 개인을 제한하는 국가를 극복하기를 원했고 자유로운 민중이 '파괴와 건설'이라는 기치를 통해 억압을 극복하고 자유와 평등으로 나가기를 원했습니다. 이런 입장의 신채호는 안창호 같은 실력양성론자나 준비론자, 그리고 이승만 같은 외교독립론자들의 온건한 노선과는 타협할 수 없었습니다. 무장투쟁을 기반으로 즉각독립, 절대독립을 추구한 신채호는 지속적인 자기부정의 지적 모험을 통해 창조의 사유를 합니다.

신채호가 보여준 사상적 자기투쟁은 전통 위에서 새로운 것을 받아들이는 데 주저함이 없었기에 가능했습니다. 박은식이 전통사상을 재해석하여 지키려 했다면, 신채호는 전통사상을 재해석하여 남길 것과 버릴 것을 정확히 나누고 새로운 사조와 접합하려 했습니다. 이런 태도가 신채호의 사상적 변이를 가속화시킨 원인입니다. 새롭게 받아들인 사유체계의 한계를 목도하면 유감없이 자기의 사유체계를 재설정하는 신채호의 모습을 단순히 사상적 변절이나 전향이라는 말로 설명할 수는 없습니다. '사회진화론적 자강론'에서 '국가-민족'으로, '민족적 영웅론'에서 '민중'으로, 그리고 다시 '민중직접혁명론'과 '아나키즘'으로 변모된 양상을 들여다보면 그 사유와 사상의 연속성이 한결 같은 주체성을 띠고 있음을 확인할 수 있습니다. 신채호가 생각한 주체성은 외부의 힘이나 영향력에 의존하는 조직이나 단체에 있지 않습니다. 반임정활동을 전개한 이유와 전위적 혁명세력을 부정한 모습에서 신채호가 한국의 독립과 세계를 변혁할 주체를 어떻게 그리는지 잘 알 수 있습니다.

지금 우리는 신채호를 평가할 때 단지 조국독립을 위해 투쟁한 독립투사나 민족주의자라고 한계지어 얘기합니다. 이것은 현대한국의 지성계가 해방 이후 자유주의와 공산주의라는 이데올로기 대립에 직면하면서 아나키스트, 또는 민중적 민족주의자로 대표되는 신채호의 정체성을 외면한 결과입니다. 그렇기에 그가 주장한 주체적이고 실천적인 민중의 의미는 이승만, 박정희, 전두환 등 독재정권을 거치면서 권력집단의 이익을 우선시하는 '국가주의'에 매몰될 수밖에 없었습니다. 국가주의는 과거 신채호가 언급한 근대적 국가개념의 '신국민'보다 퇴보한 모습입니다. 이런 상황에서 신채호의 철학과 사상은 정당한 평가를 받을 수 없습니다.

신채호는 기존의 우리 것이 타자에게 침탈당하고 파괴되는 것을 똑똑히 목격했습니다. 그리고 무너지는 기둥을 고집스럽게 붙잡고 있다가 압사당하기보다는 무너진 원인과 무너뜨린 힘들의 각축을 파악하고 밖의 것을 자기 내부로 가져와 몸소 체험했습니다. 어찌 보면 다소 위험한 시도일 수도 있지만 신채호는 결국 사상의 굴절과 변용 속에서 시대정신을 놓지 않고 자기 철학의 중심을 마련했습니다. 기존 전통에 매몰되지 않았고, 새로 형성된 전통 안에 고립되지 않았기에 가능했습니다. 신채호의 사상은 곡절을 겪으면서 인간의 자유와 평등이 실현되는 이상사회의 모색으로 귀결됩니다. 신채호는 사회를 구성하는 각각의 주체들이 자기성찰과 '자기각오'를 통해 궁극의 자유를 창조하는 사유의 발판을 마련했습니다. 이것은 근대 이후 한국철학사에서 우리 철학의 가능성을 보여준 중요한 시도라고 평가할 수 있습니다.

7장

신남철의 휴머니즘
사회주의적 이상을 꿈꾸다

—

유현상

신남철
申南徹(1907~1958)

신남철은 1907년 서울에서 태어나 경성제국대학 예과 법문학부에 입학하고, 〈브렌타노의 표현적 대상과 의심의 관계에 대하여〉라는 제목의 졸업논문을 쓰고 1931년 졸업한다. 신남철의 철학은 궁극적으로 휴머니즘의 실현에 초점을 두고 있다. 이를 위해서 신남철은 마르크스·엥겔스의 변증법적 유물론 철학을 적극적으로 수용하였으며, 역사의 참된 주역은 민중이라고 생각하는 사회주의자였다. 신남철은 해방정국에서 의회대표제를 수단으로 하되 부르주아 민주주의를 지양하는 민중적 민주주의를 추구하는 백남운과 함께 활동한다. 일제잔재가 남아 있는 데 더해 남북이 미소 양국의 서로 다른 정치체제 아래에 놓이게 된 해방정국의 조선은 프롤레타리아 혁명 단계에 있지 않다고 생각했기 때문이다. 민중적 민주주의를 신남철은 진보적 민주주의라고 생각했다. 신남철의 이러한 노선은 중국식 사회주의를 제창한 모택동에게서 영향을 받은 것이다. 신남철은 당시의 문화적 의식수준도 매우 낙후된 것으로 보아 인문적이고 인도주의적인 가치를 고취시키기 위해서 '신문화운동'이 필요하다고 주장했다. 1948년 4월 월북한 신남철은 김일성종합대학에서 서양철학사를 주로 강의한 것으로 알려져 있다. 1954년에는 최고인민회의 제1기 대의원을 지내고, 1957년에는 다시 제2기 대의원에 뽑혀 법제위원으로 활동했으나 1958년 사망했다고 알려져 있다.

식민의 땅에서 자라 분단의 땅에서 잠들다

현대한국에서 강단철학에 몸담았던 1세대 서양철학 연구자로서 신남철申南徹(1907~1958)은 대중에게는 물론 철학전공자에게도 그다지 알려지지 않은 인물입니다. 그런 만큼 신남철에 대한 연구도 비교적 최근에야 이루어지고 있습니다. 더구나 그가 사망했을 당시 조국은 대한민국이 아닌 조선인민민주주의공화국이었기 때문에 신남철에 대해 언급하거나 연구하는 일은 쉽지 않았습니다. 이는 좌파 문인들에 대한 연구가 1980년대 이후 본격화되었다는 사실과도 맥락을 같이 합니다. 다행스럽게도 최근에는 신남철의 모든 글이 새로 출간되었고 철학뿐만 아니라 문학연구자들에게도 신남철이 연구와 관심의 대상이 되고 있습니다.

신남철은 1907년 서울에서 태어나 중앙고등보통학교를 졸업하고 1926년에 경성제국대학 예과 법문학부에 입학합니다. 경성제국대학은 1924년에 조선총독부가 설립한 대학입니다. 설립 당시에는 고등학교에 준하는 과정으로 예과가 개교했고, 본과는 1926년 5월에 개교했습니다. 경성제국대학은 조선인에게 근대교육을 시키기 위해서가 아니라 조선인이 주도한 민족대학 설립운동을 차단하고 식민지 관료를 양성할 목적으로 설립되었습니다. 이러한 경성제국대학의 성격은 해방 이후 미군정이 경성제국대학을 국립 서울대학교로 전환하려 할 때 갈등의 원인이 되기도 합니다. 그러나 경성제국대학을 졸업한 모든 지식인이 일제의 주구 노릇을 한 것은 아닙니다.

당시 경성제국대학의 조선인 학생정원은 전체의 3분의 1정도로 알려져 있습니다. 법문학부의 조선인 학생들은 문우회라는 조직을 만들고 《문우》라는 잡지를 발간했는데, 신남철도 여기에 여러 편의 글과 시를 게재했습니다. 1927년의 4호에는 〈된장〉이라는 단편소설을 발표하고, 같은 해 11월 5호에는 〈현실의 노래〉 〈첫 봄의 새벽〉 〈님 생각〉 등 세 편의 시를 발표합니다. 1928년에는 《청년》이라는 잡지에 〈새쌈의 선언〉 〈비〉 등의 시를 발표하기도 했습니다. 이 시기 신남철의 시에는 식민지청년의 울분이나 분노보다는 현실과는 다른 미래를 희망하는 표현들로 가득합니다. 신남철은 졸업하기도 전인 1930년 10월 11일부터 25일까지 이미 《조선일보》에 총11회에 걸쳐 〈철학의 일반화와 속류화―한치진씨의 하기 강좌를 읽고〉라는 학술적 성격의 글을 기고하기도 합니다. 1930년 7월 29일부터 8월 2일까지 총5회에 걸쳐 게재된 한치진의 기고 〈철학상으로 본 생존의 의미〉에 대한 독후감 격이었습니다. 여기서 신남철은 한치진의 글이 제목과 달리 철학을 속류화하면서 결국에는 기독교를 구원의 안식처로 내세우고 있다고 통렬하게 비판합니다.

　이후 신남철은 〈브렌타노의 표현적 대상과 의심의 관계에 대하여〉라는 제목의 졸업논문을 쓰고 1931년 철학과를 3회로 졸업합니다. 졸업 후 대학원에 진학한 그는 동시에 조수助手로 근무하게 됩니다. 대학원에 재학하면서 '조선사정연구회'의 일원으로 활동하면서 미야케 교수 밑에서 마르크시즘을 연구하고 토론하는 모임에 참석합니다. 미야케 교수는 1934년 서대문 지하감옥을 탈옥한 독립운동가 이재유를 관사에 숨겨준 인물인데요, 이 일이 발각되어 3년의 옥살이를 하고 교수직에서 쫓겨나고 말았습니다. 비록 일본인이었지만 미야케 교수는 당시 많은 경성제국대학 조선인 학생들에게 영향을 끼쳤고, 그의 제자들은 사회주의 계열의 독립운동에 헌신한 것으로 알려져 있습니다.

이 당시 신남철의 역사의식은 이미 마르크스주의적 관점에 서 있었던 것으로 보입니다. 1932년 5월《동광》에 기고한〈문제 중에 있는 천도교의 해부와 전망—그 출현과 생장〉을 보면 19세기 유럽을 비롯한 전세계에서 벌어진 혁명을 매우 고무적으로 서술하고 있습니다. 이 시기 사건들에서 그가 주목한 것은 부르주아 혁명이 아닌 노동자 계급투쟁이었습니다. 개별 혁명들이 실패했음에도 그는 국제적 계급조직으로 제1인터내셔널이 결성된 것을 중요한 성과로 평가했습니다.

신남철은《신계단》1호(1932)에〈이데올로기와 사회 파시즘〉이라는 글을 게재하고, 같은 해 3호에〈조선어 철자법 문제의 위기에 대하여〉를 발표합니다. 이러한 일련의 활동은 그가 비단 철학만이 아니라 문예, 어문, 시사 등 많은 분야에 전방위적 관심이 있었음을 반증합니다. 철학연구 활동으로는《신흥》에〈헤겔 백년제와 헤겔 부흥〉〈신헤겔주의와 그 비판〉등을 발표하고 철학연구회 발족에 주도적으로 참여했으며,《철학》(1933)에〈헤라클레이토스 단편어〉를 번역하여 게재하기도 합니다.〈헤겔 백년제와 헤겔 부흥〉〈신헤겔주의와 그 비판〉등은 해방 이후 단행본으로 출판한《역사철학》에 함께 묶였고,〈헤라클레이토스 단편어〉번역은 부록으로 실렸습니다. 1933년에는 보성전문연구부 주최 강연에서 '최근 철학의 위기'라는 강연을 하기도 했습니다. 이 외에도 활발한 학술활동을 벌인 신남철은 1933년에 동아일보에 입사해 기자생활을 시작합니다. 동아일보 재직 당시에도 비단 철학 관련 글뿐만 아니라 문예

비평이나 시평 등 다양한 글을 발표합니다. 1936년에 신남철은 동아일보를 그만두고 모교인 중앙고보로 자리를 옮깁니다.

신남철은 1937년 《신흥》에 〈역사철학의 기초론―인식과 신체〉를 발표한 이후로 별 다른 학문적 연구결과를 내놓지 못합니다. 그러다가 일제 말기 방응모가 펴낸 《세계명인전》(1940년)에 독일 역사학자 랑케를 소개하는 집필을 담당합니다. 또한 프랑스 철학자 앙리 베르그송의 사망소식을 듣고 1941년 3월 《조광》에 〈베르그송의 死와 사상의 운명〉을 발표합니다. 같은 해 6월에는 《춘추》에 〈왜 '지나'에는 과학이 없나―지나철학의 역사와 결과에 대한 일해석〉을 발표해 당대 중국 철학자 풍우란의 글과 생각을 소개하기도 합니다.

김재현에 따르면 신남철은 민족해방을 전망하지 못한 채 암울하고 비관적으로 지내다가 갑자기 해방을 맞이했다고 합니다. 이는 그가 20대 초반에 시에서 보여준 미래에 대한 희망과 대비되는 변화입니다. 상당히 아쉬운 점 중 하나는 그가 1942년 7월 1일부터 4일까지 4회에 걸쳐 《매일신보》에 기고한 〈자유주의의 종언〉을 통해 일제의 대동아공영권을 적극 지지했다는 점입니다. 이 지점은 신남철에 대한 평가에서 결코 빼놓을 수 없습니다. 이 기고문에 담긴 세세한 내용은 뒤에서 다시 다루겠습니다.

신남철의 활동은 해방 이후 다시 활발해지는데, 여운형 노선에 근접하는 백남운과 함께 활동했습니다. 백남운이 바라던 정치체제는 의회대표제를 수단으로 부르주아 민주주의를 지양하는 민중적 민주주의였습니다. 이는 당시 우리나라 상황을 프롤레타리아 민주주의와는 다른, 양심적 지주 및 부르주아와 연합한 민주주의가 필요한 상황이라고 진단했기 때문입니다. 이에 대한 상세한 논의도 잠시 미뤄두겠습니다.

신남철은 조선학술원 서기국 위원으로 활동하면서, 해방 이후 조국에 닥친 시대적 과제를 해결하기 위한 철학적·학문적 기초를 마련하고자 힘썼습니다. 학문연구는 정치나 경제처럼 직접적으로 우리 생활에서 눈에 보이는 성과를 실현해내지는 않지만 문화발전을 위한 가장 근원적 사업이라고 보았기 때문입니다. 물론 신남철의 활동이 학문영역에만 그친 것은 아니었습니다. 신남철은 학문과 정치는 언뜻 분리된 듯하지만 궁극에는 상관결연相關結聯되어 학자의 삶이 결코 현실을 외면하는 것일 수 없다고 보고 현실문제에 깊숙이 개입하게 됩니다.

해방 후 조선총독부가 설립한 경성제국대학은 경성대학이 되고, 다시 서울대학교로 변화합니다. 신남철은 서울대학교의 사범대 교수로 재직하는 동시에 조선학술원 대표, 조선민주주의민족전선 중앙위원, 교육문화대책위원, 지방선거대책위원 등으로 활동합니다. 또한 조선문화단체총연맹의 학술원 대표로도 활동합니다. 특히 미군정청이 경성대학을 국립 서울대학교로 바꾸려 할 때 많은 학생, 교수들과 더불어 반대운동을 펼치는데, 그 이유는 '서울국립종합대학안(국대안)'의 목적을 경성제국대학처럼 식민지 관료양산에 둔 것으로 보았기 때문입니다. 당시 조선학술원의 대표학자였던 신남철은 공개적으로 미군정에 국대안 철회를 요청하기도 했습니다. 하지만 해방 이후 정국이 미군정의 손에 좌지우지되고 분단 상황으로 치닫는 가운데 신남철은 1948년 4월 남북회담지지 108인 성명에 서명한 후 월북을 선택하게 됩니다.

월북 이후 김일성종합대학 철학과에 재직하면서 주로 서양철학사를 강의한 것으로 알려져 있을 뿐, 6·25전쟁까지 신남철의 행적은 그다지 드러나 있지 않습니다. 1954년 최고인민회의 제1기 대의원을 지내고, 1957년에는 다시 2기 대의원에 선출돼 법제위원으로 활동한 것으로 전해집니다. 1955년에는 조선노동당위원회 기관지인《근로자》11월호에 〈남조선에 대한 미제의 반동적 사상의 침식〉이라는 글을 발표하고, 1957년 같은 잡지 2월호에는 〈실용주의 철학은 미제침략의 사상적 도구〉라는 글을, 3월호에는 〈연암 박지원의 철학사상〉을 게재하기도 합니다. 1957년에 개최된 〈조선의 사회주의적 토대와 상부구조의 발생과 발전의 특수성〉에 관한 전국철학자 토론회에서 신남철은 1997년 남한으로 귀순한 황장엽의 보고에 대한 토론자로 나서기도 했고, 연구논문 발표회에서는 〈이율곡의 철학사상〉을 발표하기도 합니다.

신남철은 1958년 3월 제1차 당대회에서 자유주의자로 낙인찍힌 후 심적 고통에 시달리다 사망한 것으로 알려져 있습니다. 월북 이후 신남철에 대한 정보는 제한적일 수밖에 없기에 북한에서의 삶과 학술적 성과에 대한 평가는 신중할 수밖에 없습니다. 다만 그가 자발적으로 택한 월북행이 과연 신남철 자신에게나 한국 현대철학사에 바람직한 것이었는지는 논의가 더 필요할 듯합니다.

휴머니즘: 서양철학 수용의 철학적 토대

경성제국대학 시절부터 신남철은 철학뿐만 아니라 문학과 역사 등

인문학 전반에 폭넓은 관심을 보였습니다. 우리가 인문학 전반에 폭넓은 관심을 보인 신남철에 주목하는 이유는 그가 다재다능한 사람이었다는 상투적 칭찬을 하기 위해서가 아닙니다. 철학, 문학, 문화, 역사 등에 대한 신남철의 관심이 다방면에 걸친 지식인의 단순한 지적 호기심에서 비롯된 것이 아니라 하나의 일맥상통하는 가치 위에서 펼쳐진 것이라는 점이 흥미롭기 때문입니다.

식민지를 겪어보지 않은 사람이 그 시절의 고통을 다 헤아릴 수는 없겠지만, 그 시절을 배경으로 한 수많은 기록과 문학작품을 통해 암울했던 시대상을 짐작 정도는 할 수 있겠지요. 신남철은 〈된장〉이라는 단편소설에서 뜨거운 여름 경성에서의 팍팍한 삶을 안타까운 시선으로 그려냅니다. 소설의 주인공 순호는 친구와 함께 만주로 가는 여비를 마련하고자 경성에 두 달간만 머무르기로 하였으나 형편이 좋지 않아 2년여를 지내게 됩니다. 그러다 친구가 병을 얻어 죽게 됩니다. 친구의 죽음 이후 순호는 경성의 시장에서 강렬한 경험을 합니다. 시장에서 굶주림에 지쳐 쓰러진 노인을 위해 순호는 자신의 고무신을 팔려고 합니다. 이때 역시 굶주린 어린 아이가 순호에게 그 신은 그대로 신고 자신이 갖고 있는 된장이라도 노인에게 주라고 내어놓습니다. 〈된장〉의 마지막 장면에서 주인공 순호는 하얼빈 역에 도착하면서 희망찬 미래를 꿈꿉니다. 신남철은 주인공의 심정을 〈놓인 새〉라는 시로 표현합니다.

경성은 식민지의 무게를 고스란히 간직한 삶의 공간이지만 만주는 희망을 품을 수 있는 공간으로 대비됩니다. '놓인 새'는 해방과 자유를 상징하는 것으로 보입니다. 만주로 갈 여비를 마련하지 못해 두 달만 머물기로 했던 경성에서 2년여를 보낸 순호는 시장에서의 사건을 통해 용기를 얻었습니다. 결국 신남철은 아무것도 가진 것 없는 민중에게서 삶의 희망을 찾고 있었던 것입니다.

신남철은 뜨거운 여름, 어둠, 겨울 등의 시어와 이미지를 통해서 고단한 식민지 현실을 묘사하지만, 경성제국대학 시절 그의 문학은 절망적이지 않습니다. 끼니를 굶었지만 고무신을 팔아서라도 도우려는 청년과 그 청년에게 차라리 자신의 된장이라도 주라는 굶은 아이를 통해 신남철은 인간에 대한 신뢰와 희망을 말하고 싶었던 것으로 보입니다. 역시 《문우》라는 잡지에 실린 시 〈첫 봄의 새벽〉을 통해서는 기나긴 겨울이 지난 후 밤이 지난 첫 봄의 새벽풍경을 통해 희망을 노래합니다. 시의 후반부를 감상해볼까요.

신선한 공기에 결을 세우는
힘껏 토하는 삶의 외침은
각각으로 무겁워가고
곱게 사렷든 어둠이 실마리는
소리없이 거치어 간다.
이리하야 새벽은 고요히 새고
식전 아침 한나절……저녁
다시 래일 새벽이 된다.

이뿐만 아니라 〈새쌈의 선언〉이라는 시를 통해서는 뜻을 같이 하는 청년들에게 새로운 세상을 만드는 길에 동참하자고 권고합니다. 인간에 대한 희망을 노래하는 신남철의 소설이나 시에 나타난 정신은 그의 철학 저변에 깔린 휴머니즘에 대한 관심이 청년기 시절부터 시작된 것임을 알 수 있게 합니다.

이후 신남철은 청년기 시절처럼 문학적인 글을 발표하지 않습니다. 하지만 평론 성격의 글과 문예이론 등을 게시하면서 문학과 문화에 대한 지속적인 관심을 보입니다. 1931년 잡지 《동광》에 기고한 〈혁명시인 하이네―이성과 낭만의 이원고二元苦와 철학〉이라는 글을 보면 혁명을 향한 열정적 예찬을 남긴 하이네Heinrich Heine (1797~1856)에 대한 신남철의 열정적 예찬을 확인할 수 있습니다.

　　예술에 있어서 그것의 선구적 혁명적 이념을 파악하지 못하는 한, 위대
　　한 예술은 생탄(탄생)하지 않는다. 하이네에게 있어서의 이 중대한 요소
　　를 거세하여 버린다면 우리는 하이네를 논할 여지가 없을 것이다.

신남철이 하이네를 예찬한 이유는 그가 인간사회의 모든 억압을 부정하고 자유와 해방을 노래했기 때문입니다. 자유와 해방에 대한 신남철의 신념 근저에는 휴머니즘이 있습니다. 휴머니즘에 대한 신남철의 확신은 역사에 대한 생각에서 더 분명하게 나타납니다.

신남철은 1937년 발표한 〈르네쌍스와 휴머니즘〉에서 휴머니즘에 대한 입장을 분명히 보여줍니다. 그가 생각하는 진정한 의미의 휴머니즘은 고전지식에 대한 존중의 의미를 담고 있습니다. 이러한 의미에서의 휴머니즘은 희랍철학과 문학을 바탕으로 새로운 활동의 연원을 얻고자 하는 경향이 있습니다. 신남철이 고전에 대한 존중을 중시한 이유는 그것이 현실세계를 변혁하고 진보하게 하는 주요한 동력이 된다고 보았기 때문입니다. 즉 역사발전의 희망을 휴머니즘이 실현되는 과정으로 본 것이지요.

휴머니즘의 가치가 부각된 역사적 사건으로 신남철이 가장 주목한 것이 바로 르네상스입니다. 그가 보기에 르네상스는 낡은 체제를 극복하고 사회와 역사를 더 나은 미래로 혁신하고 증대시킨 사건입니다. 혁명적 사고와 실천을 생生의 표현으로 보는 신남철은 르네상스를 중세까지 억압된 인간적 가치와 삶의 본능이 표출된 사건으로 본 것입니다. 그는 프랑스어로 르네상스가 '부흥'을 의미하는 Re와 '탄생' 혹은 '생산'을 의미하는 naissance의 결합어임을 설명하면서 다음과 같이 평가합니다.

> 엥겔스가 말한 바와 같이 세계가 지금까지 경험한 가운데서 가장 위대한 혁명의 시기, 거인의 출현을 갈망하고 거인을 출생시킨 시대를 르네상스라고 부른 것은 프랑스인의 가장 정당한 견해이었던 것이다.

엥겔스Friedrich Engels(1820~1895)는 잘 알려진 대로 마르크스와 함께 사회주의를 체계화한 철학자입니다. 역사에 대한 엥겔스적 관점을 따르고 있다는 점은 신남철이 사회주의 사상을 세계관으로 받아들였음을 알려주는 단서입니다. 신남철은 15~16세기 이탈리아에서 고전부흥이 일어난 사회적 원인으로 지리상의 발견, 기계의 발명, 자본의 발생 등을 듭니다. 이는 사회적 원인이자 르네상스의 경제적 토대라고도 할 수 있겠지요. 또한 직접적 원인으로 대학 설립과 동방학자들의 이탈리아 이주 등을 꼽습니다. 이러한 물질적·정신적 원인이 결합해 고대 그리스에 대한 동경으로 나타나고 그것이 중세의 질곡으로부터 벗어나려는 운동의 현실적 기반이 되었다고 본 것입니다. 고대 그리스가 모범으로 부각된 이유는 당시

의 자유로운 문화와 정치활동 때문입니다. 르네상스기 이탈리아인
들을 인간적 가치와 요소를 고양시킨 고대 그리스 문화를 통해 신
중심의 중세질서를 극복하고 인간적 가치를 다시금 부활시킨 사람
들이라고 본 것이지요.

르네상스기의 휴머니즘에는 생의 약동이 있고, 고전문헌의 교양
에 대한 존중과 현실에 대한 철저한 인식이 있으며, 인간의 창조의
욕을 고취하는 이상이 존재했다고 보는 신남철의 문제의식은 현실
에 대한 고민으로 이어집니다. 르네상스기 이탈리아인들이 고전에
서 발견한 가치를 그들의 현실에서 실현하려 했듯이, 신남철은 자
신의 시대에 속한 삶의 공간에서 휴머니즘적 가치를 실현하기 위
한 방법을 모색합니다. 이러한 모색은 민주주의에 대한 신념과 결
부되어 구체화됩니다.

변증법적 유물론에 입각한 실천적 역사의식

식민지 조국의 독립을 염원하는 많은 지식인들이 그러했듯이 신남
철에게도 가장 중요한 시대적 과제는 민족해방이었습니다. 국권침
탈기나 식민지 초기 지식인들에게 국권회복이 반봉건 혹은 탈봉건
의 문제와 더불어 고민해야 할 과제였다면, 식민통치가 장기간 진
행된 이후의 지식인들은 여기에 더해 자본주의 문제도 고려하지
않을 수 없었습니다. 일제의 병참기지화정책으로 진행된 산업화로
한반도에도 자본주의적 생산양식이 본격적으로 출현했기 때문입
니다.

20대 초반의 신남철에게 식민지 조국의 현실은 매우 무거운 짐이었습니다. 앞절에서 살펴본 문학적인 글들에서도 이러한 면모는 잘 드러납니다. 1927년 발표한 시 〈현실의 노래(2)〉에서는 거중한 현실에서 생을 위한 투쟁에 나설 것을 촉구하기도 합니다. 〈현실의 노래(2)〉의 일부를 감상해볼까요. 고어체로 표현된 시어들을 오늘에 맞게 약간 고쳐보았습니다.

거중한 현실
생과 사색 생과 번뇌 생과 욕구
이 부대낌의 사실이 「정복」과 「투쟁」을 낳케 하였다
생의 확충 생의 투쟁……
현실의 생활자에게 새 건설을 재촉한다

아 마음껏 뻗은 대도를 내다보라
구원한 영위의 행렬에서
반역의 신자는 소리처 외치네
반달리슴과 새 건설을
죽음만 공리인 현실에서
제 2의 신궤도로 추창해 오라 외치네!

신남철은 아마도 식민지 치하의 현실이 삶을 온전히 보전할 수 없는 상황으로 본 듯합니다. 원래 다른 문화에 대한 무지로 인한 약탈과 파괴라는 의미를 가진 반달리즘이란 표현을 여기서 사용한 것은 일제가 구축한 질서에 대한 저항의 의미로 보입니다. '대도大道'

라는 표현 역시 일제가 구축한 질서(현실)을 은유하며, '신궤도新軌道'
는 식민지 극복 이후의 새 질서를 의미하는 것으로 보입니다.

1928년에 발표한 〈새쌈의 외침〉에서도 젊은이들에게 거친 땅에
자유의 씨를 뿌려 새집을 짓고 춤추자고 노래합니다. '거중한 현실'
이나 '거칠은 땅'은 식민지 상황에 대한 은유일 것입니다. 그러나 식
민지 조국에 대한 신남철의 관심은 문학적 차원에 그치지 않습니
다. 신남철에게는 올바른 역사인식을 기초로 조선학에 대한 과학
적 연구가 이루어져야 한다는 신념이 있었습니다.

1934년 《동아일보》에 4회에 걸쳐 기고한 〈최근 조선 연구의 업
적과 그 재출발─조선학은 어떻게 수립할 것인가〉에서 그는 조선
학이, 첫째 역사의 내면적 원동력으로서의 사회적 생산관계를 과
학법칙에 입각하여 파악할 것, 둘째 역사서술의 기초 조건인 사료
문헌 선택 시 현대적 정황과의 관계를 볼 것, 셋째 역사적·문화적
연구의 성취를 위해 일정한 전체가 전경에 조망되도록 할 것, 등을
제시합니다. 세 가지 조건 중에서 특이한 점은 '생산관계'에 주목하
라고 한 첫째 조건입니다. 이러한 관점은 같은 해 《청년조선》에 발
표한 〈조선연구의 방법론〉에서 다시 한 번 드러납니다.

> '조선학'이 조선의 사회구성태의 사회적-정치적-관념적-제형태를 그
> 물질적 기초로부터 분석하고 또 그 발달의 역사를 법칙으로 정제하여
> 조선사회의 세계사적 지위를 확정하는 그러한 '조선연구'이어야만 할
> 것은 당연한 일이다.

이는 다분히 마르크스적인 역사이해와 맥락을 같이하는 개념입

니다. 즉 생산력과 생산관계의 변증법적 발전법칙에 입각한 역사고찰이야말로 과학적 연구라는 관점을 드러낸 것입니다.

변증법적 역사이해와 유물론적 세계관은 신남철의 철학에 헤겔과 마르크스 사상이 가장 중요한 기초로 자리 잡고 있음을 보여줍니다. 신남철이 선택한 변증법적 유물론은 헤겔의 변증법과 포이어바흐의 유물론적 관점을 결합시킨 마르크스·엥겔스의 관점입니다. 변증법적 유물론은 형식논리에서는 인정하지 않는 모순이 현실에서는 존재한다고 보는 변증법적 논리와 그러한 모순이 역사적으로는 물질적 삶 혹은 경제적 삶의 모순이라고 보는 관점입니다. 역사적으로는 특정한 시기의 생산력과 생산관계가 서로 조화를 이루지 못하고 모순적인 상황으로 치달으면 그러한 모순을 극복한 새로운 단계로 이행한다는 사적유물론으로 이어집니다. 여기서 생산력은 자연을 변화시켜 인간에게 필요한 재화를 생산하는 능력을 말합니다. 이에 비해 생산관계는 생산에 필요한 생산수단이 누구의 소유인가를 말합니다. 예를 들어, 노예노동의 생산관계 형태는 농업이라는 생산력 단계에서는 일정한 효과를 발휘하지만 산업생산의 국면에는 어울리지 않습니다. 그리하여 자유로운 노동계급이 필요하게 되고 이것이 중세봉건제를 지나 자본주의 단계로 이행하는 배경이 됩니다. 신남철의 역사의식은 바로 이러한 변증법적 유물론의 기초 위에서 형성됩니다.

김재현은 신남철에 대해 유물변증법을 한국상황에 적용한 '한국적 마르크스주의', '실천적 마르크스주의'를 형성한 인물로 평가하기도 합니다. '실천적 마르크스주의'란 마르크스 이론을 교조적으로 적용하기보다는 한국사회의 현실에 맞게 실천적으로 적용할 수 있도록 재해석한 것을 두고 내린 평가입니다. 신남철의 사상이 유물변증법으로부터 받은 영향은 그의 역사철학을 통해 좀 더 구체적으로 이해할 수 있습니다.

철학에서 역사철학은 일반적으로 인식론의 차원보다는 가치론의 영역에 속합니다. 가치론이란 도덕적 가치나 미적 가치 등과 같은 인간 삶의 다양한 가치문제를 다루는 영역입니다. 특이하게도 신남철은 역사철학의 문제를 다루면서 인식론을 가장 우선으로 다룹니다. 보통 철학에서 인식론은 인간의 앎의 기초가 무엇이며 진리의 기준은 무엇인가를 근원적으로 따져 묻고 탐구하는 분야입니다. 그런데 신남철은 바로 이러한 인식의 문제를 역사철학의 중요한 주제로 보았다는 점에서 특이합니다.

신남철의 저서 《역사철학》은 서로 다른 시기에 쓴 7개의 글을 묶은 책으로, 1948년 1월에 출간되었습니다. 한 권의 저서로 나올 당시 1장으로 배치한 글이 〈역사철학의 기초론―인식과 신체〉로 이 1장에서 신남철은 자신에게 인식의 문제는 실천적 인식이며, 이 실천적 인식이 바로 역사인식이라고 주장합니다. 신남철이 표현한 실천적 인식은 구체적 역사와 현실에 대한 과학적 인식을 의미합니다. 물론 여기서 과학은 자연과학적 의미가 아닌 변증법적 유물론의 관점을 의미합니다. 역사를 과학적으로 본다는 것은 역사를 객관적으로 파악한다는 것입니다. 자연과학은 자연을 객관적으로 볼 뿐, 인간실천의 영역인 역사를 파악할 수는 없습니다. 그래서 역사를 과학적으로 파악하는 방법이라 함은 신남철에게 변증법적 유물론에 입각해서 인식한다는 것을 의미합니다.

신남철에 따르며 인간의 실천은 역사라는 무대를 통해서 표현됩니다. 신남철은 변증법적 유물론 이전의 인식론은 인식대상이 되는 객관세계를 자연에만 국한시킨 것으로 여겼습니다. 그리하여 자신의 저서 《역사철학》에서 기존 인식론의 한계를 지적하면서 자신이 왜 역사철학에서 인식론의 문제를 다루는지 밝힙니다.

칸트에 있어서는 인식은 자연인식에 한하여 있었으므로 행위의 인식이라고 하는 것은 생각할 수가 없었다. 행위의 세계는 실체의 세계로서 인식계, 감성계, 현상계로부터 엄격하게 구별되었었다. 그러나 인식은 우리에게 있어서는 실천적인 인식이다. 이 실천적인 인식은 무엇보다도 먼저 신체적인 인식이어야 한다. 신체적인 인식으로서의 대상인식은 실천적인 인식으로서의 역사의 문제에 선행한다. …… 실천적인 인식은 역사적인 인식이다.

그는 칸트의 인식론은 자연에서 벗어나지 못하며, 데카르트나 로크의 인식론은 모두 인식대상과 인식주체의 진면목을 올바르게 설정하지 못했다고 지적합니다. 인식론의 역사에서 로크로 대표되는 영국의 경험론은 인식의 과정을 자연에 대한 인간의 경험이라는 차원에서, 인식대상인 객관적 자연을 강조하는 입장입니다. 반면 데카르트로 대표되는 대륙의 합리론은 인간경험의 불안정성을 이유로 인식주체인 인간의 합리적 추론능력만을 앎의 원천으로 여깁니다. 독일철학자 칸트는 인식주관으로서의 인간이 인식대상인 모든 객관적 자연의 진리를 획득하는 중요한 원천임을 주장합니다. 그런 점에서 데카르트나 로크의 인식론은 모두 인식대상과 인식주체의 진면목을 올바르게 설정하지 못했다는 신남철의 비판은 이미 칸트가 했던 비판이라고도 할 수 있습니다. 하지만 신남철이 보기에 칸트 역시 인식대상의 세계를 자연에만 국한시켜 역사의 문제로 나아가지 못했다는 한계가 있습니다.

그리하여 신남철은 인식론의 문제를 역사철학과 연결시키는 중요한 고리를 헤겔의 정신철학에서 찾습니다. 헤겔의 정신철학은 그의 표현대로 하자면 '정신현상학'으로 '의식의 경험에 관한 학'이라는 부제가 따릅니다. 헤겔의 정신철학은 인식론적 차원에서 보자면 독일 관념론에 속합니다. 관념론은 일반적으로 세계에 대한 우리 인식의 근원을 정신적 사유과정에 비중을 두고 설명하는 입장입니다. 신남철이 헤겔의 정신철학에서 실천적 인식의 가능성을 발견한 것은 헤겔의 정신현상학 관점이 단순한 관념의 발전 혹은 전개를 표현한 데 그치지 않고 세계와 인식주체 간의 끊임없는 실천적 상호작용을 통한 정신의 발전을 말하고 있기 때문입니다. 여기서 말하는 실천적 인식 혹은 역사인식의 주체는 개인이지만, 신남철은 그러한 개인은 고립된 개인이 아닌 사회적으로 규정되는 개인이라고 생각했습니다. 이러한 사회적 개인은 노동을 통해서 가능해집니다.

> 실천행위는 무엇보다도 먼저 노동이 아니면 안 된다. 노동은 창조이고 생산이다. …… 개인은 노동을 매개로 하여 사회적 관계에 몰입한다. 그러나 자기를 보존하면서 역사적 실천에로 자각하여 간다. 그리하여 '정치적 실천'에서 자기의 노동·창조를 완성한다.

역사적·사회적 실천에서 노동의 중요성을 본격적으로 부각시킨 철학자는 헤겔이었습니다. 헤겔 이후 헤겔학파는 우파와 좌파로 나뉘는데 마르크스와 엥겔스 철학은 좌파의 전통에 서 있습니다. 헤겔좌파는 헤겔철학에서 혁명의 요소를 강조하고 변증법을 유물론과 결합해 실천적 역사관을 구축합니다. 신남철은 《역사철학》에서 헤겔철학에 주목하는 이유를 다음과 같이 밝힙니다.

> 우리로 하여금 헤겔에 있어서 두드러진 무엇을 의식하게 하는 그 중요한 점을 말하면, 헤겔에 있어서의 역사적·사회적 의의, 즉 헤겔학파의 분열과 마르크스와 엥겔스가 계승하여 순화·발전시킨 지금의 프롤레타리아 세계관으로서의 전투적 유물론의 역사적 의의라는 것이다.

여기서 말하는 전투적 유물론은 아마도 역사를 바꿀 수 있는 실천적 성격의 유물론을 표현한 것으로 보입니다. 신남철은 역사적으로 르네상스기든 계몽철학기든, 새로운 질서 혹은 새 시대로의 전환을 위해서는 반드시 유물론적·실천적 운동이 있어야 한다고 주장합니다. 신남철에게 유물론은 곧 실천이기도 합니다. 계몽주의 사조는 프랑스혁명을 가능하게 했다는 점에서 신남철이 보기에 필연적으로 유물론적입니다. 그러나 이 말이 프랑스혁명이 프롤레타리아 혁명이라는 의미는 아닙니다. 비록 프랑스혁명이 부르주아 혁명의 성격을 띠지만 변증법적 유물론의 관점에서 역사를 이해할 때 부르주아 혁명 역시 필연적으로 유물론적 역사법칙의 한 국면이자 단계라는 점을 지적한 것입니다. 무엇보다 신남철이 헤겔을 평가하는 과정에서 프롤레타리아 계급의 실천적 역할에 주목한 것은 변혁이론의 기초로서 마르크스-엥겔스로 이어지는 철학적 흐름에 충실함을 보여주는 것이라고 하겠습니다.

신남철은 헤겔에게 개인의 실천이 세계에서 자유이념을 실현하는 수단으로만 여겨지는 것과는 달리, 정신의 전개작용을 역사발전의 주요 동력으로 보는 관념변증법을 넘어서는 유물변증법적 세계관의 입장에서 그것은 무계급의 사회질서 건설을 위한 정치적 자유를 실현하는 수단이라고 비교합니다.

결국 신남철에게 역사는 인간 개개인의 분투와 실천으로 자유와 해방이 실현되는 과정이며, 역사에 대한 이해는 인간의 실천과정에 대한 이해 없이는 불가능한 것입니다. 종국에는 계급차별 없는 사회주의로 나아갈 것이라고 본 마르크스·엥겔스의 입장과 다르지 않은 것입니다.

신문화운동 주창과 휴머니즘에 기초한
사회주의적 이상

우리는 누구나 좋든 싫든 간에 일정 정도 현실을 진단하며 살고 있습니다. 현실의 문제에 냉담하고 무관심한 듯 반응하는 것도 사실은 나름의 현실인식에서 비롯되는 것이지요. 현실인식은 다른 말로 하면, 지금 여기 우리 앞에 펼쳐진 삶의 배경과 상황에 대한 판단입니다. 즉 현실인식은 자신이 속한 시대에 대한 의식이라고 할 수 있습니다.

우리는 또한 과거를 기억하고 미래를 예측하며 살기에 역사의식을 갖고 살아가는 존재이기도 합니다. 역사는 개인의 삶의 여정이 아닌 개개인들이 얽혀 이루어진 관계의 행적입니다. 그러므로 역사는 인류의 집단창작물이라고 할 수 있겠지요. 역사의식은 역사에 대한 관심에서 비롯되지만 역사적 사실에 대한 지식을 쌓는 것이 역사의식의 실체는 아닙니다. 그런 점에서 신남철이 역사철학에서 실천적 인식을 중시한 이유가 좀 더 이해가 됩니다.

비슷한 듯 보여도 시대의식과 역사의식은 다소 차이가 있는 개념입니다. 시대의식이 당대 현실에 집중한다면 역사의식은 과거-현재-미래로 이어지는 과정에 대한 관심과 문제의식을 포함하는 개념입니다. 또한 역사철학적 역사의식은 단순히 자신이 속한 민족의 운명만이 아닌 인류전체의 운명에 관심을 가집니다. 신남철의 경우에도 역사의식은 단순히 식민지 조국에 대한 염려에 그치지 않습니다. 그는 당대의 세계사적 흐름이 드러낸 문제도 놓치지 않았습니다. 신남철은 1930년대 나치즘과 파시즘의 출현에 대해, 정도의 차이는 있지만 자본주의의 길을 걷는 각국이 파쇼적 정책으로 국내 문제를 해결하기 위한 활로를 찾으려 하고 있다고 비판합니다.

> 각국은 조금도 자신의 질곡을 해결하지 못할 뿐 아니라 식민지 전쟁의 강행과 상품시장의 확보, 통상로의 보호를 위한 거대한 군비의 중압하에 헐떡이게 되었다. 나치스, 파시스트, '크로와·디·푸'(프랑스 십자단)나 또는 영국의 보수당 정부는 국내의 대중을 희생함에 의하여 각 자국의 정치위기로부터 탈출하려 하였다.

우리는 파시즘하면 이탈리아 무솔리니 정권을 떠올립니다. 그런데 이와 대척하던 자본주의 국가들도 모두 파쇼적 정책을 취하고 있다는 신남철의 진단은 무엇일까요? 이를 이해하기 위해서는 파시즘의 출현 배경을 짚어볼 필요가 있습니다. 사실 파시즘의 발흥지는 이탈리아지만 파시즘이 발흥한 근본원인은 이전부터 진행된 자본주의 국가들의 팽창정책과 그에 따른 갈등 및 충돌에서 찾아야 합니다. 제1차세계대전은 그러한 산업자본주의 국가들 간의 충돌이었지요. 파시즘은 그러한 문제로 발생한 국내 혼란을 수습하기 위한 폭력적 정치체제라고 할 수 있습니다. 국내적으로는 개인의 정치활동의 자유를 억압하고 대외적으로는 국수주의적 외교노선을 표방합니다. 그런데 제1차세계대전 이후에도 팽창주의 정책을 편 국가들 간 갈등은 해소되지 않습니다. 당시 자유주의를 표방하던 국가들도 경제공황이나 대량실업 문제로 골머리를 앓고 있었습니다. 이탈리아나 독일처럼 국내적으로 정치탄압을 노골화하지는 않았지만 끊임없이 노동운동을 탄압했으며 대외적으로는 보호무역과 식민지 쟁탈전이라는 국수주의적 경쟁을 벌이고 있었습니다. 곧 이은 제2차세계대전은 그 비극적 결론입니다.

우리나라가 일제의 식민지가 된 것도 이러한 전세계적 흐름 속에서 일제의 팽창정책에 따른 희생양이 된 것으로 보아야 하겠지요. 식민지국가의 국민이 겪는 운명은 파시즘 국가의 국민이 겪는 운명에 비해 훨씬 더 가혹할 수밖에 없습니다. 따라서 식민지 조국의 지식인으로서 신남철에게 민족해방의 과제는 단순히 일본제국주의와의 싸움뿐만이 아닌 자본주의적 제국주의 전체와의 투쟁으로 인식될 수밖에 없었습니다. 계급 없는 사회주의 건설을 주창한 마르크스주의는 자본주의에 저항하는 이론투쟁의 유력한 무기이자 고통받는 민중을 위한 인간해방의 단서로 보였을 것입니다. 하지만 신남철은 직면한 시대과제를 해결하기 위해 직접 행동을 선택하는 혁명가적 인간은 아니었습니다. 이론과 실천의 통일을 주장했지만 그의 실천은 지식인으로서의 실천이었다는 점을 부인할 수 없습니다. 대신 그는 실천적 변화를 이끌 수 있는 대안을 제시하는 것으로 자신의 역할을 수행합니다. 그래서 신남철이 관심을 둔 영역이 문화운동입니다. 당시의 위기를 문화의 위기이자 인간의 위기라고 본 신남철은 신문화운동의 필요성을 역설합니다.

신남철의 신문화운동은 자본주의 및 파시즘이 자행하는 '문화학대'에 맞서는 반파쇼전선의 결성이자 문화의 참된 옹호를 절규하는 대중 세력의 '생사를 겨루는 결사적 절규'였습니다. 신남철의 글에서 나타나는 주목할 만한 특징 중 하나는 역사문제를 늘 문화현상의 문제와 결부시킨다는 점입니다. 조선학연구를 다룰 때에도 역사연구와 문화연구를 동일한 작업으로 서술하고 있으며, 시대의식을 드러내는 글에도 문화는 중요한 핵심개념으로 자리하고 있습니다. 이러한 관점은 해방 이후에도 이어져 당시 한국사회를 문화적으로 매우 낙후했다고 보고 신문화운동을 주창하기까지 이릅니다.

역사적으로 르네상스를 매우 혁명적인 사건으로 평가한 신남철이 문화에 관심을 갖는 것은 지극히 당연해 보입니다. 또한 계몽주의 사조가 프랑스혁명을 가능하게 했다는 점에서 필연적으로 유물론적이라고 긍정적으로 평가한 점을 상기해보면 신남철이 문화에 관심을 기울인 이유를 좀 더 쉽게 이해할 수 있습니다. 신남철이 해방정국에서 신문화운동을 주창한 것은 한국사회의 특수성을 간과할 수 없었기 때문입니다.

신남철은 조선학연구를 위한 참고사항으로 일본과 중국의 국학

연구를 비교하기도 합니다. 메이지유신 이후 일본의 국학연구는 국수주의적 경향을 보이는 반면, 중국은 과거에 대한 철저한 반성을 거쳐 서구적 개인주의 윤리를 확립하려는 노력을 보인다고 평가합니다. 따라서 조선학연구는 일본이 아닌 중국의 모범을 따라야 한다는 입장이었습니다. 그러나 서구적 개인주의를 한국사회가 나아가야 할 이상으로 삼자는 의미는 아니었습니다.

신남철이 보기에 자본제와 봉건제가 이중으로 삶을 규정하는 '불균등 발전'에 놓인 한국사회는 이중의 질곡을 함께 해결해야 하는 과제를 안고 있었습니다. 즉 봉건제적 잔재는 부르주아 혁명으로 타파해야 하고, 자본주의적 질곡은 프롤레타리아 혁명을 통해 극복해야 하는 상황이었습니다. 그렇기에 계몽을 통한 민주주의국가의 완성을 의도한 것으로 보입니다. 이런 상황에서 신남철은 과학과 민주주의라는 두 가치에 주목하여, 자연과학을 비롯한 개별과학의 발전을 강조하고, 그가 과학적 방법과 동일시한 유물론적 변증법과 민주주의를 함께 추구했습니다. 신문화운동은 바로 그러한 시대과제를 해결할 방법적 선택이었습니다. 신남철의 이러한 문제의식은 해방 후 사회주의 이상실현을 위한 삶에서도 이어집니다.

신남철이 르네상스를 주목한 가장 큰 이유는 르네상스의 혁명성 때문입니다. 그는 르네상스를 혁명적 문화운동이며 자유와 인권의 해방을 향한 사회운동이라고 주장합니다. 봉건제에 대한 투쟁이 신남철의 관심을 끈 이유는 당시 조선에서도 봉건제로 회귀하려는 반동적 잔재가 남아있었기 때문이지요.

근대 철학사상이 봉건제 생산양식과 그 의식에 대한 투쟁을 할 수 있었던 기반을 신남철은 자유로운 비판정신에서 찾고 있습니다.

그래서 당대 조선에서도 인간해방과 사회해방을 위해 먼저 이성을 자유롭게 만들어야 한다고 주장합니다. 또한 진리는 소수의 천재들에 의해서가 아니라 사회발전에 대한 필연적 요구에 의해서 발견되는 것이라고 봅니다. 르네상스가 이탈리아에서 출현한 것은 위대한 르네상스 사상가들이 그곳에서 등장했기 때문이 아니라, 그 시대가 그러한 사상가들을 출현하게 만들었기 때문이라는 것입니다.

신남철은 철학사를 자유의 쟁취과정으로 보고, 근대철학은 '상품경제' 발달과 과학기술 진보 및 종교개혁기 농민반란 등 일련의 진보적 과정의 산물이라고 봅니다. 그는 이러한 이행과정이 모든 봉건사회에서 이루어진다고 보았습니다. 신남철의 관심은 서양의 르네상스와 같은 문화가 어떻게 하면 조선에서도 출현할 수 있을까에 있었습니다. 그가 신문화운동을 주장한 것도 조선사회에는 아직 그러한 조건이 성숙되지 않았다고 보았기 때문입니다. 신남철은 당시 조선과 조선민중의 교양이나 의식수준이 계몽이 필요한 단계라고 보았습니다. 이는 그의 엘리트주의적 면모를 짐작케 합니다. 진리가 소수의 천재에 의해 발견되고 그들로부터 대중에게 전달되는 것이 아니라고 했던《역사철학》의 진술과는 상반된 입장입니다. 신남철에게 이러한 모순된 관점이 공존하는 이유는 그의 성향 때문이라기보다는 당시 조선의 객관적 현실에 대한 비관적 평가 때문이라고 보아야 할 것입니다. 당시의 조선에서 신남철은 신문화운동을 통한 민족문화 건설과 정치적 자치획득을 동시에 고민해야 했던 것입니다.

조선은 봉건잔재를 청산하지 못한 상태에서 해방과 함께 외세 혹은 제국주의 잔재 청산이라는 새로운 과제를 떠안게 되었고, 이와 동시에 서양문명에서 나타난 자본주의적 착취구조도 극복해야 하는 질곡에 놓여 있었습니다. 신남철이 보기에 이러한 문제 하나 하나가 시간을 두고 순차적으로 해결되기를 기다리는 것은 해방을 위한 실천과 투쟁을 지향하는 세계관에 부합하지 않았습니다. 그렇기에 르네상스와 같은 문화의 출현이 조선에서도 가능한 조건을 찾거나 무르익기를 기다릴 수만은 없었습니다. 조건이 성숙되지 않았다면 조건을 만들면서 목표를 향해 나아가야 한다고 본 것입니다.

1946년 10월 《민성》에 발표한 〈자치훈련과 교육의 의의〉에서 신남철은, 조선은 서양에 비해서 정치적 자각태가 부자연한 미개의 경지에 있다고 진단합니다. 정치적 비판정신이나 사상연구의 자유는 애당초 생각지도 못하는 상황이라는 것입니다. 조선 중기 이후 독창적인 비판정신은 완전히 거세되었으며, 급기야 37년간의 일제 폭정은 조선인의 이성을 완전히 마비시키고 양식을 부패시켰다고 진단합니다. 신남철이 보기에 조선은 비록 해방 직후라고 하더라도 르네상스와 같은 혁명적 진보를 실현할 객관적 조건이 갖춰져 있지 않은 셈입니다. 그러나 객관적 조건이 갖춰져 있지 않다고 해방적 지향을 포기할 수는 없습니다. 그래서 우선 신남철은 〈자치훈련과 교육의 의의〉에서 자치훈련의 중요성을 다음과 같이 강조합니다.

물질적 기반과정에서 왜제의 잔재를 삼제숙청芟除肅淸하는 것은 물론 정신적인 부면에서도 그것을 완전히 소탕하지 않아서는 아니 된다. 자치의 정신의 앙양과 그 훈련은 그러한 과정을 통하여서만 도달될 것이다.

그는 자치란 '저절로 다스려지는' 소극적 의미가 아니라, '스스로 자기와 그 환경을 다스리는' 의미의 적극적이고 주체적인 실천이라고 보았습니다. 자치를 위한 주체적 실천은 종래의 모든 가치규정에 대하여 부정적 긍정의 비판적 태도를 취하는 것이라고 보았습니다. 그는 자치훈련이란 국가차원의 정치만이 아닌 광의의 정치훈련이며, 협애한 자기안주를 비판적으로 극복하고 자기를 좀 더 높은 단계로 끌어올려 사회전체의 관계 속에서 새롭게 거듭나는 자기를 발견하는 것이어야 한다고 서술합니다. 이규성이 신남철의 변증법적 이성은 압열에서 오는 분열과 '책임의식'을 갖고 있기 때문에, 외적 현실과의 긴장과 자신과의 항쟁을 갖는다고 본 것도 이런 점에 기인합니다. 이는 다분히 변증법적 이성을 염두에 둔 것이라고 볼 수 있습니다. 신남철은 '자치'는 사死에 의한 생生의 전환이며, 부정에 의한 자기형성의 과정이라고 합니다. 이는 낡은 의식을 죽이고 새롭게 거듭난다는 의미이지요. 또한 이러한 의식을 거쳐야 르네상스와 같은 대변혁을 실현할 수 있다고 본 것입니다. 그러므로 신남철이 말하는 '자치自治'는 부정에 의한 자기형성의 과정입니다. 아울러 절대적 자기통치란 모두가 자기지배자이며, 누군가에게 지배당하지 않는 민주의 최대치를 의미합니다. 그가 해방 후 주장한 '진보적 민주주의'는 절대적 자기통치로서의 '자치'를 의미합니다.

사회주의 국가건설로의 이행을 추구했던 박헌영이나 박치우와 달리 신남철은 조선이 취할 새로운 국가형태로 '진보적 민주주의'(민중적 민주주의)를 제시합니다. 신남철은 해방된 조선에서 수행할 수 있는 혁명의 단계는 사회주의나 공산주의 국가로의 혁명이 아닌 부르주아 혁명이라고 보고, 그 기초를 프랑스혁명에서 찾습니다. 신남철은 프랑스혁명을 모든 인민을 시민사회를 구성하는 자유 평등의 독립한 '개인'으로 탈환한 사건으로 봅니다. 하지만 이것이 인간해방의 가장 완전한 형태라고 본 것은 아닙니다. 다만 계급사회에서 실현할 수 있는 인간해방의 최후 단계라는 말입니다. 1946년에 발표한 〈민주주의와 휴머니즘〉의 내용을 보겠습니다.

이 정치적·사회적 혁명(부르조아 혁명)은 인간 역사의 한 개의 위대한 진보이었고 그것에 의하여 가져와진 인간 해방은 '인간적인 완전한 해방'의 최후의 형태는 아니었으나 사실 세계사 발전에서 본 계급사회 속에 있어서는 인간 해방이 최후의 형태이었다.

이 말은 신남철의 궁극지향이 부르주아 혁명에 있지 않음을 의미합니다. 그가 생각하는 완전한 인간해방은 무계급사회, 즉 자본주의 이후의 사회에서나 달성될 수 있기 때문입니다.

해방정국에서 조국이 가야 할 길에 대한 신남철의 고민은 사회주의라는 이상에 기초했지만, 그 나름의 선택은 현실적인 상황인식을 기준으로 한 것입니다. 그는 박헌영과 같은 노선을 좌익소아병이라고 비판하면서 급진적 좌경 혁명노선과 거리를 두었고, 자본주의의 한계를 목도했기에 자본주의 국가건설을 궁극목표로 삼을수 없었습니다. 신남철은 백남운과 마찬가지로 중국식 사회주의건설을 주창한 모택동의 영향을 받아 조선에 맞는 사회주의 국가건설 전술을 현실적인 대안으로 생각합니다.

신남철 철학의 목표와 방법,
그리고 제국주의에 대한 진단과 패착

신남철은 변증법적 유물론의 관점으로 서구 부르주아 철학의 흐름을 비판하고, 휴머니즘이라는 가치를 기준으로 변혁의 이유와 당위를 구축했습니다. 그에게 변증법적 유물론은 변혁의 원리이자 법칙이고, 휴머니즘은 변혁을 해야 하는 이유입니다. 즉 신남철 철학의 목표는 휴머니즘의 실현이었습니다. 신남철이 부르주아 철학을 비판할 수밖에 없는 이유는 그것이 역사의 발전법칙에도 맞지 않을 뿐만 아니라 휴머니즘적 지향에도 부합하지 않기 때문입니다. 부르주아 철학과 서구 자본주의 비판은 신남철이 지속적으로 견지한 입장입니다. 그런데 어떤 곡절에서인지 1942년 7월 1일부터 4일까지 《매일신보》에 이해하기 어려운 논조의 사설을 발표합니다.

〈자유주의의 종언〉이라는 이 글은 제목만 보면 자유주의에 대한 비판을 담고 있는 듯합니다. 그간 신남철이 보인 사상의 특징을 볼 때 서구 산업자본주의에 대한 비판의 연장선이 아닐까 하는 생각도 듭니다. 하지만 이 글의 성격을 짐작케 하는 또 다른 단서인 '사변기념문화논문'은 이런 첫인상을 깨뜨립니다. 사변이란 '지나사변'을 일컫는 것으로, 1937년 일제가 노구교사건을 빌미로 일으킨 중일전쟁의 발발을 의미하는 사건이었습니다. 1931년 만주국을 세워 대륙진출을 시도한 일제가 아시아 전체를 식민지화하려는 의도를 본격화한 사건이지요. 따라서 반제국주의적 입장을 견지한 식민지 지식인이 이 사건을 기념하는 글을 쓴 것은 납득하기 어렵습니다.

〈자유주의의 종언〉에서 신남철은 일제의 식민지 지배를 정당화하는 논리인 '대동아공영권'을 적극 지지하는 입장을 보입니다. 지나사변을 대동아전쟁을 촉발시킨 세계사적 의의가 있는 사건이라고 표현하고, '일 억 국민의 감격'이라는 표현으로 당시 조선민중과 일본인을 하나의 국민 단위로 묶기도 합니다. 이는 일제의 한반도 지배 슬로건 중 하나인 '내선일체內鮮一體'를 적극 받아들이지 않으면 사용할 수 없는 표현입니다. 전체적인 글의 내용은 지나사변으로 촉발된 대동아전쟁이 아시아 각국을 서구 자유주의 국가들의 침략으로부터 해방시킬 것이며, 이로써 자유주의는 종언을 고할 것이라고 주장합니다. 신남철은 자유주의가 야기한 개인주의를 비판하면서 국가를 떠나서는 개인의 진정한 자유를 실현할 수 없다고 말합니다. 이는 헤겔철학을 수용한 측면입니다. 자유주의가 결국 이윤추구의 자본주의를 야기했다는 점도 자본주의를 비판하는 기존 관점과 일맥상통합니다.

하지만 정작 서구적 산업화 모델과 근대화 모델을 추종하다가 군국주의적 제국주의의 길에 들어선 일본에 대해서는 마치 대동아공영권의 수호자인 듯 평가합니다. 신남철이 왜 이런 글을 발표했는지는 명확히 알 수 없습니다. 다만 당시 많은 지식인들이 이런 방식으로 입장을 바꾼 사례가 있는 것으로 보아 이 시기 지식인들에게 대동아공영권이 생각보다 설득력 있게 작용한 것이 아닌가 추측해봅니다. 실제로 일부 사회주의 계열 지식인들은 조선의 해방을 불가능한 것으로 보고, 차라리 일본인들과의 차별이라도 극복할 수 있는 방안으로 내선일체를 적극 수용하자고 주장하기도 했습니다.

신남철의 경우 〈자유주의의 종언〉 이외에는 그와 같은 행적을 발견할 수 있는 글이 없고, 그 이후 해방까지 행적도 더 알려져 있지 않으므로 하나의 논문만으로 변절을 운운하기는 어려운 측면이 있습니다. 논문이 실린 《매일신보》는 신채호가 주필로 있던 《대한매일신보》와는 다른 신문으로 일제강점기 일본총독부와 조선 점령정책을 적극 홍보하며 앞잡이 노릇을 한 매체입니다. 이런 매체에 글을 자의적으로 실은 것인지 어떠한 회유와 압박이 있었는지는 좀 더 규명해볼 문제입니다. 그러므로 과연 이를 두고 좌절이라고 해야 할지 변절이라고 해야 할지 판단은 잠시 미뤄도 좋을 듯합니다. 해방 후 신남철의 행적은 이 논문의 세계관과는 다시 확연히 달라지기 때문입니다.

한편 오늘날의 관점에서 볼 때 과연 역사가 신남철이 이해한 바대로 진행되고 있는 것일까요. 우리는 지금 자본주의 사회 속에서 살고 있습니다. 현실 사회주의 국가는 대부분 몰락했습니다. 또한 신남철이 조국 건설의 모델로 받아들인 모택동 방식의 노선 역시 정작 중국에서는 수정되었습니다.

현실 사회주의 국가의 붕괴, 자본주의와 다를 것 없어 보이는 중국을 보면서, 마르크스·엥겔스 역사철학을 수용한 신남철의 선택도 잘못된 것으로 보일 수 있겠지요. 하지만 여전히 역사는 진행 중이며 그 끝을 알 수는 없습니다. 1989년 베를린 장벽이 붕괴하자 미국의 정치학자 프란시스 후쿠야마는 〈역사의 종언〉이라는 글을 통해 자유주의와 자본주의의 승리를 선언한 바 있습니다. 그리고 앞으로는 시장이 정부의 역할을 대신할 것임을 선언했습니다. 하지만 그랬던 후쿠야마도 1990년대 후반부터는 입장을 바꾸어 강력한 정부의 기능이 필요하다는 주장을 하기도 합니다. 특히 중산층 붕괴 현상이 사회불안을 키우고 있다는 점에 주목하면서 자유시장경제가 지닌 문제점을 인정하기도 했습니다. 자유주의 시장경제의 승리를 속단한 후쿠야마나 사회주의를 통한 휴머니즘의 실현을 꿈꾸었던 신남철의 경우에서 보듯이 역사에 대한 예측은 틀릴 수도 있습니다.

하지만 계급 없는 사회주의로의 이행이라는 역사인식이 입증되지 않았다고 하더라도, 우리 모두가 만족할 만한 자유와 해방을 누리며 살고 있는지 끊임없이 되물어야 하는 것은 아닌지 생각해 봅니다. 시장의 힘이든 정치권력이든 간에 우리의 삶을 억압하는 것이 존재한다면 인간은 그러한 억압에 맞서 더 자유로운 삶을 추구하는 존재입니다. 신남철이 그러한 인간존재에 대한 희망을 놓지 않은 휴머니스트인 것은 분명합니다.

8장

박치우와 위기의 철학
철학의 당파성과 지식인의 실천

—

조배준

박치우
朴致祐(1909~1949)

박치우는 1909년 함경북도 성진에서 출생하여 1933년 경성제국대학 철학과를 졸업하고 해방 전까지 숭실전문학교 교수와 《조선일보》 기자로 활동했다. 해방 후에는 박헌영과 함께 남로당 활동을 전개하며 《현대일보》 주필로 있다가 월북했는데, 1949년 빨치산으로 남파되어 유격투쟁을 벌이다가 태백산에서 사살되었다. 그는 한때 일제강점기의 문학평론가로 기억되기도 했지만 한국의 서양철학 1세대에서 마르크스주의 철학자들 중 하나로 평가받는다. 철학을 처음 공부하던 시기에는 일본인 교수들과 당시 경성제국대학의 커리큘럼에 영향을 받았지만, 점차 사회주의적 시각에서 근대 서구의 부르주아 자유주의에 대한 비판적 입장을 확립하게 된다. 또한 형식논리에 대비되는 변증법을 인식론적 틀과 존재원리로 받아들이면서 당시 세계를 휩쓸던 파시즘과 전체주의에 강한 비판적 의식을 가지고 있었지만, 일제 말기 더 이상 국내에서 버티기 어려워지자 만주로 넘어간다. 이후 해방공간에서는 민족 감정에 호소하는 국수주의적 경향은 파시즘과 다를 바 없다고 비판했으며, 친일파를 청산하고 인민이 주인이 되는 진정한 민주독립국가를 건설하자고 주장했다. 그 목표를 위해 합리주의적 태도가 필요하다고 강조했으며 여러 갈래의 노선을 막론하여 민주주의 전선에 참가할 것을 호소하였다. 월북 직전에 그동안 자신이 쓴 글을 묶어서 《사상과 현실》(백양당, 1946)을 출간했다.

빨치산이 된 서양철학 1세대

오랫동안 반공주의가 사회를 지배한 남녘에서는 북녘으로 올라갔거나 전쟁 중 강제로 끌려간 사람들에 대해 언급하는 것조차 금기시되던 시절이 있었습니다. 적대적으로 대결하는 분단상황에서 그들이 남긴 말과 글을 마음놓고 볼 수도 공개적으로 연구할 수도 없었지요. 그러다가 1987년 월북작가들의 금서가 해금조치된 이후에야 그들은 우리에게 좀 더 선명한 모습으로 다가왔습니다. 여기서 만나볼 철학자 박치우朴致祐(1909~1949)도 해방 후 좌우대립 시기에 월북한 지식인입니다. 그는 신남철, 박종홍과 더불어 일제강점기 경성제국대학에서 '철학'이라는 서양학문을 공부한 최초의 조선인들 중 한 사람입니다. 당시 외국에서 철학박사 학위를 받고 돌아온 소수의 유학생들과 아울러, 흔히 그들을 '서양철학 1세대'라고 부릅니다.

그들은 당대 최고의 지적 수준을 갖춘 교양인으로서 '엘리트 의식'을 갖고 있었지만, 한편으로는 망국의 설움이 뼈에 사무친 식민지인이기도 했습니다. '근대적'으로 학문하는 법을 배우며 일제통치를 돕는 지식인으로 훈육되면서도 비참한 민족의 현실을 매일 봐야 했기 때문에 일정 부분 자기분열적 의식을 가질 수밖에 없었던 것이지요. 그런 와중에도 끊임없이 생존을 고민하며 일제강점기를 버텨야 했던 서양철학 1세대는 해방 이후 대학교수가 되어 철학을 전문으로 가르치는 한국 '강단철학'의 원류가 되었습니다. 물론 박치우도 계속 남쪽에 남아 있었다면 그 길을 갈 수 있었겠지요.

박치우는 '경술국치' 한 해 전에 한반도 최북단 지방에서 태어나, '한국전쟁' 한 해 전에 한반도의 허리인 태백산에서 삶을 마감했습니다. 그의 삶 속에 20세기 전반의 굴곡진 한국현대사가 녹아 있는 것이지요. 박치우를 설명할 때 흔히 동원되는 수식어는 '총을 든 철학자', '빨치산 철학자'입니다. 그가 감당해야 했던 역사의 무게감과 길지 않은 삶에서 그가 추구한 가치를 상징적으로 보여주는 표현입니다. '빨치산'은 게릴라전투를 치르는 비정규군을 가리키는 말로 프랑스어 'partisan'을 우리말로 읽은 것입니다. 이 '파르티잔'은 원래 '동지' 또는 '당파'라는 뜻의 'parti'에서 유래한 것입니다. 철학자로서 박치우는 철학의 당파성을 중시하며 자신의 사상을 현실에서 적극 실천하려 했습니다. 그를 단순히 과격한 유격대원으로 볼 수 없다는 의미입니다. 박치우가 왜 빨치산의 일원이 되어 38선을 다시 넘어올 수밖에 없었는지는 뒤에서 다시 살펴보도록 하고, 우선 그의 삶을 간단히 되밟아보겠습니다.

박치우는 만주를 누비며 기독교 전도활동을 하던 목사 박창영의 아들로 1909년 함경북도 성진에서 태어납니다. 어려운 환경에서 공부를 했지만, 박치우는 타고난 총명함으로 함북 경성고등보통학교를 거쳐 1928년 조선일보 장학금을 받고 당대 최고 수재들만 모인다는 경성제국대학 법문학부에 5기생으로 입학합니다. 전공 준비과정인 예과를 거쳐 3년 동안 철학공부에 전념한 박치우는 현상학적 존재론으로 유명한 독일철학자 니콜라이 하르트만Nicolai Hartmann(1882~1950) 연구로 졸업논문을 제출합니다. 졸업 후 지도교수 미야모토 와키치宮本和吉(1883~1972)의 연구실 조교로 일하던 박치우는 26세의 나이로 평양 숭실전문학교 교수로 부임합니다. 이후 조선인 연구자들이 만든 철학연구회에 참여해 논문을 발표하기도 하고, 비교적 자유로운 분위기 속에서 연구활동을 하면서 결혼도 하게 됩니다.

하지만 박치우의 평탄한 연구생활은 오래 가지 못합니다. 1930년 대 후반으로 갈수록 일제의 탄압이 극심해져 모든 학교에서 '신사참배'를 강요하고 학술활동과 언론활동을 통제했기 때문입니다. 결국 1938년, 재직 중이던 학교가 신사참배 거부로 강제폐교 당하자 박치우는 교수생활을 끝내고《조선일보》학예부 및 사회부 기자로 자리를 옮깁니다. 그러나 엄혹한 시대에 기자 활동에도 많은 제약이 가해졌고, 결국 다시 모교로 돌아가 생업과 학업을 병행하게 됩니다. 1940년 박치우는 아리스토텔레스 철학을 연구하기 위해 경성제국대학 철학과 대학원에 진학한 것으로 알려져 있습니다. 하지만 그의 대학원 생활도 그리 길게 이어지지 못했으며, 일하던 신문사도 끝내 총독부의 손에 폐간됩니다. 일제가 미국을 공격해 태평양 전역으로 전쟁이 확대되고 조선에 대한 인력과 물자 수탈이 극심해지던 1943년 어느 날, 결국 박치우는 거대한 감옥과 같은 한반도를 벗어나 중국으로 탈출을 감행합니다.

주로 북경北京에 머무르다가 만주 장춘長春에서 맞이했다는 1945년 광복 때까지, 박치우가 중국에서 어떻게 살았고 누구와 무슨 활동을 했는지에 대한 기록은 남아있지 않습니다. 해방조국으로 돌아온 이후 그는 남조선로동당(이하 남로당) 지도자 박헌영朴憲永(1900~1955)을 수행하여 세 차례 평양을 방문하고, 새 시대에 대한 희망과 두려움이 교차하던 해방공간에서 학자이자 언론인으로 활발한 활동을 펼칩니다. 이처럼 박치우는 일제강점기 동안 교수, 기자, 대학원생을 거쳐 중국에서 일제 말기를 견디고 해방 이후 정치·언론 활동을 벌였습니다.

하지만 박치우에게 허락된 38선 이남에서의 시간은 1년 반도 채 되지 못했습니다. 1946년 후반 전국적인 인민항쟁을 계기로 좌익 정치세력은 미군정과 친일우익 세력의 탄압 속에서 움츠러들 수밖에 없었습니다. 이 무렵 박치우가 편집장으로 일한《현대일보》뿐만 아니라 미군정의 시각을 벗어난 다른 많은 신문과 잡지가 폐간되었습니다. 전국적인 항쟁과 우익 청년단체의 테러를 통해 일제말 독립운동가들로 가득했던 형무소 '사상범' 방은 미군정이 잡아들인 '정치범'들로 가득찼습니다. 미군정의 입장에서 보자면 주로 파업을 빙자해 폭동과 소요를 일으켜 수감된 사람들이었지만, 좌익 정치세력의 입장에서 당시는 새롭게 만들어질 나라에 대한 민중의 자유로운 의사표현이 금지되던 시기였습니다. 1946년 가을, 인민항쟁의 배후세력으로 지목되어 수배령이 떨어지자 박치우는 더 이상 서울에서 문필활동을 이어갈 수 없게 됩니다. 결국 그는 38선을 넘어 4년여 만에 두 번째 '탈출'을 감행합니다.

월북할 즈음에 박치우는 식민지 시절부터 당시까지 발표한 글을 모아《사상과 현실》이라는 제목으로 책을 출간합니다. 당시 3쇄를 찍을 만큼 적잖이 팔린 이 책은, 그가 유일하게 남긴 저술로 그의 생각을 반추해볼 수 있는 여러 기고문과 기사를 수록하고 있습니다. 서문에서 박치우는 첫 저서에 대해 이렇게 자평합니다. "어리고 가난하고 아직 완전치는 못하나마 여기에는 '내 것'이 있다."

당시 북녘에서도 권력투쟁이 소용돌이치는 것은 마찬가지였으나, 월북 후 박치우는 박헌영의 신뢰를 받아 남로당 해주연락소에서 각지에 흩어진 남로당세력을 조직화하는 일을 합니다. 1947년

10월, 박치우는 북녘으로 넘어온 남로당세력의 교육과 유격대활동을 준비하던 '강동정치학원'에서 일하게 됩니다. 그곳에서 교무부 주임과 정치담당 부원장을 맡아 사상교육을 주도하다가, 북한에 정부가 수립되고 1년 후인 1949년 가을에 다시 38선을 넘어옵니다. 박치우가 속한 빨치산부대는 낮에 자고 밤에 산을 행군하는 방식으로 남하하지만, 군경합동 토벌대와 여러 차례 전투를 치르면서 거의 섬멸됩니다. 박치우는 얼마 남지 않은 부대원들과 싸우다가 1949년 11월 20일경 결국 최후를 맞이합니다. 현재 한국에서 찾을 수 있는 그의 죽음에 대한 기록은 빨치산 토벌대의 승리를 보도한 당시 《동아일보》의 기사 한 문장이 유일합니다. "약 2주일 전 태백산전투에서 적의 괴수 박치우를 사살하였다."

실천으로서의 철학

철학연구자로서 박치우가 생각한 '철학'은 무엇이며, 어떤 시대배경 속에서 잉태했을까요. 경성제국대학을 졸업하고 처음 발표한 〈위기의 철학〉(1934)이란 글에서 박치우는 당대가 요구하는 철학을 '위기의 철학'이라고 규정합니다. 당면한 위기에 대한 인식과 실천을 철학적 과제로 생각한 것이지요. 그런데 여기서 "위기란 진실로 사회적 모순이 격화되기 때문에, 이것을 우리들의 생명을 협위(위협)하는 적으로서 뼈에 사무치게 체험할 때만 나타날 수 있는 현상"입니다. 즉 박치우가 이해하는 위기는 사회 속에 뿌리 내린 모순이 곪아 터져서 개인들의 생명과 삶이 곤경에 처하게 될 때, 인식주체들이 그 모순을 적대적으로 파악하게 되는 특정한 시기인 것이지요.

박치우는 객관적으로 드러나는 현실의 모순은 세 단계를 거쳐 실천의 방향으로 나아가야 한다고 생각했습니다. '교섭적 파악', '모순적 파악', '실천적 파악'이 그 세 단계입니다. 먼저 '교섭적 파악'은 생활 속에서 드러나는 모순의 '생동성'을 발견하는 것입니다. 이는 외양적이고 형식적인 부분에만 관심을 갖고 이론적으로 파악하는 데만 그치는 '로고스적' 파악과 대비됩니다. 그런데 하나의 모순은 늘 다른 사회적 모순과도 모순되는 '이중성'의 특성도 갖기 때문에 더 총체적으로 파악해야 합니다. 이것이 바로 두 번째 단계, '모순적 파악'입니다. 철학적으로 파악되어야 할 위기는 모순이 격화된 시기이면서, 그것을 인식하는 주체에게는 사회의 여러 모순이 상충되는 시기입니다. 하지만 모순적 파악을 통해 이중의 모순이 드러난다 해도 모순을 인식하는 주체의 불안은 해소되지 않습니다. 사회적 모순인 이 위기를 실천적 행동을 통해 스스로 극복하려고 시도하지 않았기 때문입니다.

(위기란) 객체적 모순이 주체적으로 파악되는 특정의 시기이다. 다시 말하면 모순이 모순적으로 파악되는 시간이다. 그러므로 위기의 극복은 다만 이 이중의 모순의 극복이 없이는 불가능한 것이다. 그러면 일반으로 모순을 극복할 무기는 어떤 것일까? 나는 이러한 무기는 '실천'을 내놓고는 없다고 주장하련다. 모순의 극복은, 따라서 위기의 극복은 다만 실천에 의하여서만 가능한 것이다. …… 주체적 파악은 그러므로 본래 파토스적인 것이나, 그의 극인 실천에 이르자, 벌써 한걸음 로고스적인 것의 영역에 들어가고 마는 것이라고 볼 수밖에는 없으리라. 여기에 로

고스와 파토스의 변증법이 있다. 실천은 실로 이 양자의 변증법적인 통일이다. 그리하여 이 양자는 실천의 계기로서 다음과 같은 역할을 맡는다. 즉 파토스(또는 행동)는 실천의 동력이고 로고스(또는 이론)는 실천의 지침이다.

즉 위기의 참된 파악과 극복은 이성과 이론에 근거하되, 그것을 넘어서는 행동인 '실천'으로만 가능하다는 것입니다. 이것이 바로 마지막 단계, 모순에 대한 '실천적 파악'이겠지요. 박치우는 철학이 인간의 이성적 측면을 가리키는 '로고스logos'와 감성적 측면을 가리키는 '파토스pathos'의 변증법적 결합이어야 하며, 그 결합을 '능동적 실천'이라고 말합니다. 이성적 측면이 결여되어 파토스적인 것만을 뜻하는 일시적이고 충동적인 행동은 위기의 극복이 아니라 위기의 파괴이며, 이 파괴는 다시 새로운 위기를 유발한다고 봅니다. 즉 그는 이성에 근거한 실천만이 당면한 현실의 위기를 극복하는 유일한 방법이라고 주장합니다.

따라서 박치우에게 '실천praxis'이란 인간의 이성에 근거해 전략적으로 기획된 행위입니다. 그리고 그 실천을 수행할 수 있는 자기 근거를 논리적으로 갖출 때에야 비로소 '철학'이 될 수 있습니다. 독립 연구자로서 첫번째로 발표한 이 글에서 우리는 졸업논문 주제와는 전혀 다른 마르크스주의 철학사상에 영향을 받은 박치우의 모습을 간접적으로 읽을 수 있습니다. 물론 '위기의 철학'이라는 화두는 서양철학을 배운 일본인 교수들에게서 영향 받은 것이지만, 헤겔철학의 관념성을 극복하고 실천적이고 계급적인 방향으로 나아가려 한 그의 철학적 문제의식과 잘 결합되어 있습니다. 또한 철학의 비판적 실천성을 유지하기 위해 아카데미즘과 일정한 거리를 두고, 강단 철학의 유약함과 보수성을 극복하고자 한 의지는 그의 삶에서 일관된 태도로 이어집니다. 그런 점에서 이 글에는 당면한 사회모순에 대해 실천적 이론활동을 벌여나가는 것이 자신의 주된 철학적 과제라고 선언하는 젊은 철학도의 포부가 담겨 있다고 볼 수 있습니다.

시대의 모순을 주체적으로 파악하고 극복하기 위해 노력하는 '실천'은 철학함에 대한 박치우의 생각을 이해하는 가장 중요한 열쇠말입니다. 박치우뿐만 아니라, 식민지 현실과 민족문제를 자신의 문제의식으로 받아들이지 않을 수 없었던 당시 경성제국대학 출신 철학도들은 거의 대부분 '실천으로서의 철학함'에 대해 생각을 같이 했습니다. 앞서 살펴본 신남철도 그러했고, 뒤에 나올 박종홍도 철학의 실천적 성격을 중시했습니다. 물론 그들의 실천이 지향하는 바는 서로 달랐습니다. 이처럼 저마다 다른 실천의 방향성을 '당파성'이라고 부른다면, 여기서 박치우가 철학의 두 번째 특성으로 파악한 이 당파성에 주목할 필요가 있습니다.

박치우가 강조한 '실천'은 사회의 절대다수를 차지하는 노동하는 인민이 자유롭고 평등하게 살 수 있는 권리를 실현하는 것이었습니다. 해방 이후 발표한 〈민주주의의 철학적 해명〉(1946)에서 그는 이렇게 말합니다.

'시민계급'만이 피압박 인민의 전부가 아니었으며 20세기인 오늘에 있어서는 더구나 아니다. 시민계급에 비한다면 몇 갑절이나 다수인 노동자와 농민이 있는 것이며 이들 절대 다수의 근로대중이 '인민'이 아니라는 법은 없을 것이다. 역사의 발전적 제 단계에 있어 혹은 데모스만이 혹은 키위스만이 혹은 또 부르주아만이 당시의 소수 특권계급을 상대로 '인민'으로서의 권리를 주장하였다는 것이 사회정의에 합치되며 도덕적으로도 선이었다면 20세기의 현대에 있어 그 자신의 역사적 사명을 다함으로써 이미 그 진보성을 상실한 지금은 일개 소수 특권계급에 불과한 시민계급을 상대로 보다 더 다수인 근로계급이 자신의 '인민'으로서의 권리를 주장한다면 민주주의는 이 사실을 과연 어떻게 처리할 것인가.

마르크스주의를 수용한 박치우가 보기에 철학은, 어떤 학문보다 엄밀한 객관성을 중시한다고 말하면서도 사실 특정한 정치적 목적이나 견해를 같이하는 집단의 의지와 시대의 요구를 늘 반영해왔습니다. 요동치는 인간의 욕망과 정념을 다루어 사적 이해와 연관되어 있는 '경제학' 못지않게, 철학 또한 인식 주체의 조건에 따라 존립하기 때문에 "강렬한 당파성"을 띠지 않을 수 없다는 것입니다. 그래서 박치우에게 철학은 역사적으로 계급적 당파성을 띠는 학문이었습니다.

일찍이 아리스토텔레스는 인간의 지적 활동을 크게 세 가지로 나눕니다. 이론적 탐구를 의미하는 관조theōria, 정치적·윤리적 행위인 실천, 생산 및 예술활동인 제작poiēsis이 그것입니다. 박치우는 〈철학의 당파성―테오리아와 이즘〉에서 이 고전적 정의를 비틀어 철학의 양대 요소가 '이론'을 가리키는 '테오리아theoria'와 이데올로기적 '사상'을 가리키는 '이즘ism'이라고 말합니다. 모든 철학은 처음에는 테오리아, 즉 순수한 지적 탐구로 출발하지만 객관적 정당성을 얻기 위해 실천의 차원과 연결되는 이즘의 과정을 필연적으로 거친다는 것입니다. 다른 말로 하자면, 철학이라는 학문의 범위와 영향은 역사적으로 단 한 번도 순수한 관조 단계에만 머무른 적이 없으며, 반드시 특정 사회계층의 이해관계를 대변하는 정치적 역할을 수행했다는 것입니다.

이는 앞서 말한 로고스와 파토스의 결합으로서 이해되는 실천에 대한 인식이 그의 철학 개념에서도 일관되게 유지된다는 점을 보여줍니다. 즉 이론과 테오리아는 로고스와, 사상과 이즘은 파토스와 궤를 같이 하는데 양자의 결합으로서 실천이 중요하다는 것이지요. 그는 이론이 사상 혹은 이데올로기로 변모하는 과정을 자연스러운 '철학의 운동'으로 파악합니다. 이처럼 이즘 없는 테오리아는 그에게 죽은 테오리아이기 때문에 이론과 실천의 결합은 필수였습니다.

이제 박치우는 자신이 파악한 시대의 위기에 대응하기 위한 실천, 즉 '당파성의 철학'으로 나아갑니다. 물론 그 핵심 내용은 양립하기 어려운 계급인 부르주아와 프롤레타리아의 적대적 대립을 전제하는 마르크스주의에 기초합니다. 박치우에게는 이러한 계급적 당파성에 대한 신념을 현실에서 실천하는 것이 곧 테오리아와 이즘이 결합하는 참된 철학함이었습니다. 마르크스주의나 사회주의에 대한 박치우의 입장이 드러난 글은 한 편도 전해지지 않지만, 그는 철학적 실천을 통해 철저한 마르크스주의의 수용을 보여줍니다. 이는 사회주의적 지향을 직접적으로 언급했지만 실천적 성격은 비교적 온건했던 신남철과 비교되는 지점입니다.

한편 박치우에게는 철학이 던지는 근본 물음도 구체적 현실과 긴밀하게 조응하는 문제의식이 담긴 것이어야 했습니다. 〈아카데미

철학을 나오며—철학의 현실에 대한 책임분담의 구명〉(1936)에서 박치우는 이렇게 말합니다.

> 철학의 고향이 어느 곳이었으며 또는 그것이 여지껏 얼마나 호사스러히 자라왔든지 간에 손발 하나가 지극히 귀한 오늘의 우리로서는 공연히 몇 해를 두고 이 새로운 손님의 원적과 이력만을 들추고 앉았을 겨를은 없는 것입니다. 이러한 의미에서 나는 아까 철학이란 무엇이냐를 물을 겨를이 있거든 먼저 '철학은 오늘, 이땅, 우리에게 있어서 마땅히 무엇이어야만 될 것인가', '마땅히 우리의 이 현실에 대하여 어떠한 책임을 분담해야만 될 것인가'라는 문제를 묻는 편이 백 배나 더 중하고도 긴급한 일이라고 말하였던 것입니다.

우리에게 중요한 것은 '철학이란 무엇이냐'라는 보편적 질문이 아니라, '철학은 지금, 여기, 우리에게 무엇이어야만 하는가'라는 구체적 질문이라는 것입니다. 철학이란 학문의 기원과 형태, 이력과 과정에 대한 물음이 아니라, 주어진 현실의 모순에 어떤 책임을 질 수 있는지를 먼저 물어야 한다는 것입니다. 이러한 철학관은 그가 탐구대상으로 파악하려 한 '인간'에 대한 이해에서도 잘 드러납니다. 즉 순수하게 통제된 시공간에서 사는 박제된 인간이 아니라, 당대 역사 속에서 피와 땀과 눈물을 흘리며 살아가는 현실 속 인간을 상정한 것이지요.

따라서 박치우는 철학에 대한 통시적 탐구가 철학의 핵심과제라고 보지 않습니다. 주류 철학은 현실의 상황이 낳은 질문과 유리된 철학사 연구에만 머물러 있습니다. 박치우는 '지금-여기'에서 우리 삶의 모순을 생산하는 현실의 문제를 인식하고 비판적으로 성찰하는 것이 진정한 철학의 과제라고 생각합니다. 박치우는 상아탑에 갇혀 화석처럼 굳은 철학이론과 시대와 함께 호흡하기 어려운 강단 철학에 안주하기를 거부합니다. 오히려 그는 '아카데미의 철학'과 '실천의 철학' 사이의 간격을 줄이고 둘 사이의 경계를 허물기 위해 분투합니다. 앞서 살펴봤듯이 이성활동으로서의 '이론'과 감성활동으로서의 '사상'이 긴밀한 운동관계에 있음을 포착하고자 한 박치우에게 학문적 인식과 실천적 인식은 서로 떨어져 있는 것이 아니었습니다.

그래서 '아카데미 철학을 나온다'는 그의 말은 '아카데미를 떠난다'는 뜻이 아닙니다. 아카데미와 현실 사이의 긴장관계를 인식하여 아카데미의 성취에 안주하지 않고 현실 속에서 실천하겠다는 의지의 표현입니다. 철학자로서 박치우의 이러한 태도는 그의 온 생애에 걸쳐 구체화됩니다. 특히 학문적 성과를 대중의 실천과 연결하기 위해 노력한 그의 글쓰기 방식은 이를 잘 보여줍니다. 대다수 '인민'이 이해할 수 있는 글을 쓰려고 노력한 박치우의 글은 대부분 이런 식으로 시작합니다. "전체주의란 무엇인가. 이것을 알기 쉽게, 그러나 철학적으로 해명시켜보려는 것이 이 글의 목적이다."(《전체주의의 논리적 기초》, 1941) 어떤 철학개념을 설명하든 그 사상적 배경과 시대상황을 먼저 소개함으로써 철학이 결코 골방의 독백이나 현학적 취미가 아님을 보여줍니다. 이러한 박치우의 태도는 현학적 용어를 남발하고 형식에만 얽매여 대중과 호흡하지 못하며 생동감이 떨어지는 오늘날 연구자들의 '논문적 글쓰기'를 반성적으로 돌아보게 합니다.

파시즘에 대한 비판, 비판의 무기로서의 변증법

앞서 살펴보았듯이 박치우는 급격한 시대변화를 겪으며 서양의 근대적 가치를 '철학'이라는 창을 통해 전면적으로 흡수한 사람입니다. 그는 망해버린 왕조국가의 후예로서, 다른 한편으로는 식민지 지식인으로 살아야 했기 때문에 주로 일본 제국주의의 관점에서 독일철학계의 지적 유산을 공부할 수밖에 없었고, 양심과 신념에 근거한 생각을 자유롭게 말할 수 없었습니다. 그리고 해방 이후에도 통치권력이 지향하는 방향과 합치하지 않는 사상과 실천으로 인해 분열된 정치공동체 어디에도 머무를 수 없었습니다. 이런 점에서 박치우는 대립 사이에서 모순을 인식하고 자신의 실천적 방향을 결정해야 했던 '경계인'이었습니다.

여기서는 그가 왜 서양의 자유주의, 전체주의, 파시즘을 비판했는지 주로 살펴보겠습니다. 물론 박치우의 비판대상은 서양의 근대성 자체가 아니라 인민의 자유와 평등, 평화를 위협하는 근대체제의 위선과 폭력이었습니다. 그래서 박치우의 비판에는 서양이 아시아를 지배하는 방식을 답습해 더 지독한 제국주의로 나아갔던 일제를 극복하고자 하는 의지가 포함되어 있습니다. 그는 세계사적으로 경험한 파시즘이 등장한 근본원인을 시민사회에서 찾습니다. 〈시민적 자유주의〉(1936)에서 박치우는 근대 시민사회의 특징을 '정치에 있어서의 민주주의, 경제에 있어서의 자본주의, 종교에 있어서의 기독교'라고 분석합니다. 이런 인식 위에서 근대 시민사회를 떠받치는 기초 '논리'에 대한 분석을 시도합니다. 그리고 이를 통해 동아시아와 조선이 근대의 문턱에서 겪는 모순을 이해하고자 합니다. 박치우는 시민사회를 구성하는 '형식논리形式論理'와 그 시민사회의 모순에서 촉발된 전체주의와 파시즘의 '비합리적인 신비주의 논리'를 모두 비판합니다. 그가 보기에 시민사회의 위기는 파시즘의 탄생으로 이어졌습니다.

세계대전을 전기轉機로 하여 원래 자유와는 가장 거리가 멀어야 할 통제라는 새로운 말이 외쳐짐을 듣게 됨도 이렇게 생각해오면 결코 우연한 일은 아니었던 것이니, 생산 부면에 있어서의 이같은 자유의 질곡화는 시민의 자유주의적 정치형태인 데모크라시에 반영하지 않을 수 없었으며 그 결과 데모크라시의 위기 타개를 위하여 시민 자신의 손으로 제출된 것이 다름 아닌 파시즘이며, 시민이 이렇게 자유주의와는 아무런 연분도 없어야 할 파시즘적 정치형태로 변모 내지 이행되어 가고 있다는 것이 진실로 오늘의 현상이 아닌가 한다. 물을 것도 없이 파시즘에서는 자유는 절대 금물이다. 거기서는 자유는 터부다. …… 시민사회의 위기가 자유주의의 위기를 가져온 것이다.

그렇다면 여기서 말하는 형식논리란 무엇일까요. 박치우는 서양에서 자리잡은 시민사회의 최소단위는 '개인individual'인데, 그것을 뒷받침하는 '구성원리'이자 '기초논리'가 다름아닌 형식논리라고 강조합니다. 그것은 모든 인식의 대상을 더 이상 나눌 수 없을 때까지 개별화시키고, 서로의 같음과 다름을 철저하게 '일 대 일의 논리'로 파악하려고 합니다. 그런데 박치우가 보기에 이 형식논리는 '이념존재의 논리'로서 구체적으로 "움직이고 변하는 생성세계의 논리가 아니라" 지극히 관념적이고 추상적인 세계에나 어울리는 논리였습니다. 그래서 봉건세계의 구속력에서 벗어난 근대주체를 구상하기 위해 자유롭고 독자적인 한 사람으로서 설정된 '개인'의 권리와 욕망은 '이념적이고 형식적이며 추상적'으로 구성될 수밖에 없었다는 것이지요. 박치우는 이 시민사회의 기초인 형식논리가 역사적으로는 개인을 집단으로부터 분리시켜 자유로운 상태로 만드는 일종의 '해방의 역할'을 했다고 봅니다. 〈형식논리의 패퇴―분유논리의 부활?〉(1939)에서 그는 이렇게 말합니다.

> 그러면 무엇 때문에 시민사회는 이처럼 형식논리를 자신의 구성원리로 하는 것일까? …… 이익과 그 분배에 있어서는 유달리 앙칼지고 '현실적인' 시민사회가 유독 개인 개념에 있어서만은 왜 이처럼 이념적, 형식적, 추상적일까. 한마디로 말하면 봉건에 너무나 오랫동안 유린당해온 '개인'의 권리를 옹호하기 위해서이다. 애비의 아들, 교회의 신도, 나라의 백성이기 전에 시민은 이런 모든 무서운 질곡에서 우선 몸을 해방시켜 자유로운 독자적인 한 사람의 개인으로서 자신을 살려갈 필요가 있었던 것이다.

그런데 이러한 개인주의에서 출발한 시민사회는, 박치우에 따르면 겉으로 자유와 평등을 표방했지만 실상은 또 다른 지배관계를 생산했습니다. 즉 봉건체제에 대항한 근대 시민계급은 개인의 자유를 부르짖으며 역사의 전면에 나타났지만, 체제가 무너진 다음에는 그들의 자유가 투쟁과 해방의 무기가 아닌 자기 계급만을 위한 '충족과 건설'의 무기가 되었다는 것입니다. 박치우는 사적재산권에 근거하는 남성-백인-부르주아의 지배원리가 체제화된 이데올로기가 곧 자유주의라고 규정했습니다. 그가 보기에 자유주의 자들이 말하는 '자유'란 처음부터 가상으로만 존재하는 것이며, 부르주아 민주주의가 말하는 만인의 평등한 권리는 사실 부르주아 계급만을 위한 권리였습니다. 그래서 부르주아 계급이 강조하는 자유는 자기 보존과 이기적 권리의 추구에만 급급할 뿐입니다. 박치우는 〈일 대 일과 형식논리〉(1946)에서 근대 시민사회의 자유 개념은 '갑의 자유는 을의 부자유'일 뿐이거나 '갑의 자유가 을의 자유일 수는 없는' 그런 자유에 지나지 않는다고 말합니다.

> 형식논리적 일 대 일은 대상이 이념화될 때에만은 타당하나 현실 그대로일 때에는 무력無力이다. 사람 하나와 소 한 마리는 이념적으로 하나와 하나인 경우에만 같을 수가 있어도 현실태 그대로인 경우에는 어디까지나 한 사람의 하나와 소 한 마리의 하나는 같을 수가 없으며, 하나와 하나가 합쳐서 둘이 될 수는 없는 것이다. 형식논리적 일 대 일은, 형식논리적 공평은 그러므로 공평의 '픽션'(허구)일 수는 있어도 공평의 현실일 수는 없다. 현실적으로 존재하는 공평이 아니라, 공평의 '픽션'에 지나지 않는 것이다.

박치우는 이러한 자유주의에 대한 비판을 넘어, 더욱 치명적인 당대 지배이념과 맞서 싸웁니다. 바로 유럽사회의 전체주의 문화, 그리고 나치즘으로 대표되는 파시즘 체제입니다. 박치우는 파시즘이 요청한 '이론적 토대'로서 전체주의를 분석합니다. 파시즘은 현실적으로 존재하는 위협적인 이데올로기이지만 그 배경에는 그것이 신봉하는 '철학적 근거'로서 전체주의가 있다는 것입니다. 해방

전에 발표한 〈전체주의의 논리적 기초〉(1941)에서는 히틀러의 나치
즘만을 전체주의 체제의 대표로 언급할 수밖에 없었지만, 해방 후
발표한 글에서는 제2차세계대전을 파시즘과 민주주의의 대결로
평가하면서 일본을 포함한 2차대전 전범국들 모두가 '파쇼' 체제였
다고 강하게 비판합니다. 물론 한반도가 접한 파시즘 체제는 서구
근대문물을 가장 빠르게 적극 수용한 일제를 통해 도입되었고, 그
과정에서 나라 잃은 백성들은 시민이 되기도 전에 파시즘의 처절
한 피해자가 되어야 했습니다. 이 때문에 박치우는 해방된 조국에
서 일제잔재와 친일파를 청산하지 못한다면 한반도는 다시 '국수
주의적 파시즘'으로 전락할 수 있다고 경고합니다.

〈전체주의의 철학적 해명〉(1939)에서 박치우는 형식논리가 자유
주의적 사회정치체제를 만들었으며, 자유주의의 예정된 타락과 변
질 때문에 역설적으로 자유가 완전히 말살된 전체주의가 탄생했다
고 주장합니다. 그는 이 전체주의를 지탱하는 논리를 '분유논리分有
論理'라고 분석합니다. 여기서 '분유'란 씨족사회에서 한 사람은 씨
족의 부분으로만 존립할 수 있듯이 저마다 구성원들은 '전체'를 나
누어갖는 방식으로만 존재하기 때문에 독립적인 '개인'은 있을 수
없다는 의미입니다. 즉 분유논리는 형식논리처럼 더 이상 나눌 수
없는 부분들의 동등함을 인정하는 것이 아니라, 부분은 전체의 일
부로서만 존재할 수 있다는 것을 신봉하는 원리입니다. 팔과 다리
가 몸에 연결되어 있듯이 부분이 전체에 종속되어야만 한다는 점
에서 이는 지체논리肢體論理로 불리기도 합니다. 박치우에게 이것
은 합리주의 요소가 배제된 '신비적 유기체설'이었습니다. 그는 〈형
식논리의 패퇴―분유논리의 부활?〉에서 이는 단일한 혈연성에서

출발하는 원시적 씨족사회에나 어울릴 법한 허구의 논리이자, 공동체와 구성원을 일체화시키는 '동일화同一化의 원리'라고 비판합니다. 결국 박치우는 파시즘의 득세와 현대 전체주의 철학의 발흥에 이런 편협한 논리적 배경이 있다고 판단한 것입니다.

현대의 전체주의는 '피의 원리'라는 새로운 원리를 내세워서 이것을 가지고서 종래의 기계적 유기체설(합리적 유기체설)을 신비적(비합리주의적인)인 유기체설로 뜯어고칠 필요가 있게 되는 것이다. 바꾸어 말하면 현대 전체주의는 종래의 유기체설에서 '지체사상', '봉사관념'과 같은 점만을 계승하고, 민족을 넘어서 인류로 달리려는 계몽주의, 그 소위 '지성의 원경'은 신짝 버리듯 버리는 것이다. 이 목적을 위하여서는 '피'의 논리만큼 좋은 조건은 없다. '피'는 한 개의 신화인 때문이다. 지성의 개입을 허치 않는 진실로 '20세기의 신화'인 때문이다.

박치우가 진정 우려한 것은 파시즘 체제가 언제 어떤 정치공동체에서든 부활할 가능성이 있다는 점이었습니다. 해방 이듬해 발표한 〈국수주의의 파시즘화의 위기와 문학자의 임무〉에서 "나치스 독일과 파시스트 이탈리아, 그리고 군국주의 일본의 타도만으로 세계사에 있어서의 파시즘의 종언을 기대함과 같음은 너무나 어리석은 낙천주의"라고 주장합니다. 파시즘은 민족국가가 존속되는 한 우매한 대중과 그들에게 헛된 욕망을 심어주는 권력자를 통해 다시 나타날 수 있다는 것입니다. 히틀러, 무솔리니, 도조 히데키에게서 볼 수 있듯이 파시스트는 늘 애국자라는 이름을 걸고 등장해 자신을 따르지 않는 자들을 매국노로 몰아붙입니다. 그 광기 어린 분위기에 편승해 국민이 지배권력에 스스로 열광적인 지지를 보낼 때 파시즘의 싹은 성장했습니다.

박치우가 바라본 해방 직후 국내정세도 크게 다르지 않았습니다. 맹목적인 민족주의인 국수주의가 민족감정에 호소하는 지배권력과 만났을 때 해방된 조선에서도 파시즘이 일어날 수 있다는 것이지요. 그가 보기에 이제 막 식민지를 벗어난 한반도는 아직 '후진사회'이기 때문에 이 땅에서의 격렬한 정치투쟁은 폭력적 파쇼체제로 귀착될 가능성이 컸습니다. 그래서 박치우는 당시 상황에서 미군과 소련군이 당장 물러간다고 해도 민주주의적 평화통일이 이루어지기 어렵다고 판단했습니다. 한반도에 드리운 전쟁과 파시즘의 어두운 미래를 예감하면서, 박치우는 형식논리나 분유논리에 기초한 사회에서는 진정한 해방의 힘을 찾을 수 없다는 것을 재확인했습니다.

이런 점에서 박치우가 자유주의의 한계를 극복하고 전체주의적 파시즘 사회를 벗어날 수 있는 기초로 삼은 것은 '변증법의 논리'입니다. 그가 보기에 전체주의와 파시즘은 서구 근대에 내재된 모순이 극에 달해 민주공동체를 파괴하고 인민의 생명과 권리를 말살하는 지경에 이른 것입니다. 그래서 그는 이러한 세계의 근본모순을 바로 인식하고 대안사회를 만들기 위해 우리에게 필요한 것은 변증법이라고 생각했습니다. 박치우는 변증법을 형식논리에 대응하는 단순한 논리적 수단이 아니라, 모순을 인식하는 탁월한 방법이자 현실적 존재와 세계의 변화를 설명하는 기본원리로 수용합니다. 더불어 그것은 그에게 마르크스주의 철학의 핵심원리로서 철학의 실천성을 강화시켜주는 것이기도 했습니다.

박치우는 전체주의적 파시즘이 변증법을 적으로 공격하는 이유
는 변증법이 '현실존재'를 대상으로 모순과 투쟁을 긍정하는 계기
인 동시에 통합과 화합이 가능하도록 만드는 원리이기 때문이라고
설명합니다. 파시즘이 제일 두려워하는 것은 변증법에 내재된 '운
동성으로서의 자기부정성', 즉 끊임없이 내부의 통합에 균열을 가
하며 변화와 운동을 불러일으키는 속성이었습니다. 흩어지려는 개
인들을 통일적으로 지배하려고 하는 파시즘은 변증법이 가진 변
화의 힘을 수용할 수 없는 것이지요. 당시 일본의 몇몇 철학자들도
변증법을 고수한다고 주장했지만, 박치우가 보기에 그들은 변증법
을 회피한 채 전체주의적 지체논리에 포섭되어 있을 뿐이었습니다.
변증법을 말하면서도 '투쟁의 논리'는 배제한 채 모순에 대한 성찰
없이 형식적으로만 화합과 협동을 강조하는 '화협和協의 논리'만 앞
세우는 것은 변증법을 제대로 이해하지 못한 것이기 때문이지요.
그런 상황에서는 개체들이 전체 속에서 화합할 때에만 행복과 안
전을 보장받을 수 있다고 착각하고, '멸사봉공滅私奉公' 같은 논리가
힘을 발휘하게 됩니다. 이것이 박치우가 식민지 시절부터 파악한
파시즘 체제의 논리적 귀결입니다.

그래서 박치우는 변증법이 '모순의 논리'인 동시에 '화해의 논리'
이며, '분열의 논리'인 것처럼 보이지만 사실은 '결합의 논리'라고
강조합니다. 또한 그에게 변증법은 현실파악을 위한 논리에만 한정
되는 것이 아니라 그 자체가 세계를 구성하고 움직이는 논리, 세계
변화의 원리였습니다. 서양철학의 합리성을 변증법에서 발견한 이
마르크스주의 철학자에게 변증법은, 인식론적 차원이 아니라 세계
존재 그 자체의 이념으로서, 또한 비판과 변혁의 무기로서 중요할

수밖에 없었습니다. 박치우는 서구의 근대성이 구축한 자유주의 체제가 악질 전체주의나 파시즘 체제로 변질되는 것을 목도하면서 마르크스를 경유한 변증법 논리의 해방적 힘을 신뢰합니다. 따라서 그에게 철학적 실천의 진정한 의미는 현실모순을 지양하는 변증법적 통일 속에서 살아날 수 있었습니다.

물론 박치우의 변증법에 대한 이해가 일반적인 철학사에서의 설명과 비교해 무엇인가 새로운 관점이 담겨 있다고 하기는 어렵습니다. 하지만 자유주의와 파시즘의 거짓된 지배논리에 대한 비판은 오늘날에도 여전히 유효한 사회철학적 메시지를 담고 있습니다. 다문화사회를 지향하면서도 실제로는 사회 내부의 다른 가치를 용인하지 않는 모습, 법과 원칙을 들먹이고 '국익'을 내세우며 생각이 다른 사람들을 '종북'이나 '좌익빨갱이'로 매도하며 정치적 이견을 인정하지 않는 모습은 여전히 우리사회의 파시즘적 징후이기 때문입니다. 이처럼 제도나 법 규정으로 정착되어 더 이상 혁신이 필요 없어 보이는 형식적·절차적 '민주주의'에서는 전체주의와 파시즘이라는 잠재된 위험 요소가 늘 도사리고 있습니다.

근로인민민주주의와 주체

앞서 살펴본 것처럼 박치우는 근대 민주주의가 형식논리로만 현실을 재단하기 때문에 현실의 존재인 인간의 의도와 행동을 '추상화'시킬 수 있다고 보았습니다. 그래서 부르주아 민주주의는 시민계급이 특권화되는 것을 정당화하며 현실의 변혁논리를 거부하게 됨니다. 이처럼 자유주의와 결탁한 민주주의가 결국 자본주의 체제를 정당화하는 이데올로기로밖에 작동할 수 없음을 간파한 그에게 민주주의는 어떤 형태여야 했을까요. 물론 진정한 민주주의를 실현하기 위한 박치우의 전략 밑바탕에는 '현실존재의 논리'를 반영하는 변증법이 있었습니다. 파시즘을 배격하면서도 추상화된 자기인식을 타파하고, 근대 부르주아 계급의 부조리를 비판하며 동시에 현실의 변혁논리를 담아낼 수 있는 그릇은 변증법뿐이었습니다. 박치우는 시대에 가장 긴밀하게 결박돼 있던 주제인 파시즘을 '국가와 주체의 관계'로 환원하여 이해했고, 노동하는 인민이 국가에 구속되지 않는 대안적 관계를 고찰했습니다. 결국 그의 문제의식은 해방 이후 '조선에서 실현되어야 할 민주주의가 어떤 민주주의여야 하는가'라는 고민으로 나아갑니다.

'민주주의'는 일제강점기에는 누구도 함부로 쓸 수 없는 말이었습니다. 하지만 해방 이후에는 민족의 장래를 염려하는 사람들에게 단연 화두였습니다. 물론 현실에서 민주주의가 무엇을 의미해야 하는지에 대한 생각은 저마다 달랐습니다. 박치우는 주권자로서 '민民'의 의미부터 다시 규정하며 '새로운 민주주의'를 구상합니다. 그에 따르면 기본적으로 민주주의는 "인민의, 인민에 의한, 인민을 위한 정치를 주장"하는 이념입니다. 해방 1년을 기념하여 출간된 논문집에 수록된 〈민주주의의 철학적 해명〉에서 박치우는 '인민'에 대해 이렇게 설명합니다.

자기를 특권층과는 대립되는 존재로서 계급적으로 정립하는 동시에 주권은 모름지기 특권층이 아니라 자기네들에게 속하여야만 된다는 것을 역사적으로 자각한 그러한 인간이라는 조목이 중요한 '인민'의 내포가 되는 것이다. 바꾸어 말하면 '인민'이란 역사적 사회적 자각을 가진 다수 피지배계급이라고 이렇게 내포를 규정지을 수가 있을 것이다.

앞서 살펴보았듯이 박치우는 '사적私的 소유권' 중심의 개인주의와 현실의 불평등을 은폐하는 '시민적 자유'를 현대 민주주의의 자기모순으로 보았습니다. 그는 좀 더 많은 사람들이 누릴 수 있는 새로운 민주주의 형태를 해방조국의 이상으로 제시하려 했습니다. 박치우가 주장하는 '근로인민민주주의'는 해방조국에 진정한 '공평公平'을 구현하기 위한 제안입니다. 〈민주주의의 철학적 해명〉에서 그는 새로운 사회원리에 대해 '최대다수의 최대행복'을 목표로 "능력에 의해서 노동을 시켜주고 또 그 노동에 의해서 분배를 시켜주는" 곳이라고 설명합니다. 여기에는 노동하는 인민이 정당한 노동의 대가를 받을 수 있는 사회주의 사상의 핵심이 잘 반영되어 있습니다.

그런데 여기서 '최대다수의 최대행복'이란 말은 원래 18세기 공리주의 사상가 벤담Jeremy Bentham(1748~1832)이 자신의 공리주의를 '효용의 원리'로 설명하면서 모든 입법의 목표로 설정한 것입니다. 벤담의 공리주의적 이상은 고통과 쾌락을 양적으로 측정할 수 있고 다수의 행복을 위해 소수의 자유와 권리를 희생할 수 있다는 입장입니다. 이것은 박치우가 비판하는 형식논리의 전형을 보여줍니다. 실제로도 공리주의는 형식논리와 자유주의의 조류 속에서 나온 사상입니다. 이런 점에서 박치우가 말하는 민주주의는 공리주의적 이념을 수용한 것이 아닙니다. 그가 말하는 '최대다수의 최대행복'은 다수의 노동하는 인민이 진정 행복하게 살 수 있는 근로

인민민주주의 사회의 이상이 담긴 것입니다.

어쨌든 박치우가 주장하는 새로운 민주주의에서는 부르주아 민주주의가 주장하는 '시민'이 아니라, 절대 다수를 차지하며 스스로의 노동을 통해 살아가는 이 '근로인민'이 민주주의의 주체임을 강조합니다. 그렇다면 그들이 누려야 할 최대의 행복엔 어떻게 다가갈 수 있을까요. 박치우가 추구한 근로인민민주주의의 성격은 복합적인데, 우선 그의 민주주의는 당시의 비합리주의적 조류에 대항해 이성적 합리주의를 강조합니다. 그가 일관되게 비판한 전체주의와 파시즘의 이론적 배경에는 비합리주의적 요소와 신비주의가 깔려 있습니다. 게르만 민족의 우월성을 주장하며 인류에게 범죄를 저지른 나치의 파시즘이 대표적이지요. 그런 면에서 민족이나 국가를 중심에 놓고 인민의 자유를 말살하고 다른 가치를 억압하는 조류는 모두 '민주주의의 적'입니다.

또한 박치우의 민주주의는 형식논리가 아니라 변증법적 논리에 근거합니다. 부르주아 민주주의가 형식논리에 기초해 모든 개인을 균질화시킨 사회적 평등을 이념적으로 도출했다면, 변증법적 논리는 그것을 현실적으로 실현하기 위한 최대의 공평함을 추구하기 때문입니다. 그에게 변증법은 자유와 평등의 조화로운 상태를 실천적이고 점진적으로 지향하기 위한 필연의 논리입니다. 더불어 박치우는 한계가 명백한 '시민민주주의'는 지양해야 한다고 생각합니다. 민주주의는 한때 인류보편의 권리 회복을 명분으로 내건 역사적 과제였지만, 시민적 자유가 소수를 위한 것이라면 이제 민주주의는 특권의 기득권을 유지하는 수단으로 전락했다는 것입니다.

앞서 살펴보았듯이 파시즘 체제는 현대 민주주의의 한계 위에서 만들어졌습니다. 그런 면에서 박치우는 이제 막 식민지에서 벗어나 정치발전의 유무형적 토대가 허약한 조선에서는 민주주의 실험이 실패하고 파시즘 체제로 변질될 우려가 크다고 보았습니다. 따라서 그는 새로운 한반도에서의 진정한 민주주의는 근로인민들이 중심에 서는 민주주의가 아니면 안 된다고 주장합니다. 이를 위해 무엇보다 새로운 민주주의에서는 탐욕적인 자본주의 요소를 경계해야 합니다. 그는 보편적 인간의 주권을 확립하고 지배의 억압적 성격을 약화시키려면 '금주주의金主主義', '지주주의地主主義', '물주주의物主主義'로서의 민주주의를 극복해야 한다고 말합니다. 해방 직후에 쓴 〈전체주의와 민주주의〉(1945)라는 글에서 박치우는 이렇게 말합니다.

다수자의 요구인 일 대 일이 관철되는 날 조선의 민주주의는 일대 비약이 필지必至일 것이다. 그것은 적어도 금金주주의적인 낡은 민주주의 그대로일 수는 없을 것이다. 능력대로 일을 시키지 않는 사회, 능력이 있고도 일을 안 해서 무방한 사회, 그리고 일을 하고도 분배에의 관여가 허여되지 않는 사회, 일을 않고도 분배를 독점할 수 있는 사회, 이러한 사회에서는 공평의 가상밖에는 안 되는 형식논리적인 일 대 일은 있을 수 있을는지 모르나 가장 참된 일 대 일, 현실적인 일 대 일, 현실적인 공평은 있을 수가 없는 것이다. 그러므로 민주주의라는 것이 자기 자신의 주의와 주장에 철저하려면 이른바 부르주아 민주주의에 주저앉지 말고 다수자인 근로인의 현실적인 일 대 일의 요구를 강력히 보증할 수 있는 근로인민민주주의에까지 자신을 진전시키지 않으면 안 되며 또 당연히 그렇게 되고야 말 이유가 여기에 있다. 이것을 예측 내지 각오할

줄 모르는 민주주의가 있다면 그것은 벌써 민주주의가 아니라 '금'주주의나 '물物'주주의 혹은 '지地'주주의 이외의 아무것도 아닐 것이다.

그가 꿈꾼 세상은 노동자가 노동을 통해 자신의 자유를 실현할 여건을 보장해주는 곳이며, 그 과정에서 노동으로 인한 소외와 계급사회의 대립이 사라지는 곳이었습니다. 그러한 토대 위에서 근로인민이 주체가 되는 사회가 되어야 한다는 것이 그의 생각이었습니다. 그런 점에서 박치우가 궁극적으로 지향한 민주주의는 인민이 경제적으로나 정치적으로나 주체로 살아갈 수 있는 '인주주의人主主義'의 토대가 되는 민주주의였습니다.

한편 박치우는 해방 이후에 사회적으로 힘을 얻었던 국수주의적 경향에 대해서도 적극적으로 비판하며, 새로운 나라에 필요한 민주주의는 민족이나 국가 자체를 절대화시키는 민주주의가 아니라 근로인민을 중심에 두는 민주주의여야 한다고 주장했습니다. 그에겐 그것을 실현하는 것이 식민경험으로부터 진정한 해방을 이루는 길이었습니다. 즉 자유롭고 평등하게 성숙한 정치공동체를 만들지 못한다면 우리는 여전히 일본 제국주의의 그늘 아래 갇힌 것과 마찬가지라는 것입니다. 나아가 그는 근대 부르주아 독재가 만든 '자유'의 의미를 바로잡고 성숙한 사회가 되기 위해서는 평등과 자유가 함께 보장되는 제도가 필요하다고 보았습니다. 그래서 진정한 민주주의는 정치적 주체의 자율성을 보장하면서도 동시에 전체 인민의 공평한 이익을 대변할 수 있어야 한다고 생각합니다. 박치우는 빈부격차를 줄이기 위해서는 잘사는 사람만 계속 잘사는 제한된 자유가 아니라, 모두가 잘살 수 있는 구체적이고 현실적인 자유가 중요하다고 강조했던 것이지요.

그런데 민주주의에 대한 박치우의 이 모든 생각은 당시 한반도 상황을 고려할 때 어디까지나 장기적인 목표였습니다. 미국과 소련의 이해관계 충돌로 한반도는 해방되자마자 남북으로 분단되었고 좌우 이념 대립과 내부 갈등이 폭발했기 때문이었지요. 이런 점에서 광복 직후 발표되었고 흔히 '8월테제'라고 불리는 박헌영의 〈현 정세와 우리의 임무〉(1945)는 좌익세력에게 좀 더 현실적인 과제를 상기시켜주었습니다. 이 문건은 박헌영의 노선과 함께 한 박치우의 해방 이후 활동을 살피는 데 참고가 됩니다. 박헌영은 해방공간의 현 정세를 아직 '프롤레타리아 혁명의 단계'로 접어들 수 없는 '부르주아 민주주의 혁명의 단계'로 규정합니다. 봉건적 잔재를 청산하기 위해 자본주의를 수용하고, 유산계급과의 통일전선을 통해 생산력을 비약적으로 발전시키고 민주주의를 훈련하여, 장래의 사회주의 혁명 또는 인민민주주의 혁명을 준비해야 한다고 주장합니다.

박치우도 정세적으로는 이런 생각에 동의합니다. 부르주아 민주주의의 역사적 한계에 대해 누구보다 잘 알고 있었지만, 그것은 일종의 '과도기'로서 당시 정세에서 필연적으로 요구되었기 때문입니다. 연약하고 분열된 한반도의 정치지형과 온갖 단체와 조직이 난립한 정국을 고려할 때 부르주아 민주주의 단계는 하나의 '징검다리'로서 반드시 필요했습니다. 물론 당시 한반도에 주둔한 미군과 소련군이 의도한 통치방식 때문에 민중이 자율적이고 민주적인 방식으로 정치를 이끌어가기에는 제약이 많았지만 말입니다.

또한 남북분단이 고착화되고 갈등이 심화되어 전쟁이 일어날 경

박
치
우

259

우 어쩌면 한반도가 파시즘 체제로 타락할 수도 있다는 현실적 우려도 무시할 수 없었습니다. 박치우는 한반도가 다시 파쇼화되는 것을 막기 위해 정국에 긴밀하게 대응하는 '민주주의공동전선'의 필요성을 주장하고 자유주의 세력부터 좌익에 이르는 세력 사이에 넓은 연대를 강조합니다. 박치우는 그것이 가능하다면 어떤 방식의 민주주의가 되든 결국에는 '근로민주민족' 전선으로 확대될 것이라고 낙관적인 전망을 했기 때문입니다.

그런데 박치우의 진정한 이념적 목표는 더 급진적인 민주주의의 구성에 있었습니다. 당면한 정세에서 '부르주아 민주주의'를 추구할 수밖에 없었지만, 궁극적으로는 인민이 이끌어가는 새로운 민주주의를 주창한 것입니다. 1946년 '건국동원과 지식계급'이라는 대담회에서 그는, "민주주의 국가의 주권은 인민의 것"이라고 주장합니다. 그 새로운 이념적 원칙이 그에게는 해방조선에서 요구되는 '진짜 민주주의'였습니다. 물론 거기서의 '정치적 주체'는 특권적 '시민'이 아닌 자신의 노동을 통해 세상을 이끌어가는 '인민'입니다. 박치우가 철학의 중요한 특성이라고 지적한 당파성에 입각한 실천행위가 여기에서도 잘 드러납니다. 그는 '인간다운 인간'을 실현하기 위해 자유와 평등을 실질적으로 보장하는 민주주의, 절대다수의 행복을 지향하는 민주주의를 꿈꾸었습니다. 이런 점에서 박치우의 근로인민민주주의론은 북유럽에서 발달한 사회민주주의나 오늘날의 절차적 민주주의보다도 훨씬 더 급진적이며 원칙적인 민주주의론이었다고 평가할 수 있습니다.

해방 이후의 활동과 최후

전체주의와 파시즘에 대한 박치우의 지속적인 비판의식은 해방 이후에도 일관되게 나타납니다. 그는 당시 일각에서 대두된 '일민주의'와 같은 국수주의적 경향을 비판하면서 민주주의 세력의 결집을 도모합니다. 박치우는 민족을 신비화하여 민족지상주의로 나아가는 경향은 전체주의적 파시즘의 변종에 지나지 않는다고 보았습니다. 전체주의적 파시즘의 득세는 20세기 전반 독점자본주의 시대에서만 나타나는 현상이 아니라, 제2차세계대전 이후의 정치·경제적 후진국들이 공통으로 겪는 경험이었습니다. 그는 새롭게 탄생할 남북의 국가도 "휘황찬란한 팟쇼의 유혹"을 견뎌낼 도리가 없을 것이라고 경고했습니다.

더불어 박치우는 친일파에서 친미파로 변모하며 기득권을 유지하려는 세력, 파시즘 체제를 재현하려는 반민주주의 세력에 대응하기 위해 범민주주의 세력의 연대를 꾀합니다. 1946년 2월, 전국 문학자대회에서 발표한 〈국수주의의 파시즘화의 위기와 문학자의 임무〉에서 그는 이러한 실천적 지침을 제안합니다.

국수주의의 파시즘화를 경계하자!
비합리성의 원리를 분쇄하자!
합리성의 원리로써 무장을 하자!
합리주의 사상 진영과 손을 잡자!
감정을 민주주의적으로 훈련하자!
민족 신비주의의 유혹에 속지 말자!

민주주의 계몽운동에 적극 참여하자!

국제 파시즘의 뿌리를 뽑자!

반파쇼 깃발 밑으로 모든 민주주의자는 단결하자!

해방 이후, 활발한 언론활동을 통해 파시즘과 국수주의와 투쟁을 벌이고 친일파에 대한 척결을 주장하며, 민주주의에 대한 계몽활동과 토론을 벌이고 남로당세력의 조직화를 위해 일한 1946년은 박치우에게 특별한 해였습니다. 가장 활발하게 문필활동을 전개한 해이면서 동시에 한 권의 저서와 함께 남녘에서의 활동을 마감하는 해였기 때문입니다. 5개월여 밖에 지속되지 못했지만 일요일에도 발간되던 좌익계열의 신문《현대일보》의 주필이었던 그는, 사설을 통해 당면한 사안에 대한 좌익의 생각을 대변하며 대중을 설득했습니다. 하지만 강한 비판 논조를 담고 있던 이 신문은 좌익의 득세를 우려한 미군정의 사상탄압을 받습니다. 그리고 우익 청년조직의 테러를 겪으면서도 꿋꿋하게 견디던 신문사는 결국 문을 닫습니다. 미군정이 사무실을 수색하는 날 박치우는 잠적하고 신문사는 정간 처분을 받게 됩니다. 그후 박치우는 남한에서 비밀활동을 이어가던 중 1946년 '10월 인민항쟁'을 겪으며 지명수배되는데, 이 체포를 피하기 위해 그해 겨울에 월북합니다.

박치우가 월북할 수밖에 없도록 만든 이른바 인민항쟁은 어떤 사건이었을까요. 인민항쟁은 당시 정부 역할을 하던 미군정이 일제시대의 관리와 경찰을 그대로 고용해 식량공출을 강압하고 토지개혁을 지연시키자, 식량부족 사태를 겪던 시민들과 노동단체가 1946년 10월 1일 대구에서 시위를 벌이면서 촉발됩니다. 시민과 경찰이 죽거나 다친 이 사건은 그해 말까지 전국적인 민중항쟁으로 확산되었고, 각지에서 시위대와 미군 및 남조선국방경비대의 충돌이 일어납니다. 결국 이 시위에 가담한 좌파를 체포한다는 명분으로 한민당세력과 반공청년조직의 테러도 속출했는데, 이 사건으로 남로당세력은 큰 타격을 입고 대부분의 지도부가 월북하거나 체포됩니다.

월북한 남로당원들은 남쪽의 민주주의 건설방식에 만족하지 못했고 미군정의 방해로 급진적인 민주주의의 현실화가 사실상 불가능하다고 여겼습니다. 그들은 소련식 사회주의 혁명을 한반도에 실현하여 자본주의와 분단의 모순을 극복할 수 있다고 생각합니다. 물론 그들은 시대적 한계로 인해 스탈린주의로 고착화되는 소련 사회주의 시스템의 미래를 인식하지 못했으며, 당시에 그 경직된 사회주의 시스템이 북한에도 스며들 것이란 점을 간파하기는 어려웠습니다. 또한 남한의 좌익세력은 피비린내 진동하는 '여순사건'과 제주도 '4·3사건' 등 광기어린 좌우대립 속에서 설 곳을 잃게 되고, 소수가 산으로 들어가 유격대활동을 벌이기도 합니다. 이처럼 박치우의 '월북'은 남한의 좌익활동 탄압으로 그에게 강요된 것이며 좀 더 자유롭게 활동하기 위한 불가피한 선택이었습니다.

월북 이후 박치우는 자신의 경험과 지식을 공유하며 남로당의 정치세력화를 위해 헌신적으로 일하고 투쟁합니다. 월북한 남로당 청년들을 가르치고 훈련시키던 강동정치학원에서 박치우는 당시 '동학당의 난리'로 부르던 갑오년의 항쟁을 '동학농민전쟁'으로 규정하고, 3·1운동의 인민투쟁적 성격과 역사적 의의를 적극적으로 해석하는 등 대원들을 조선의 주체적 혁명투사가 되도록 지도했습니다. 원래 남로당은 1925년 설립된 조선공산당을 모태로, 1946년 11월 서울에서 조선공산당, 조선신민당, 조선인민당의 합당으로 결성된 공산주의 정당이자 미군정이 허가한 합법단체였습니다. 당시 북쪽에서는 조선공산당 북조선분국이 북조선로동당으로 개칭하였는데, 남쪽에서도 이에 호응하여 여러 조직이 연합해 남조선로동당을 세운 것입니다. 이후 북로당과 남로당은 박치우가 빨치산으로 남파되기 얼마 전인 1949년 6월에 조선로동당으로 이름을 바꿔 통합하지만, 실권은 여전히 소련군정을 등에 업은 김일성의 만주 빨치산파에 있었습니다.

이처럼 남로당파가 수세에 몰린 상황에서 1949년 9월, 박치우는 남한 빨치산을 규합하고 통솔하는 과제를 안고 360명의 제1병단 유격대 정치위원이 되어 다시 남쪽으로 내려옵니다. 그런데 대남 선전활동과 유격활동을 벌이던 빨치산 부대는 이미 전쟁 이전부터 산악지역에 결집하기 시작했습니다. 그들 중에는 혁명투사를 자임하며 북녘에서 다시 내려온 사람들 외에도, 우연히 '빨갱이'로 몰려 입산하게 된 평범한 사람들도 있었습니다. 반면 이들을 소탕하던 국방경비대의 지휘관들은 몇 년 전만 해도 만주군 장교로 항일독립군을 섬멸하던 이들이었습니다. 한편 한국전쟁 이후 박헌영이 지도하는 북한 남로당파는 모두 숙청대상이 됩니다. 박헌영의 노선을 따라 좀 더 급진적이었던 박치우에 비해 비교적 온건한 입장에서 백남운의 노선을 취했던 신남철의 최후도 쓸쓸하기는 마찬가지였습니다.

이런 여러 정황을 종합해보더라도 남아있는 자료가 거의 없기 때문에 박치우의 마지막 행적에는 여러 의문이 남습니다. 하지만 그가 남긴 글로 그의 '실천'을 이해할 수밖에 없을 것 같습니다. 그에게 해방조국에서 이제 역사의 진정한 투쟁적 주체로 등장해야 하는 존재는 자발적인 '근로 대중'이었습니다. 박치우에게는 인민을 '계급 자각'으로 이끄는 과정 자체가 좌익 지식인의 계급투쟁이자 철학적 실천이었습니다. 〈사상과 육체〉(1937)에서 그는 "정치의 연장이 아닌 전쟁이 있는가. 그러기에 전쟁에 관한 한 군인은 적어도 사수가 아니라 오히려 반대로 탄환인 것이다"라고 말합니다. 전장에 투신하는 병사의 생명은 전쟁의 소모품이라고 생각한 것이지요. 하지만 진정한 실천은 자각한 주체의 이성적 행동이므로, 전쟁에서 무자각적으로 총을 든 소모품 같은 병사와 신념을 위해 죽기를 각오한 투사로서의 자각적 주체는 차원이 전혀 다릅니다. 그렇기에 박치우에게 최후의 투쟁은 단순히 전쟁에 육체를 던지는 것을 의미하는 것은 아니었을 것입니다. 이처럼 그에게 변증법적 실천은 사유방식이면서 동시에 각고의 자기 성찰과 단련을 필요로 하는 삶의 방식이기도 했습니다.

일제가 부정하고 훼손한 민족정체성에 대한 회복을 계급해방을 위한 실천과 결합하려고 한 박치우의 해방기 인식은 당시 좌익 지식인의 문제의식을 잘 보여줍니다. 또한 자유주의 및 부르주아 민주주의의 한계에 대한 통렬한 지적은 오늘날 서구 공동체주의자도 반복하는 중요한 논의지점이며, 전체주의적 파시즘에 대한 비판 역시 21세기 정치상황에서도 여전히 유효한 분석입니다. 투철한 실천과 사명감으로 험난한 시대를 건너려 했던 철학자로서로서 그의 문제의식은 여전히 살아 있는 것입니다.

박치우를 통해 새삼스럽게 물어보는 '철학이란 무엇이냐'라는 물음은 우리에게 현재진행형의 답변을 요구합니다. 그는 과거에 철학이 무엇이었던 간에 지금 여기에서 '나와 우리'가 당면한 현실의 모순이 무엇인지를 묻는 것이 진정한 철학의 과제라고 생각했습니다. 박치우를 '철학자'로 다시 살펴볼 수 있는 근본 계기는 그가 목숨을 던지고 생명을 태워 자신의 철학함의 태도를 끝까지 밀고 갔다는 점에 있습니다. 그런 점에서 감히 소크라테스의 죽음에 비견될 만한 그의 최후는 철학자다운 죽음이자 자신이 지켜내고 싶었던 철학을 위한 죽음입니다.

앞서 살펴본 것처럼 박치우는 이성과 감성, 이론과 실천, 철학과 사상, 아카데미즘과 저널리즘을 이분법적으로 분리하지 않고 변증법적으로 종합하려고 노력했습니다. 또한 그 과정에서 시대의 모순을 '주체적으로' 파악하고 극복하려고 했습니다. 그는 서양철학의 개념을 자신의 머리로 해석하고 파악하여 당면한 현실의 모순을 비판하는 무기로 활용하려고 노력했습니다. 서양의 최신 담론을 토착화된 문제의식으로 소화시키지 못하고 한국사회에 그대로 적용하기에 바쁜 오늘날 일부 학자들의 철학하기와 대비되는 지점입니다. 철학을 본격적으로 공부하고 연구한 1세대로서 이러한 선취점들은 길지 않은 활동기간 동안 그가 일관적으로 보여준 것으로, 오늘날 우리가 현대 한국철학계의 성과와 한계를 성찰할 때 중요한 판단의 기준이 됩니다.

플라톤의 대화편 《크리톤Crito》에는 소크라테스의 마지막 모습이 이렇게 묘사돼 있습니다. 친구인 크리톤이 탈옥과 망명을 권유하자, 소크라테스는 이를 차분히 논박하고 크리톤을 오히려 설득합니다. 자기 삶의 일관된 원칙에 따라 사형을 받아들이기로 결심한 소크라테스는 더 이상 말을 잇지 못하는 크리톤에게 이렇게 말합니다. "크리톤, 그렇다면 신의 뜻에 맡겨두고 신이 이끄는 대로 따라가기로 하세." 철학자의 사유가 설명과 분석의 차원을 벗어나지 못하는 이 시대에, 자신의 사유와 신념에 따라 살다가 담담히 죽음을 선택하는 철학자의 모습은 그 자체로 놀라운 가르침입니다. 철학이나 이론이 삶과 하나임을 문득 일깨워주니 말입니다. 불과 수십 년 전, 한국에도 사유와 삶을 하나로 만들기 위해 분투한 철학자가 있었습니다. 우리가 오늘날 박치우를 기억해야 하는 이유입니다.

9장

박종홍과 국가주의
강단 철학의 빛과 어둠

—

박영미

박종홍
朴鍾鴻(1903~1976)

박종홍은 1903년 평양에서 태어나 평양고등보통학교 졸업 후 교사생활을 하다가 1929년 경성제국대학 철학과에 입학한다. '철학하는 것'의 출발점은 나의 문제이고, 나는 곧 우리이고 현실적 존재이며 실천적 기반을 가져야 한다는 박종홍 초기의 철학적 주제는 이후 그의 철학 전체를 관통한다. 서양철학 수용과 연구 1세대로서 서양철학을 일방적으로 수용하거나 편향적으로 연구하지 않았다. 또한 전통철학의 현대적 전승을 자각한 1세대로 서양철학과 전통철학을 함께 재해석하여 전통철학에서 서양 현대철학의 한계를 극복하고 향내와 향외를 관통하는 진정한 참을 찾고자 한다. 이를 토대로 '우리 철학'의 건립을 모색했고 '부정과 창조의 철학'이 그 중심 내용이 된다. 이후 박종홍의 철학은 5.16군사쿠데타로 탄생한 박정희정권과 결탁하게 된다. 국가주의적 체제를 강화하기 위한 목적으로 만들어진 〈국민교육헌장〉 초안을 작성하고 이를 이론적으로 뒷받침했으며, 10월유신을 적극적으로 지지한다. 이 과정에서 헤겔과 하이데거 및 《중용》의 천명으로 해석된 '부정성'과 '부정성에 대한 주체의 자각'은 '절대국가'와 이를 수용해야 하는 '국민정신'으로 전락하게 된다. 박종홍의 철학에 내재한 이와 같은 분열은 그가 끼친 영향만큼 이후 강단 철학에 짙은 그림자를 드리운다. 박종홍의 저작은 《박종홍전집》(7권, 민음사)에 수록되어 있다.

'민족중흥의 역사적 사명을 띠고'

한국 현대철학 100여 년 동안 박종홍朴鍾鴻(1903~1976)만큼 극단적인 평가를 받는 철학자는 아마 없을 겁니다. 그는 "우리 현대철학 100년사에서 '이론과 실천'을 겸비한 최고의 철학자"로 칭송되기도 하고, 〈국민교육헌장〉을 기초하고 '10월유신'을 명명하며 "철학과 국가권력을 퇴행적으로 결합시켰다"는 비난을 받기도 합니다. 이러한 극단적 평가는 서양철학을 적극 수용하면서도 한국철학의 계승을 자각했고 우리 철학의 건립을 모색했으며, 철학의 실천을 한평생 고민했지만 결국 비판없이 국가권력을 이론적으로 뒷받침하는 것으로 귀결되고 말았던 박종홍의 철학 여정 때문입니다.

박종홍은 1903년 평양에서 태어났습니다. 어렸을 때는 서당을 다니면서 한학을 배우고 서예도 익혔다고 합니다. 1916년 평양고등보통학교에 입학했고, 17세에 3·1운동에 가담했다는 이유로 일본경찰에 연행되어 3주간 유치장 신세를 지기도 합니다. 그는 훗날 이 경험이 자신이 민족문제를 자각하게 된 계기였다고 회고합니다. 이때부터 최남선의 《해동역사》나 《삼국사기》 등의 역사책을 읽기 시작했고, 당시 사상계를 대표하는 이돈화, 방정환의 저술과 강연을 통해 민족의식을 더욱 심화시킵니다. 1920년 평양고등보통학교를 졸업할 무렵 철학을 공부하고 싶었지만 집안의 반대로 뜻을 이루지 못한 후, 1921년에서 1929년까지 전남 보성과 대구의 보통학교와 고등보통학교에서 교사로 재직합니다. 이 시기에 박종홍은 미학과 미술사를 공부하면서 20세에 《개벽》 잡지에 〈조선미술의 사적 고찰〉이라는 논문을 12회에 걸쳐 연재합니다. 유홍준은 《나의 문화유산답사기2》에서 석굴암의 아름다움과 신비를 처음으로 밝혀내려 한 한국인으로 박종홍을 꼽습니다. 그러나 정작 박종홍은 석굴암을 설명할 수 없는 자신의 부족함을 느끼고 연재를 멈춥니다. 그 후 그는 미학과 서양철학 관련 서적, 그리고《중용》《퇴계집》등 유학고전을 읽고 공부합니다.

박종홍은 27세가 되던 1929년, 일본이 설립한 경성제국대학 법문학부 철학과에 입학하면서 본격적인 철학수업을 받습니다. 신남철, 박치우와 달리 그의 학창시절 활동에 대해서는 거의 알려진 바가 없습니다. 1933년 졸업 직후부터 1935년까지 다수의 논문과 기고문을 발표하는데 이 시기의 글에서 박종홍 철학의 토대가 되는 초기의 사유가 분명히 드러납니다. 이후 이화여자전문학교 강사와 교수로 재직했고, 1944년 일본이 모든 전문학교를 폐교조치하자 조선총독부 학무과 촉탁으로 약 1년간 근무합니다. 조선총독부에서의 근무경력은 박종홍의 친일 행적으로 논란이 됩니다. 해방후 1945년 박종홍은 경성대학 법문학부 교수로, 이듬해 국립대학으로 바뀐 서울대학교 문리과대학 교수로 취임합니다. 평탄한 교육자로서의 삶은 1968년 은퇴까지 지속됩니다. 박종홍은 이 기간에 '철학개론'뿐만 아니라 '일반논리학' '인식논리학' '변증법적 논리학'을 연달아 강의하고 출간했으며, 최초로 '한국철학사'를 강의합니다. 그의 박사학위 논문 〈부정否定에 관한 연구〉는 서양철학에서의 '부정'의 문제를 주로 다루지만 동양철학으로까지 확장된 그의 철학적 문제의식까지 엿볼 수 있습니다.

현실과 실천을 강조했던 박종홍의 현실에 대한 인식은 어땠을까요? 어린 나이에 3·1운동에 참여했지만 일제강점기에 쓴 글에는 일제의 식민지배를 비판하는 내용이 없습니다. 해방 직후 미군정이 일제의 경성제국대학을 그대로 국립 서울대학으로 전환하는 '서울국립종합대학안'을 많은 지식인들이 반대했는데 그는 참여하지 않습니다. 이승만정권에 대해서는 하야 후에는 비판을 하지만 당시에는 어떤 견해도 피력하지 않습니다. 이러한 일련의 행동은 그저 소극적이고 비겁하며 나약한 지식인의 모습이라고 할 수 있습니다. 그런 박종홍이 1961년 5·16군사쿠데타 이후 적극적으로 현실에 참여합니다. 군사쿠데타 직후 국가재건최고회의 기획위원회 사회분과위원회 위원, 문교재건 자문위원, 재건국민운동 중앙위원으로 위촉됩니다. 1968년에는 〈국민교육헌장〉 기초위원을, 68세인 1970년부터 5년 동안은 대통령 교육문화담당 특별보좌관을 맡습니다. 그렇다면 박종홍은 왜 이전과 확연히 다른 활발한 현실 참여를 했을까요. 그 이유는 앞으로 이야기하겠지만 〈국민교육헌장〉의 첫 구절인 '우리는 민족중흥의 역사적 사명을 띠고 이 땅에 태어났다'에서의 '민족중흥의 역사적 사명'을 실천하기 위해서였습니다. 이는 박종홍 철학의 중요한 내용입니다.

　박종홍의 철학과 실천을 이해하기 위해서는 1933년부터 1935년까지 발표한 초기 글 대부분에서 보이는 주제어 '철학, 나, 우리, 현실, 실천'을 살펴보는 것으로부터 시작해야 합니다. 박종홍은 '철학하는 것'의 출발점이 '나'의 문제라고 합니다. '나'는 개념으로 파악되기 이전의 현실적 존재입니다. '나'라는 현실적 존재는 일상의 평범함 속에서 주변과 만나고 관계 맺는 실천을 하는 가장 일차적이며 근원적인 존재입니다. 이러한 '나'는 독립적으로 존재하는 개인이기 전에 사회 속에서 일상생활을 하는 '우리'일 수밖에 없습니다.

우리의 '철학하는 것'의 출발점은 '이 시대의, 이 사회의, 이 땅의, 이 현실적 존재 자체에 있지나 않은가' 하는 것이다. 이 현실적 지반을 떠나 그의 출발점을 찾는 철학은 결국 그 시대 그 사회에 대하여 하등의 현실적 의미를 가질 수 없을 뿐만 아니라 철학 자체에 있어서도 새로운 경지를 개척하기가 곤란하지나 않을까 하는 것이다. (〈'철학하는 것'의 출발점에 대한 一疑問〉, 1933)

박종홍의 '나', '우리'의 현실은 주변과 만나고 관계를 맺는 실천으로 규정됩니다. '나'는 개념으로 파악되기 이전의 현실적 존재입니다. 주변 사람, 사회적 관습 및 체제 등과 관계를 맺고 영향을 주고받으며 살기 때문입니다. 그러므로 박종홍은 이러한 '나'는 이성이나 사유로 파악하는 것이 아닌 감성으로 파악해야 하며, 이를 위한 실천은 이성적 실천이 아니라 감성적 실천이어야 한다고 주장합니다. 그리고 "감성은 이른바 순수감성을 의미함이 아니요 우리의 존재양태를 말하는 것이다. 그리고 수동적 감성적인 것이 아니요 어디까지라도 능동적인 측면을 가진 것"(〈철학하는 것의 실천적 지반〉, 1934)이라고 합니다. 하지만 감성적 실천에만 모두 맡길 수는 없습니다. 실천은 사유하고 반성함을 필요로 합니다. 그래서 박종홍은 실천과 이론의 변증법적 종합을 강조합니다. 그래야만 실천은 감성에서 출발하지만 이론에 의해 자각되고 단련되고 고양될 수 있고, 이론은 현실로부터 멀어지지 않으면서 진리에 가까이 갈 수 있게 되기 때문입니다.

철학하는 것의 출발점이 나의 문제이고, 나는 곧 우리이고 현실적 존재이며 실천적 기반을 가져야 한다는 것은 박종홍의 초기 철학뿐만 아니라 그의 철학 전체를 관통하는 주제입니다. 박종홍은 3·1운동에 참여하면서 민족의 현실문제를 자각했고, 1920년대에는 전통문화에 관심을 갖습니다. 1930년대 초기 철학의 주된 관심은 철학과 현실의 문제였고, 이에 대한 그의 고민과 사유는 이후 일본의 식민통치강화-해방-분단-한국전쟁을 겪으면서 구체화됩니다. 그 연장선에서 박종홍은 1950년대 이후 이론적으로는 자신의 철학, '우리 철학'을 모색했으며, 1960년대부터 정치적 실천을 합니다. 분명한 건 박종홍이 자신이 처한 시대와 현실에 눈 감았던 철학자는 아니었습니다. 오히려 그 반대였습니다. 그러나 그의 시대와 현실에 대한 인식과 실천이 적절했는지에 대해서는 물음을 던져야 합니다.

자, 이제부터 우리는 박종홍 철학과 실천의 궤적을 따라가려 합니다. 이는 한 사람의 철학자가 걸었던 길일 뿐만 아니라 우리 현대사가 함께 했던 길이며, 한국의 강단 철학이 지금껏 걸어온 길입니다.

서양철학의 수용, 향내와 향외의 지양

한국 현대철학의 서양철학 수용은 대략 세 시기로 구분할 수 있습니다. 1900년에서 1920년 사이에 이정직의 《강씨철학대략》, 이인재의 《고대희랍철학고변》, 전병훈의 《정신철학통편》 등의 철학연구서가 출간됩니다. 1920년대에는 스위스에서 유학한 이관용, 독일에서 유학한 백성욱, 안호상, 미국에서 유학한 한치진 등 해외 유학생들이 서양철학 원전을 직접 읽고 해석하게 됩니다. 1930년대부터는

1926년 설립된 경성제국대학 철학과가 배출한 졸업생들이 주축이 됩니다. 일본은 3·1운동으로 촉발된 민족진영의 민립대학설립운동을 무산시키기 위해 1924년 경성제국대학을 세웁니다. 일본이 우리의 민족의식을 억누르고 식민지를 원활하게 통치하기 위한 목적으로 만든 경성제국대학의 교육내용은 원활한 식민통치를 위한 중간 엘리트 양성에 맞춰져 있었습니다. 그렇지만 경성제국대학은 서구적 근대학문 연구 및 철학 연구의 출발점이 되기도 합니다. 당시 유일했던 철학과에서 체계적인 서양철학 교육이 가능했기 때문입니다.

그러므로 1930년대 서양철학 수용은 한편으로는 일본철학자들의 영향 아래 이루어진 식민지적 제약을 특징으로 갖게 됩니다. 서양철학은 일본철학자들의 문제의식이나 주장을 통해 이해되고 수용됩니다. 경성제국대학 철학과가 이를 매개하구요. 우리의 철학적 사색은 일본어와 일본 철학자들의 논리 위에서 이루어지게 됩니다. 1930년대에 영향을 미친 대표적인 일본철학자는 니시다 기타로와 그의 제자 다나베 하지메, 미키 기요시입니다. 니시다와 미키는 모두 철학의 출발점을 현실에서 찾은 철학자입니다. 그중에서 가장 큰 영향을 미친 사람은 미키로, 당대를 위기의 시대로 파악하고 실천을 통해서만 위기가 극복된다는 그의 위기론은 식민지 현실에 분노하고 고뇌하던 청년들의 정서와 맞닿아 있었습니다. 그러나 그들의 철학이 그대로 수용된 것은 아닙니다. 신남철은 마르크스주의에 입각하여 미키와 다나베의 철학을 비판했고, 박종홍 역시 니시다의 '절대무無' '절대변증법'을 비판합니다.

다른 한편으로, 1930년대 철학은 식민지 현실에 주목하고 이를 극복하기 위한 실천을 강조합니다. 1933년에 유학생과 경성제국대학 졸업생을 중심으로 '철학연구회'가 결성되고 최초의 철학전문지 《철학》을 발행합니다. 제1호에서 제3호까지 실린 논문은 모두 서양철학이었지만 단순히 서양철학을 소개하기보다는 자신의 주장을 적극 펼치려고 했습니다. 서양철학 1세대라고 할 수 있는 이들이 현실을 보는 눈은 제각기 달랐지만 문제의식은 유사했습니다. 현실을 강조하고 주체의 각성을 말하고 실천을 매우 강조하며 형식논리를 배격하고 변증법을 선호했습니다. 앞에서 보았듯이 박종홍 초기의 철학적 사유도 이들과 동일한 문제의식 위에 있습니다. 하지만 이들이 그토록 강조하여 토론한 실천은 식민지 현실에서 과연 어떤 의미가 있었으며, 어떤 역할을 했을까요? 중일전쟁이 발발한 1930년대 후반부터 일본의 사상통제는 날로 심해졌고 철학연구는 일본철학계로부터 직접적 영향을 받게 됩니다. 이후 강단철학은 실천이 뒷받침되지 않는 이론일 뿐인 채로 현실에 순응하게 됩니다.

1920~1930년대 서양철학 수용과 연구는 독일철학이 대부분이었습니다. 한국철학계의 이러한 연구경향은 1960년대까지 지속됩니다. 박종홍 역시 하이데거M. Heidegger(1889~1976)와 실존철학, 마르크스주의와 헤겔에 주로 관심을 갖습니다. 박종홍이 자신의 철학적 사유에서 처음부터 끝까지 내려놓지 않았던 것은 하이데거 철학입니다. 그는 철학과 졸업논문인 〈하이데거에 있어서 Sorge에 관하여〉(1933)에서 세상의 존재자들 중 유일하게 존재Sein라는 말을 통해 존재를 이미 이해하고 살아가는 '현존재Dasein' 분석에서 존재분석이 시작되어야 한다는 하이데거의 견해에 동의합니다. 지

식과 범주를 괄호 쳐두고 인간 존재를 바라봤을 때 드러나는 존재 방식이 '실존'과 '근본적 사실성'이며, 이러한 존재방식은 일상적 '퇴폐성' 속에 매몰된 인간존재를 사유의 출발점으로 삼을 수 있게 한다는 겁니다. 박종홍은 하이데거가 이러한 인간존재의 실존적 통일성을 '심려Sorge'에서 찾았으며, 이는 초월의 계기를 바깥에서 구하는 키에르케고르S. Kierkegaard(1813~1855)의 실존주의와 구분된다고 지적합니다.

그러나 하이데거 철학은 본래적 실존에 의하여 형성해야 할 새로운 사회에 대한 적극적 건설성이 희박하다는 점을 지적합니다. 어떻게 구체적 행동이 이루어져야 하는가를 찾기 어렵다는 것이지요. 사회적·역사적 현실을 파악하는 데 하이데거 철학이 부족한 이유가 그의 철학적 방법론이 변증법적이지 못하기 때문이라고 비판합니다. 박종홍의 하이데거 철학 비판은 실존철학에도 동일하게 적용됩니다.

> 대체 파토스적 의식이 주관적 방향으로 깊어지면 깊어질수록 객관적이며 공간적인 외계에 대해서보다도 주관적인 시간문제에 대하여 더 일층 침잠하게 되며 급기야 객관적 대상을 주관적으로 초월하여 버린 무無의 문제에 스스로 봉착되고야 만다는 것은 금일에 있어서 실존철학 또는 그와 유사한 경향을 띤 여러 사상에서 우리가 흔히 목도하고 있는 바 사실인 듯하다. (《현대철학의 제문제》, 1938)

즉 파토스적 의식이 주관적인 방향으로 깊어질수록 객관적이며 필연적인 현실적 존재의 역사성을 구체적으로 파악하지 못하고 주관적으로 구성하거나 관조하는 데 그치고 말 것이라는 겁니다.

　박종홍의 서양철학 연구는 하이데거와 실존철학을 한 축으로, 마르크스주의와 헤겔철학을 다른 한 축으로 합니다. 하이데거와 실존철학으로 현실적 존재인 '나'를 규명하지만 그것으로 현실적 존재의 실천적 기반을 설명할 수 없기 때문입니다. 박종홍에게 실천은 감성적 실천입니다. 그에게 감성적 실천은 수동적인 것이 아닌 인간주체가 객체, 즉 주변과 만나고 관계를 맺는 실천적 교섭이고 따라서 능동적이며 활동적입니다. 이는 박종홍이 분명히 밝히지는 않지만 마르크스의 사회적 생산, 사회적 노동개념과 상통합니다. 마르크스는 포이어바흐의 유물론을 비판하면서 외부 세계의 존재, 즉 감성적 대상은 관조의 대상이 아니라 감성적인 인간활동, 즉 실천으로 파악해야 함을 주장합니다. 포이어바흐가 인간의 감성적 활동을 주어진 사회적 관계에서 파악하지 못했다는 겁니다. 이와 같은 사유의 연관성은 박종홍이 초기에 마르크스주의, 특히 이론과 실천을 변증법적으로 통일시키는 변증법적 유물론에 긍정적이었다는 데에서 추측할 수 있습니다. 하지만 후기로 갈수록 마르크주의에 대해 부정적입니다. 그리고 그 자리는 헤겔철학으로 대치됩니다.

　박종홍의 서양철학 수용과 이해에서 주목할 점은 '향내向內'와 '향외向外' 개념을 일관되게 현실파악의 방향과 철학적 태도를 구분하는 기준으로 사용한다는 것입니다. 이들 개념은 심리학자 융C. G. Jung(1875~1961)이 인간의 심리유형을 내향형과 외향형으로 구분한 것에서 빌려온 것입니다. 내향형은 결정이나 행동의 대부분이 주체 안에서 형성한 것에 의해, 외향형은 주체의 의견이 아닌 객관적인 상황에 의해 좌우되는 것을 말합니다. 그러나 박종홍은 '향내'와 '향외'를 철학적 태도를 구별하는 개념으로 사용합니다. '향向'은 향한다는 뜻이므로 '향내'는 나 또는 주체를 향하는 것을, '향외'는 세상 또는 객관을 향하는 것을 의미합니다. '향내'는 자기의 내면으로 향하여 성찰하면서 주관의 세계, 즉 자기 속에서 절대적 가치를 찾으려는 것이고, '향외'는 외부로 향하여 외부 세계를 무조건 인정하면서 대상을 경유하지 않은 사상을 허구로 보는 것입니다. 박종홍은 향내적 태도로 내적 가치만을, 향외적 태도로 외적 가치만을 절대화하며 다른 한쪽을 외면하는 것은 진정한 철학적 태도가 아니라고 주장합니다.

> 건설은 향외 향내를 지양止揚하는 것이 아닐 수 없다. 그것은 향외 향내의 어중간한 절충이 아니다. 가장 구체적인 산 현실로서의 건설 과정에 있어서 향내와 향외가 각기 궁극적으로 부정否定 매개媒介함으로써 진정으로 살려짐을 의미한다. 여기에 이르러 철학은 비로소 구체적인 현실의 건설에까지 나올 수 있는 길이 암시되고 있는 것이 아닌가. 하나의 예술적 창작을 비롯하여 인간의 세계사적인 모든 활동에 이르기까지 이 향내 향외의 변증법적 통일의 구체적 현성現成이 아님이 없다고 생각된다. (《철학개설》, 1954)

박종홍은 이들 개념으로 서양의 현대철학을 평가합니다. 향내적 현실 파악의 현대적 유형으로 실존주의를 지목합니다. 제1차, 제2차 세계대전을 통해 겪은 잔인하고 끔찍한 현실, 유한한 인생에 대한 깊은 충격은 안으로, 안으로 향내적인 현실 파악의 길을 더듬게 하였고 이것이 실존주의라는 형태로 나오게 되었다는 겁니다. 향외적 현실 파악의 현대적 유형으로는 제임스W. James(1842~1910)나 듀이J. Dewey(1859~1952)의 실용주의를 지목합니다. 그들의 현실 파악은 자연을 개척하고, 새로운 국가를 건설하는 과정에 함께하는 향외적 태도를 취한다는 것입니다. 박종홍에게 철학적 태도로서의 향내와 향외는 지양되어야 합니다. 따라서 향외적 태도를 가진 과학철학과 향내적 태도를 가진 실존철학 모두를 비판하며 종합되어야 한다고 주장합니다. 또한 이러한 현대철학의 전환을 위해서 동양사상이 필요하다고도 합니다. 새로운 길은 과학철학의 막다른 골목과 실존철학의 머리 속에 그려진, 그들의 밑뿌리에서 그 의의를 살려내는 힘을 가진 길이어야 하며, 이를 위해서는 향내와 향외 두 측면을 본래 하나로 가지고 있는 동양사상이 진정한 길일 수 있다는 겁니다. "향외적인 진眞과 향내적인 성誠은 본래 하나의 참이었던 것"《철학개설》, 1954) 입니다.

　박종홍 초기 '철학하는 것'의 출발점으로 이야기했던 '나'는 개념으로 파악하기 이전에 이미 존재를 이해하고 있는 하이데거의 현존재 개념으로부터 유래한 것입니다. 하이데거의 현존재는 실존이 강조되지만, 박종홍에게 실존은 일상 속에 있는 우리와 우리가 생활하는 터전이 됩니다. 감성적 실천도 마르크스주의에서 유래하지만, 박종홍은 현재의 감성적 실천의 대상을 민족 생활상의 위기로 보면서 강조점을 계급에서 민족으로 이동시킵니다. 박종홍은 서양철학을 일방적으로 수용하거나 편향적으로 연구하지 않는 태도를 보입니다. 자신의 사유에서 향내와 향외의 지양을 목표로 합니다. 더 나아가 그의 철학적 관심은 동양사상, 한국철학으로 확장됩니다. 하이데거 철학으로부터 출발해서 마르크스주의와 영미철학, 그리고 한국철학까지 아우르고자 하는 박종홍의 철학적 구상을 관통하는 것은 바로 현실과 실천입니다.

전통철학의 현대적 전승에 대한 자각

박종홍이 동양사상에 주목하는 것은 새삼스러운 일이 아닙니다. 그의 전통문화, 전통철학에 대한 관심과 연구는 일찍부터 시작됐습니다. 박종홍의 첫 글은 전통문화에 관한 것(1922년~1923년의 〈조선미술의 사적고찰〉)이고, 뒤이어 쓴 글은 〈이퇴계의 교육사상〉(1927)입니다. 모두 경성제국대학 철학과에 입학하기 전에 쓴 글입니다. 그리고 1933년부터 1935년에 쓴 철학과 현실에 관한 글들에서는 자주 '우리 철학'을 언급합니다. 철학은 현실을 문제 삼아야 하고, 우리의 철학은 우리의 역사적이며 사회적인 현실 속에 뿌리박고 있어야 하며, 또한 우리 자신의 철학적 유산에 관심을 갖고 연구해야 함을 강조합니다.

> 우리는 모든 시대의 철학적 유산을 이 시대의 이 사회의 이 땅의 우리의 현단계적 입장으로부터 전승하여 새로운 우리의 것을 만드는 때에 우리의 철학이 비로소 건설된다 할 수 있을 것이다. 여기에 이르매 우리는 선각先覺을 세계에서 구하는 동시에 좀 더 우리들 자신의 철학적 유산을 천착할 필요를 절실히 느끼지 않을 수 없다. (〈'우리'와 우리 철학의 건설의 길〉, 1935)

'우리들 자신의 철학적 유산'은 우리의 전통철학을 지칭합니다. 그러므로 박종홍이 모색하는 우리 철학에서 전통철학을 전승하고 새롭게 해석하는 것은 매우 중요합니다. 서양철학 1세대인 그가 한국철학의 전승을 중시한 것은 무엇 때문일까요? 여러 가지 이유가 있을 겁니다. 무엇보다도 어려서 서당교육을 받으면서 느꼈던 친숙함, 3·1운동 참여 이후 우리에 대해 고민하고 역사서와 동학 관련 서적을 탐독하며 생긴 민족적 자각, 전통문화를 연구하고 동양고전을 읽으면서 심화된 한국과 동양의 문화와 철학에 대한 이해가 밑바탕이 되었겠지요. 그러나 이보다 더 주목해야 하는 것은, 박종홍은 '철학하는 것'의 출발점인 '우리', '현실'이 긍정적이든 부정적이든 전통문화, 전통철학과 분리될 수 없다고 생각했다는 겁니다. 전통문화와 철학은 우리의 일상에 문화적으로 역사적으로 내재된 현실이기 때문입니다. 박종홍에게 전통철학은 지금 우리의 현실을 구성하는 것이며, 동시에 앞으로 만들어야 할 우리 철학을 구성하는 것입니다.

그렇다면 우리의 문화유산을 어떻게 전승해야 한다고 생각했을까요? 박종홍은 문화의 인식에 관해서, 문화는 고정된 것이 아니라 변화하는 것이므로 조선의 문화유산을 고정적이고 신비한 것으로 인식해서는 안 된다고 지적합니다. 그렇지만 현실생활의 모든 실천은 각기 민족의 특수한 문화유산을 전승함으로써만 질적 내용을 획득할 수 있다고 주장합니다.

문화의 성립은 과연 인류와 자연과의 투쟁의 소산이라고 할 수 있다. 그뿐만 아니라 일단 성립한 그 문화의 유산도 이러한 실천으로써만 전승된다. 조선의 문화유산의 전승에 있어서도 실천 외에 전승의 다른 방도가 있을 리 만무한 것이다. 그리고 나는 실천이 보통 '로고스'의 측면과 '파토스'의 측면을 가지고 있다고 볼 수 있는 것과 같이 조선의 문화유산을 전승하는 방법에 있어서도 그 객관적 측면과 주관적 측면을 구별하여 논함으로써 가장 구체적인 그의 실천방법이 파악될 것이라고 생각한다. (《조선의 문화유선과 그 전승의 방법》, 1935)

전승방법의 객관적 측면은 변증법적 지양을 통하는 것으로, 과거 문화와 현재 현실생활의 모순을 철저히 인식하고 그 모순의 원인을 파악한 후 현재 상황에 맞게 받아들이는 것입니다. 주관적 측면은 과거의 문화는 파괴되고 진정한 우리 문화의 건설이 요원한데 우리를 지배하는 것이 다른 문화인 상태에서 불안과 초초가 심화되는 주관적 긴장을 느끼는 것으로, 이런 불안과 초조가 끊임없는 전승 노력을 하게 만든다는 것입니다. 주관적 긴장과 객관적 이론이 일체가 된 실천이 실현되어야 문화가 본래적 의미에서 전승되고 새로운 전개가 이뤄질 수 있다는 것이지요.

구체적으로 무엇을 전승해야 한다고 생각한 것일까요? 박종홍은 사상이란 원래 인간의 생활 속 깊이 뿌리를 내리지 않고는 역할을 다하지 못하는 것이므로 민족성, 국민성이 드러나지 않을 수 없다고 합니다. 그리고 미래를 위해서 한국사상 연구가 필요하다고 주장합니다.

우리의 모든 노력의 궁극적 목표가 살 길을 찾는 데 있다면 한국의 사상은 우리가 살아나갈 앞길을 밝혀주는 것이어야 할 것이다. 사상이란 회구적懷舊的인 추억에 그의 사명이 다하는 것이 아니다. 우리의 생에 새 힘을 넣어주는 안내의 몫을 담당할 수 있어야 할 것이다. (《한국사상 연구에 관한 서론적 구상》, 1958)

　박종홍은 이어서 한국사상이 단절되고 망각되었다고 진단합니다. 그리고 단절과 망각에서 비롯된 한국사상에 대한 편견, 즉 한국은 조용한 선비의 나라라든지, 고난의 역사를 운명적으로 받아들였다든지, 불교사상이든 유교사상이든 모두 남의 것이 아니냐고 하는, 한국사상이 있다 하더라도 독자성은 없다는 주장들을 하나하나 반박합니다. 1958년에 발표한 논문 〈한국사상연구에 관한 서론적인 구상〉을 전후로 한국철학은 박종홍 철학에서 중심주제로 자리잡습니다. 한국사람은 한국사상을 창조적으로 발전시켜야 하며, 정치적·경제적 독립을 넘어선 사상적 독립이 필요하다고 강조합니다. 그리고 1959년부터 한국철학사를 강의합니다.

　근대적 학문방법에 따른 한국철학 연구는 안타깝게도 1920년대 후반 일본인 다카하시 도루가 경성제국대학 철학과에서 '조선사상사'를 강의하면서부터 시작됩니다. 다카하시는 〈조선유학대관〉(1927), 〈이조유학사에 있어서 주리주기파의 발달〉(1929)에서 한국유학은 수백 년을 주자학에만 매달린 것에서 보듯이 사상적으로 고착되어 있으며, 사단칠정四端七情 논쟁에서 보듯이 독창성이 전혀 없이 종속적이며, 주리파主理派니 주기파主氣派니 하는 학파 구분과 영남학파와 기호학파 혹은 퇴계학파와 율곡학파 등의 구분이 연관되면서 심한 분열을 일으켰다고 주장합니다. 이는 일본 관변학자의 편견에 가득 찬 견해에 불과하지만, 이후에도 오랫동안 영향을 끼칩니다. 다카하시의 주장에 대한 비판은 1949년 현상윤玄相允 (1893~?)의 《조선유학사》에서 이루어지지만 주리파 주기파 등의 구분은 최근까지도 학계에서 통용되었습니다.

박종홍이 가장 주목한 철학자는 퇴계退溪 이황李滉(1501~1570) 입니다. 26세에 이황에 대한 논문을 쓴 후, 한국철학사 강의에 포함해 출판한 것 이외에 61세 이후 여러 편의 이황 관련 글을 발표합니다. 마치 자신의 철학적 사유의 시작과 끝을 이황과 함께 하는 것처럼 보입니다. 박종홍이 이황의 철학에서 특히 중요하게 여긴 것은 '경敬'입니다. 이황 철학의 근본은 참된 도리를 이론 속에서 찾으려는 것이 아니라 쉽고 분명한 일상 속에서 찾으려는 데 있다고 해석하면서, 스스로 참되려는 방법인 '경'에 주목합니다. 성리학에서는 경을 위주로 하는[主敬] 공부를 중시하는데, 경은 외면의 용모와 행동을 스스로 단속하는 것뿐만 아니라 내면의 생각과 감정까지 스스로 제어하는 노력입니다. 이를 통해 인간은 도덕적 심성의 수양[涵養]은 물론 보편적 이치의 탐구[窮理]를 준비합니다. 성리학에서 경은 도덕함양과 이치탐구를 위한 태도이며 방법입니다.

따라서 박종홍에게서 경은 현대철학의 한계를 극복하고 향내와 향외, 이론과 실천을 관통하는 진정한 '참'을 구하는 방법이 됩니다. 한편으로는 경이 일상의 퇴폐성, 즉 비본래성 속에서 본래적 존재방식을 잃어버린 내가 본래성을 회복하는 방법이 될 수도 있습니다. 이를 통해 현실적 존재의 실천적 기반을 설명할 수 없는 실존주의의 한계를 극복할 수 있다고 본 것이지요. 다른 한편으로 경은 향내와 향외, 이론과 실천의 변증법적 종합을 가능하게 하는 방법적 근거가 될 수 있습니다.

치지致知를 하는 데도 경이 주가 되는 것이요, 역행力行을 하는 데도 경이 주가 되는 것이니 철두철미 진실로 경을 보존하는[持敬] 방법을 알 것 같으면 이치가 밝게 드러나고 마음이 안정되어 물리物理를 따지면 나의 비치는 거울에 그대로 나타날 것이요, 일을 처리하면 일이 마음의 누가 되는 법이 없다. (〈이퇴계론-경으로 일관된 생애와 사상〉, 1963)

박종홍은 경이 내면의 참을 통해 외면의 참을 추구할 수 있도록 하고, 내면의 참과 외면의 참을 통일시킬 수 있다고 본 겁니다. "향외적인 진眞과 향내적인 성誠은 본래 하나의 참이었던 것이다"라는 주장은 이와 같은 생각에서 나온 것입니다.

박종홍에게 전통철학 전승은 반드시 필요한 것이며, 답습이 아닌 새롭게 해석되어야 하는 것이었습니다. 고전부흥이 모순된 기현상일 수 있고, 외래문화가 내면적으로 충분히 수용되지 못하고 성급한 추종에 급급한 상황에서 다시금 뒤섞이는 혼란을 야기할 수 있음을 지적합니다. 그럼에도 창조와 새로운 건설에 있어 고전이 옛것이면서도 가장 새로울 수 있고, 먼 것이면서도 가장 가까울 수 있다고 주장합니다. 그러므로 훈고학자나 문헌학자와 같은 학구적 이해가 아닌 새로운 의미를 다시 살려내는 전승이 필요하다고 합니다. 전통철학의 새로운 의미를 살려내는 재해석을 통한 창조와 건설이 필요하다는 것입니다. 이러한 박종홍의 사유가 잘 드러난 것이 《중용》의 '중中'에 대한 해석입니다.

박종홍은 야스퍼스와 하이데거의 초월을 이야기하면서, "현실 파악의 왕로往路와 귀로歸路의 비약적 전환이라는 긴중한 계기에 임하여 자력, 타력을 초월한 절대의 유무상전有無相轉하는 힘을 어디서 찾으면 가할 것인가. 나는 이것을 동양재래의 술어 용법을 본받아 '중中'이라고 명명하고 싶다. …… 유有의 부정이 끝나는 곳에 무無의 부정도 끝나기 때문에 유즉무有卽無인 것이요, 이것이 나는 '중'의 특이한 점이라고 생각한다. 소위 모순적 자기 동일의 근본 초점은 이 '중'에 있는 것이다"(《현실파악》, 1939)라고 합니다. 야스퍼스가 주장하는 신에 의존하는 타력에 의한 초월과 하이데거가 주장하는 주체에 의존하는 자력에 의한 초월이 아닌 이를 넘어선 '부정을 통해 창조로 나아가는 힘', 즉 변증법적 과정을 '중'으로 해석하려고 합니다. 서양철학과 전통철학을 함께 재해석하려는 것입니다. 이는 박종홍 후기의 '부정과 창조'의 철학에서 구체화됩니다.

박종홍은 서양철학 수용과 연구의 1세대이면서 동시에 전통철학의 현대적 전승을 자각한 1세대입니다. 동양고전과 한국철학에 익숙했지만 전통철학의 현대적 전승에 대한 철학적 문제의식은 서양의 현대철학으로 현실을 전환시킬 수 없다는 데서 시작됩니다. 또한 철학하는 것의 출발점인 '우리, 현실'이 한국철학이 역사적으로 문화적으로 내재화한 '우리, 현실'이라는 것도 중요한 이유가 됩니다. 이런 문제의식으로부터 박종홍은 서양철학과 전통철학, 특히 유학과의 통일을 모색합니다. 이는 분명 의미 있는 노력입니다. 그러나 이 과정에서 박종홍은 중요한 점을 간과합니다. 지금의 현실이 과거와 구체적으로 어떤 관계를 맺고 있는지, 전통과 고전에서 우리는 무엇을 극복하고 무엇을 전승해야 하는지에 대해서는 묻지 않았습니다. 새로운 창조와 건설에 전통철학이 중요한 요소가 될 수 있다는 박종홍의 주장은 현재에 대한 역사적 분석과 사유, 그리고 이를 통한 과거의 냉철한 평가와 반성 위에 있지는 않았습니다.

우리 철학의 모색, 부정과 창조의 철학

서양철학 수용과 서양 현대철학의 한계에 대한 인식, 그리고 전통철학의 현대적 전승에 대한 자각은 마침내 '우리 철학'에서 만나게 됩니다. 초기에는 추상적으로만 선언했던 우리 철학은 해방 이후 강의와 글에서 점차 구체적으로 드러납니다. 박종홍이 모색한 우리 철학의 중심내용은 '부정과 창조'입니다. 그리고 이는 서양철학과 전통철학의 상호이해 위에서 이루어져야 한다고 주장합니다.

박종홍의 우리 철학에 대한 모색은 기존 논리학의 의의와 한계를 밝히는 데서부터 시작됩니다. 그는 논리학을 일반논리, 인식논리, 변증법적 논리, 역易의 논리, 창조의 논리로 나눕니다. 그리고 일반논리와 인식논리의 한계를 지적하면서 변증법적 논리를 토대로 역의 논리, 창조의 논리를 정리하려고 구상하고 있었습니다. 그러나 생전에 책으로 출간된 것은 일반논리, 인식논리뿐이었고, 변증법적 논리는 초고가 일부 남아있어 출간할 수 있었지만, 역의 논리와 창조의 논리에 관해서는 자료와 메모만 남아 있습니다. 1953년부터 수년간 강의하면서 정리된 변증법적 논리는 박종홍 후기철학의 주제인 '부정과 창조'의 논리적 토대가 됩니다. 박종홍은 고대로부터 근대에 이르는 서양변증법의 역사를 분석하고 헤겔의 변증법에 상당한 양을 할애합니다. 앞에서 봤듯이 박종홍은 초기부터 헤겔의 변증법을 적극적으로 받아들여 활용했습니다.

헤겔은 변증법적 논리가 사물의 존재와 인식 과정을 관통한다고 생각했습니다. 지나치게 단순화시킨 설명일 수 있지만 변증법은 정正-반反-합合의 구조입니다. '정'의 긍정이 '반'의 부정을 거쳐 '합'

이라는 종합에 이르는 체계입니다. 정은 아직 발전되지 않았지만 그 이후의 전개를 가능성으로서 모두 포함하고 있고, 반은 정의 자기분화와 분열이며, 합은 정과 반의 통일입니다. 진정한 합이 이루어지기 위해서는 반의 부정이 충분히 이루어져야 합니다. 변증법의 핵심은 반이 정의 부정임과 동시에 합으로 가는 다리 역할을 한다는 점이기 때문입니다. 이와 같은 변증법의 정-반-합 과정에서 모순을 더 강하게 부각시키는 입장과 합을 얻어내는 결과를 중시하는 입장이 있을 수 있습니다. 전자의 경우에 근거하면 현실의 모순에 저항하는 강한 부정성을 표출하게 되고, 후자의 경우에 근거하면 모든 모순을 지양하여 종합을 완성하게 됩니다. 전자의 경우는 저항성이, 후자의 경우에는 통일성이 강조됩니다. 이러한 헤겔변증법의 '부정'과 지양에 의한 종합으로서의 '창조'가 박종홍 철학의 토대가 됩니다.

박종홍은 먼저 부정의 문제를 깊이 파고듭니다. 모든 긍정은 부정에 의하여 뒷받침된다고 생각했기 때문입니다. "'A다'는 긍정은 바로 그 이외의 것이 '아니다'의 부정에 의하여 밑받침되고 있다. 모든 긍정은 부정에 의하여 밑받침되고 있다. 그리하여 모든 자각은 부정성 자체의 소치所致요, 따라서 부정성을 '주체'로 파악하였음은 Hegel의 깊은 통찰이 아닐 수 없다."(《부정에 관한 연구》, 1959) 그리고 '헤겔이 주체를 자기전개로 이해한 것'은 '주체를 자기전개를 결여한 고정적 실체로 이해하는 것으로부터 생생한 실체로 되살리려는 의도'라고 주장합니다.

부정의 자기전개, 부정성 자체가 바로 주체이고 현실입니다. 주체는 객체에 상대적인 주체가 아닌 객체를 발전적 계기로 내포하는 절대적 주체이며, 현실은 역사적 현실입니다. "Hegel의 이른바 주체는 객체에 대한 상대적인 주체는 아니다. 객체를 마치 그의 하나의 발전적 계기로서 포함하고 있는 절대자로서의 주체, 곧 절대적 주체라고 하여도 무방하다. 따라서 현실은 그대로 역사적인 현실이다. 부정성은 역사적 현실이요, 이 역사적 현실은 그 부정성에 의하여 전개된다"(《부정에 관한 연구》, 1959)는 겁니다.

박종홍은 또한 역사적 현실의 전개에서 인간은 역사적 현실의 부정성을 필연적으로 수용하기만 해야 하는 것이 아닌지, 과연 인간이 역사적 현실에 대하여 새로운 참여를 할 수 있는지 묻습니다. 헤겔이 자각적 주체를 내세운 것은 부정의 근거를 존재의 투쟁에서 찾으려 한 하이데거보다 일보 후퇴한 것이라고 비판합니다. 따라서 부정에 관한 연구에서 남겨진 과제는 인간과 역사적 현실의 관계 문제입니다.

박종홍이 부정의 문제에 깊이 파고든 것은 창조가 무엇에 근거해 실천되는지를 설명하기 위해서입니다. 그에게 인간은 역사적 현실로부터 독립한 방관자나 현실을 자각하지 못하는 피동적 존재일 수 없기 때문입니다.

인간은 이미 역사적인 현실의 부정성으로 말미암아 태어났고, 그 과정에 의하여 인간 자신이 또한 부정성 이외의 것이 아님을 자각한다. 인간은 부정성의 자각에 의하여 역사적 현실에 대한 한갓된 추종이 아닌 능동적 참여를 하게 된다. 그리하여 인간은 역사적 현실의 소산인 동시에 그 역사적 현실의 형성에 참여한다. 이것이 다름 아닌 우리 인간에 있어서의 창조이다. 부정성이야말로 허무虛無를 돌파 극복하는 힘이다.

부정성이 곧 창조성의 소이所以다. 그리하여 부정성으로서의 역사적 현
실을 파악한다고 함은 부정성 자체의 실현인 것이요, 동시에 창조성의
발현인 것이다. (《부정에 관한 연구》, 1959)

그리고 현실에 참여하는 '창조적 부정'을 《중용》의 사유로 해석
합니다.

이러한 부정성은 곧 동양의 이른바 천명지성天命之性이요 곧 천리天理
다. 부정성을 자각함은 곧 천부본연天賦本然의 성을 자각함이요, 또한
천리를 자각함이다. 부정성에 즉卽한 생활이 곧 천명지성을 따르는 솔
성率性의 생활이요, 또 천리에 즉한 생활이다. 인도는 천도를 떠나서 있
을 수 없거니와 인도는 천도인 부정성을 자각하여 천지의 화육을 돕는
데 있다. 이것이 인간으로서의 창조이다. 인간의 문화창조도 천리의 부
정성을 자각하여 이 수행에 참여함으로써만 가능하다. 이와 같이 하여
비로소 인간은 천지와 더불어 병립하여 인간성humanity의 존엄성도 발
휘된다고 하겠다. (《부정에 관한 연구》, 1959)

《중용》은 "천명지위성天命之謂性, 솔성지위도率性之謂道, 수도지위교
修道之謂敎"로 시작합니다. "하늘이 만물에게 부여해준 것을 본성이
라고 하고, 자신이 부여받은 본성을 따르는 것을 도라고 하며, 도
를 닦는 것을 가르침이라고 한다"고 풀이됩니다. 박종홍은 부정성
을 '천명지성天命之性' '천리天理'로, 부정성을 자각하는 것은 하늘이
부여한 본연의 본성을 자각하는 것, 즉 천리를 자각하는 것으로,
부정성에 의거한 생활은 천명지성을 따르는 생활, 즉 천리에 의거

한 생활이라는 겁니다. 그리고 인간이 마땅히 걸어야 할 '인도人道'는 '천도天道'를 떠나 존재할 수 없고, 인도의 의의는 천도인 부정성을 자각하여 천지의 화육化育을 돕는 데 있다고 주장합니다. 이것이 바로 창조입니다. 여기서 박종홍이 왜 일반논리, 인식논리, 변증법적 논리 다음에, 창조의 논리 전에 역의 논리를 구상했는지를 추측할 수 있습니다. 창조를 자연과 인간의 부정과 종합으로 생각했으므로, 창조의 논리를 설명하기 위해서는 생명의 그침없는〔生生〕 자기운동과 나날이 새로워지는〔日新又日新〕 쉼 없는 인간의 각성을 내용으로 하는 역의 논리가 필요했을 겁니다.

이처럼 해방 전후로 본격화된 우리 철학의 모색과 그 중심내용인 부정과 창조는 1959년 박사학위 논문 〈부정에 관한 연구〉에서 분명해집니다. 박종홍은 부정성, 주체, 현실에 대한 헤겔의 통찰을 대부분 받아들입니다. 하지만 헤겔이 부정성과 주체의 부정성에 대한 자각을 동일시하는 것을 비판합니다. 그리고 진정한 철학적 사유가 존재의 소리에 귀를 기울이며 응답하는 데 있다는 후기 하이데거 철학에서 '부정성'과 '부정성의 자각' 사이의 관계에 대한 해답을 찾습니다. 자기 내부로부터 끊임없이 생성하고 동적으로 전개되는 부정성을 존재가 연출하는 연기演技, 즉 '존재의 소리'로 이해합니다. 그리고 부정성의 자각은 존재가 연출하는 연기의 곡절曲節을 들으면서 연기에 참여하는 것, 즉 존재의 소리를 들으면서 그에 응답하는 것으로 이해합니다. 더 나아가 천명을 부정성으로, 주체의 부정성에 대한 자각은 천명으로부터 부여받은 본성을 자각하고 이에 의거하여 생활하는 것으로 확장시켜 해석합니다.

박종홍의 주체에 대한 사유는 후기로 갈수록 더욱 강화됩니다.

이는 일제에 의한 식민통치 이후 해방, 분단, 한국전쟁, 이승만 독재로 이어진 냉혹한 현실과 마주했고, 이를 넘어서고자 한 그의 열망과 무관치 않습니다. 박종홍의 초기 '철학하는 것'의 출발점은 '나', '우리'라는 현실적 존재이며 실천적 기반을 가져야 하는 것이었습니다. 후기 철학에서는 일상의 나는 일정한 가족의 일원이고, 누구의 아들이고 딸이며, 이 시대 이 민족의 운명을 같이 걸머지고 있으므로 공동체로서의 '우리'가 자각적인 '나'에 선행한다고 주장합니다.

나의 자각의 첫걸음은 이미 주어진 공동체에 대한 정신적 이탈로부터 시작한다. 전통적인 관습에 의하여 유지되던 공동체는 자기를 배반하여 박차고 나가려는 개체의 자각을 통하여 오히려 그의 새로운 진로를 트게 되는 것이요, 개체의 자각은 그 궁극에 있어서 다시금 공동체로 돌아와 그의 진정한 생生의 의의를 발휘할 수 있게 되거니와, 그 전체의 자각 과정이 또한 다름 아닌 철학하는 것의 길이기도 한 것이다. (《철학 개설》, 1954)

'나'의 자각은 전통적인 닫힌 공동체에서의 이탈로부터 출발해서 개체의 자각을 거쳐 열린 공동체의 '우리'로 전개됩니다. 이렇게 박종홍에게 주체는 언제나 현실을 떠날 수 없는 것이고, 그 현실은 민족입니다. 그러므로 주체는 개체가 아닌 우리이고 민족이며, 주체적 자각은 민족적 자각입니다.

또한 창조는 박종홍에게 철학자의 가장 큰 과제가 됩니다. 자신의 과제는 새로운 삶이 무엇인가를 아는 데 있는 것이 아니라 어떻게 하면 그 새로운 삶의 길을 틀 수 있는가에 있다고 합니다.

> 삶의 길을 새로 튼다는 것은 곧 역사를 만듦이요, 그것이 다름 아닌 창
> 조다. 나의 과제는 역사 형성의 이법, 곧 창조에 논리에 있다. 여기에 이
> 르면 그것은 나만의 과제임을 넘어 모든 철학자들의 과제가 아닐 수 없
> 으리라고 나는 생각한다. (《철학자의 과제》)

박종홍은 창조의 논리는 관념적이며 실재적이고 주체적이며 객
체적인 것의 논리이고, 창조는 필연적 법칙의 제약 밑에서 우리의
사회, 국가, 민족 내지 전 인류의 요청으로 일정한 목적을 현실적
으로 구현하는 실천이라고 합니다. 그리고 현실적 실천인 창조는
기술과 정책으로 구체화되어야 한다고 주장합니다. 기술은 자연을
대상으로 하고 정책은 사회를 대상으로 하는 것으로, 박종홍은 기
술과 정책이 당시 한국사회에 가장 필요한 것이라고 생각했기 때문
입니다. 4·19혁명뿐만 아니라 5·16군사쿠데타도 모두 이 나라 백
성의 주체성을 살리는 사건으로 평가하면서, 주체성을 살리기 위
한 인간개조나 혁명은 현대기술을 알고 이것이 민생에 이바지하는
힘이 되게 하는 것이라고 주장합니다. 이러한 박종홍의 창조에 대
한 이해가 박정희가 주장한 조국 근대화와 그 구호 '잘 살아보세'
와 만나는 건 너무도 당연한 일이었습니다.

박종홍의 논리학 연구와 부정과 창조의 철학에 대해 백종현은
《인식논리학》과 〈부정에 관한 연구〉는 독일철학 분야에서뿐만 아
니라 우리의 20세기 60년 서양철학 수용사에서 그 이해 수준을
결정한 업적이라고 높이 평가합니다. 이와 같은 평가에 대한 동의

여부와 무관하게 서양철학 수용과 연구 1세대인 박종홍이 자신의 철학, 우리 철학을 건립하려 했던 모색과 노력은 정당하게 인정되어야 합니다. 그러나 이러한 모색과 노력을 토대로 주장한 부정과 창조의 논리가 결국 박정희정권의 국가주의를 정당화하는 데 이용됐다는 점은 결코 간과할 수 없습니다. 박종홍의 부정과 창조의 논리는 주관과 객관의 분열을 지양하는 헤겔의 변증법을 전제로 합니다. 박종홍의 이성은 이러한 통일성 아래 다른 것을 포괄하는 정신입니다. 문제는 이것이 사회의 목적이 되면 그 목적과 다른 것을 제약하거나 배제하며 폐쇄적이게 된다는 겁니다. 이규성은 박종홍의 이러한 입장이 독일의 후진성을 혁명이 아니라 국가를 통해 극복하고, 경제적 시민사회를 국가에 통합하려 한 헤겔의 정치적 이념에 접근한 것이라고 평가합니다.

국가권력과 결합한 철학, 일그러진 주체와 천명

박종홍이 모색한 '우리 철학', '부정과 창조'의 철학이 구체적으로 실천된 것은 〈국민교육헌장〉 초안 작성과 '10월유신'에 대한 적극 지지입니다. 1961년 5·16군사쿠데타로 정권을 장악한 박정희는 민간에게 정권을 이양하겠다는 약속을 버리고 1963년 본인이 직접 대통령선거에 출마해 당선됩니다. 그리고 이후 1979년까지 총 18년간 장기 집권합니다. 박정희체제는 〈국민교육헌장〉이 반포된 1968년을 기점으로, 이전에는 경제발전 논리가 강했다면 이후에는 군사주의와 국가주의 논리가 강했습니다. 박정희는 〈국민교육헌장〉

을 제정·공포하고, 이듬해 3선 개헌, 1972년 10월 헌법효력의 일부 정지, 국회해산, 정당활동 금지를 내용으로 한 비상계엄령을 선포한 후 직선제가 아닌 통일주체국민회의에서 대통령을 선출하는 '유신헌법'을 제정하며 재집권합니다. 이처럼 박정희가 자신의 권력욕을 강화하던 그 시기에 박종홍은 〈국민교육헌장〉의 초안을 기초하고 대통령 특별보좌관을 5년간 수행하면서 박정희정권의 통치 이데올로기를 뒷받침합니다.

1970~1980년대에 학창시절을 보낸 사람들은 지금도 〈국민교육헌장〉 대부분을 외울 겁니다. 1994년 사실상 폐지되기까지 초·중·고등학교에서 반복적으로 교육받았기 때문입니다. 총 393자인 〈국민교육헌장〉은 "우리는 민족 중흥의 역사적 사명을 띠고 이 땅에 태어났다. 조상의 빛난 얼을 오늘에 되살려, 안으로 자주 독립의 자세를 확립하고, 밖으로 인류 공영에 이바지할 때다. 이에, 우리의 나아갈 바를 밝혀 교육의 지표로 삼는다"로 시작합니다. 그리고 "반공 민주 정신에 투철한 애국 애족이 우리의 삶의 길이며, 자유세계의 이상을 실현하는 기반이다. 길이 후손에 물려줄 영광된 통일 조국의 앞날을 내다보며, 신념과 긍지를 지닌 근면한 국민으로서, 민족의 슬기를 모아 줄기찬 노력으로, 새 역사를 창조하자"로 끝을 맺습니다. 다시 읽어본, 또는 처음 읽어본 〈국민교육헌장〉 어떻습니까? 성인이 되어 다시 이 글을 봤을 때 참 무서운 교육을 오랫동안 받았다는 생각이 들었습니다. 국가가 일방적으로 목표를 제시하고 이를 잘 수행하도록 국민을 통제하고 교육시킨다는 발상은 지금도 섬뜩합니다.

박정희는 자립경제, 자주국방, 민족주체성, 한국적 민주주의를 구호로 내세웠습니다. 그 밑에는 경제개발주의, 군사주의, 반공주의, 국가주의와 자신의 권력욕이 숨어 있었습니다. 이를 실현하기 위해 무엇보다 필요한 것은 국민적 동의입니다. 그러나 당시는 박정희정권의 경제발전논리와 안보논리에 기댄 강권통치에 민심이 동요하는 상황이었고 이를 반전시켜야 했습니다. 이를 위해 〈국민교육헌장〉을 공포하고 관련 교육을 강화한 것은 정치적 목표를 도덕적 형태로 정립시켜 교육자와 피교육자인 교사와 학생은 물론 모든 국민을 하나로 묶어 따르게 하기 위해서였습니다. 흥미로운 것은 우리의 〈국민교육헌장〉과 일본의 〈교육칙어〉가 매우 유사하다는 겁니다. 일본은 1890년 〈교육칙어〉를 공포·배포하고, 이를 봉독하는 행사를 강화하면서 당시 확산되고 있는 자유민권운동을 탄압하고 천황제 이데올로기를 확립합니다. 〈국민교육헌장〉과 〈교육칙어〉는 이렇게 정치적 목적뿐만 아니라 내용과 구성도 상당히 유사합니다. 이것이 우연이기만 할까요?

박종홍은 〈국민교육헌장〉에 자신의 철학을 투영했을 뿐만 아니라 이를 실현하기 위해 노력을 아끼지 않았습니다. 〈헌장의 참뜻은 실천하는 데 있다―국민교육헌장의 실천과제〉 〈민족문화와 주체적 교육〉 등은 대중을 대상으로 한 강연문입니다. 그리고 〈새 역사의 창조: 유신시대의 기조철학〉에서는 '10월유신'에 대한 적극 지지를 피력합니다. 또한 68세가 되던 해 12월에 대통령 특별보좌관직을 수락한 후, 추운 겨울임에도 '유신'과 관련된 문헌을 찾기 위해 서점을 찾았다는 일화도 전해집니다.

주체에 대한 이해를 살펴보면, 초기의 '나, 우리'라는 현실적 존재는 후기에는 가족의 일원이며 이 시대 이 민족의 운명을 함께하므로 공동체로서의 우리가 됩니다. 박종홍에게 주체는 개체가 아닌 우리, 민족입니다. 이후 점차 주체적 자각과 관련하여 '민족적 주체성'에 대한 강조가 두드러집니다. 박종홍에게 민족적 주체성은 계급을 초월하므로 계급의 이해관계에 따라 달라질 수 없습니다. 우리의 자각을 통해 확립시켜야 하는 것이며, 분단으로 나눠질 수 없는 것입니다. 그러나 근대화는 생산·분배·유통의 합리화, 능률화이므로 전통적 인간관계가 파괴되고 새로운 인간관계가 형성될 수밖에 없지만, 민족의 각기 다른 전통과 연관된 창의성이 요구된다고 주장합니다. 따라서 한국적 상황에 따른 민족적 주체성 확립이 필요하며, 우리의 빛난 얼을 되살리는 진정한 근대화를 통한 민족중흥이 역사적 사명임을 역설합니다. 박종홍에게 주체는 개체나 시민이 아닌 민족 또는 국가와 공동운명체인 국민입니다. 이는 서구의 근대적 주체와 다르며, 앞 시기의 신채호가 고민한 주체와도 다릅니다.

주체는 '천명'과 결합하면서 민족중흥을 '운명' '사명' '천명'으로 여기도록 강제됩니다.

우리의 전환은 이제 강요와 모방 위주의 단계를 넘어 자발적인 우리 자신의 근대화, 우리의 빛난 얼이 되살려지는 진정한 근대화의 단계로 옮아가고 있다. …… 민족중흥의 때인 것이다. 그야말로 역사의 운명을 좌우할 전환이라고 하겠다. 그저 팔짱끼고 받아들이는 것이 운명이 아니다. 힘을 합하여 미래를 쟁취함으로써 새 길을 트는 데서 전개되는 것이 역사의 운명이요, 우리들의 운명이다. 그러기에 그것을 천명이라 하며 사명이라고도 하는 것이다. 우리는 우리의 사명으로서의 전환을 수

행하여야 할 때를 맞이한 것이다. 《주체적 자각이 근대화의 중핵》

박종홍의 '부정성-주체의 자각-창조'의 논리는 '천명-주체의 자각-참여'로 해석되었고, '역사적 사명-민족적 자각-민족중흥'으로 구체화됩니다. 더 나아가 천명과 역사적 사명은 '국가'로, 주체와 민족적 자각은 '국민정신'으로, 참여와 민족중흥은 '근대화'로 바꿔도 무방합니다. 이에 따라 '부정성'은 천명, 역사적 사명이 된 절대적 국가에 자리를 내어주고, '주체의 자각'은 교육과 지도로 내면화된 국민정신으로 전락했으며, '창조'는 개발, 반공 민주, 애국애족을 내용으로 하는 편협한 근대화로 축소됩니다.

'천명'은 본래 도덕성, 객관성, 절대성을 철학적 의미로 갖고 있습니다. 박종홍에게서 이는 국가가 설정한 목표의 객관성, 절대성에 대한 강조와 연관됩니다. 민족중흥의 사명, 천명을 부여받은 민족과 국민은 반드시 새 역사를 창조해야 하고, 이를 목표로 하는 국가의 지도와 통제는 정당한 것이므로 마땅히 따라야 합니다. 이때 천명에서 가장 중요한 도덕성은 전혀 언급되지 않습니다. 이처럼 박종홍 철학에서 주체, 주체의 자각, 천명은 국가주의적 함의가 점점 강해집니다. 그리고 "오늘의 우리가 염원하는 새 역사는 간단히 한마디로 민족중흥이라는 역사요, 그를 위한 유신維新의 역사다"《새역사의 창조―유신시대의 기조철학》)로 귀결되고, 박정희의 정치적 목표와 하나가 됩니다. 이는 한 사람의 철학자과 한 사람의 정치권력자, 철학과 권력이 결탁하는 사건입니다. 박종홍은 자신의 정치행보에 대해 어떤 말도 하지 않습니다. 그래서 궁금증은 더욱 증폭됩니다. 그는 왜 일제강점기나 이승만정권기와 달리 적극적인 현실참여를 결정했을까요? 철학함에서 줄곧 현실과 실천을 강조한 박종홍에게는 당연한 수순이었을까요? 《중용》의 '천명'은 인간에게 부여된 도덕적 명령이고 '천명지성'은 인간은 이를 자각하여 성취해야 함을 의미하는데, 박종홍은 왜 그 핵심 의미를 제거했을까요?

　서두에서 이야기했듯이 박종홍은 매우 극단적인 평가가 공존하는 철학자입니다. "우리 현대철학 100년사에서 이론과 실천을 겸비한 최고의 철학자"라는 평가는 적어도 그의 이론적 탐구와 관련해서는 부분적으로 동의할 수 있습니다. 박종홍의 서양철학 수용과 연구수준은 상당히 높았습니다. 또한 한국철학의 현대적 전승에 대한 자각을 통해 우리 학문으로 남의 학문 넘어서기를 시도했고, 우리 철학을 모색합니다. 이러한 시도와 모색은 이후 강단 철학에서 단절됩니다. 하지만 이런 긍정적 평가에도 불구하고 우리가 박종홍의 철학을 계승해야 하는가는 여전히 논란이 됩니다. "철학과 국가권력을 퇴행적으로 결합시킨 철학자"라는 또 다른 평가 때문입니다. 〈국민교육헌장〉을 이론적으로 뒷받침하면서 정치적 기반이 허약한 국가권력에 대한 대중의 자발적 복종을 유도하고, 박정희의 '유신'을 자기 철학의 실현으로 여기고 이에 동참하는 것을 철학적 실천이라고 생각한 것은 철학의 고유 역할인 비판성이 전혀 작동되지 않는 것입니다. 특히 박종홍이 보여준 민족과 국가에 대한 지나친 감성적 접근과 이해, 민주주의에 대한 무지에 가까운 인식 결여는 긍정적으로 평가되는 그의 철학적 성과와 비교하면 이해되지 않을 만큼 초라합니다. 그리고 한 사람의 철학자에 내재한 이와 같은 극단적 분열은 우리 현대철학, 이후 강단 철학에도 드리워집니다.

10장

함석헌의 '씨을 철학'

씨을의 세계를 꿈꾸다

—

유현상

함석헌
咸錫憲(1901~1989)

1901년 평안북도 용천에서 태어난 함석헌은 1919년 고등학교 시절 3·1운동에 적극 참가했으며 이후 평양고등보통학교 복학을 거부하고 1921년 평안북도 정주에 있는 오산학교에 입학하여 평생의 스승인 유영모를 만나게 된다. 1923년 동경으로 유학을 가기도 했던 함석헌은 1940년대 초반에 이르러 당시 제국주의에 맞서는 길은 평화주의라고 생각한다. 그는 자본주의의 이윤추구적 삶이 전쟁을 초래할 수밖에 없으며, 이를 극복하기 위해 노장사상과 같은 동양의 고전철학에서 길을 찾아야 한다고 보았다. 이 시기부터 함석헌의 철학은 온 생명을 살리기 위한 평화주의의 길을 걷고 있었다. 1947년 월남 후 함석헌은 기독교의 사회적 역할을 강조하는 동시에 한국기독교의 타락과 세속화를 비판하는 활동을 전개하고, 간디의 비폭력운동을 따라 독재정권에 대항하며 5·16군사쿠데타와 박정희정권의 부당성을 알리는 활동을 이어간다. 1970년에 《씨올의 소리》를 창간하여 독재정권과 싸움을 계속했다. 독재정권과의 투쟁은 당시 열악한 노동환경에 처한 노동자들의 문제를 해결하기 위한 활동으로 이어졌다. 함석헌은 간디를 존경했으나 '비폭력 무저항주의'의 투쟁방식을 그대로 따르지는 않고 '비폭력 저항주의'의 태도를 견지했다. 함석헌의 철학은 개방적인 기독교관을 바탕으로 여러 종교와 사상에 모두 진리가 있음을 인정하는 진리 다원주의적 성격을 지닌다고 할 수 있다. 그러면서도 자유로운 사유의 흐름은 변증법적 일관성을 유지하고 있다. 그의 '씨올 철학'은 고난받는 민중이 역사의 주인일 수밖에 없음을 주장한다. 서구 자본주의적 근대화에 대한 함석헌의 비판은 현대철학의 모든 문제의식을 담고 있다. 군사독재와의 싸움은 제5공화국에서도 이어진다. 함석헌은 하루 한 끼만 먹고, 오랜 명상과 성찰을 실천하는 삶을 살다 1989년 2월 4일 생을 마감했다.

억압에 대한 저항으로 점철된 삶

함석헌咸錫憲(1901~1989)을 잘 알지 못하거나 명망만을 어렴풋이 들은 1980년대 젊은이들은 1989년 2월 그가 운명했을 때 무덤덤했을 겁니다. 그의 공식적인 마지막 활동은 1988년 서울평화올림픽 위원장이었습니다. 1988년은 12·12군사쿠데타의 주역 중 하나였던 노태우가 전두환에 이어 정권을 잡은 때였고, 서울올림픽은 군사독재에 대한 비판여론을 무마하고 쿠데타로 잡은 제5공화국의 치적을 과장·선전하기 위한 정권의 수단 중 하나였습니다. 이 때문에 대학을 비롯한 사회일각에 올림픽 반대운동이 벌어졌고 대부분의 민주화세력들이 여기에 동조했지요. 이들에게 함석헌이 평화올림픽 위원장을 맡는다는 소식은 의아했을 겁니다. 평생을 독재에 맞서 싸운 사상가가 독재정권의 꼭두각시 노릇을 하는 것처럼 보였기 때문이지요. 하지만 하나의 단편적 사건에 매몰되어 함석헌을 이해할 수는 없습니다. 또한 88서울올림픽이 냉전의 여파로 반쪽으로 치러진 1980년, 1984년 올림픽과 달리, '평화'를 표방하며 12년 만에 동서진영이 모두 참가한 대회였다는 점도 감안할 필요가 있습니다. 함석헌은 평생 부당한 권위주의와 독재에 맞서 살았지만, 다른 한편으로는 일생을 평화주의자로 살았기 때문입니다.

함석헌은 대한제국이 일본에 강제합병되기 전인 1901년 평안북도 용천에서 한의사 함형택의 장남으로 태어납니다. 1919년 고등학교 시절 맞이한 3·1운동은 함석헌에게 일생의 전환점이 됩니다. 그는 함일형의 둘째아들이자 교사였던 사촌형 함석은의 영향으로 3·1운동에 적극 참가했는데, 당시 개신교의 영향이 강했던 평양은

3·1운동의 열기가 가장 높은 지역 중 하나였습니다. 3·1운동 이후 함석헌은 평양고등보통학교 복학을 거부하고 고향으로 돌아옵니다. 당시 관립학교였던 평양고등보통학교는 복학의 조건으로 일본인 교사에게 사죄를 강요했는데 함석헌은 이를 할 수 없었기 때문입니다. 이 점은 같은 학교에서 역시 3·1운동에 참가했다가 복학한 박종홍의 선택과 대비됩니다.

이후 함석헌은 1921년 평안북도 정주에 있는 오산학교에 입학합니다. 오산학교에서 그는 유영모를 통해 노자를 처음 접합니다. 이 시기에 비로소 많은 책을 읽게 되는데 그중에서도 H.G. 웰즈의 《세계문화사대계》에 깊은 영향을 받았다고 술회합니다. 함석헌은 세계국가주의를 주장하는 자신의 입장이 이때부터 자리 잡았다고 말합니다.

1923년 동경으로 유학을 떠난 함석헌은 일본인 우치무라 간조 內村鑑三(1861~1930)에게서 무교회 신앙을 배우고 김교신과 함께 교회의 울타리를 벗어나 민족을 새롭게 하는 일에 관심을 갖기 시작합니다. 이후 오산학교에서 10년 동안 기독교신앙과 민족애, 과학정신을 가르치면서 역사, 윤리, 교육 방면의 책을 통해 종교를 보게 됩니다. 동경에 있던 시절 타고르의 《기탄잘리》를 비롯해 간디와 칼라일, 톨스토이, 러스킨 등의 책을 읽으면서 생각을 발전시켰고, '성서조선' 사건으로 수감된 동안 불교경전을 읽으면서 기독교와 불교가 근본적으로 다르지 않음을 깨닫습니다.

1930년대 후반부터 함석헌은 우치무라의 영향에서 벗어나는데, 그 이유는 우치무라의 일본과 식민지 조선의 역사적 상황이 다르다고 인식했기 때문입니다. 그는 우치무라의 무교회주의가 세속에

무관심하고 현실정치에 대해 냉담하다고 생각하고, 성서에만 구원이 있다고 믿는 우치무라의 성서제일주의에 회의를 품기 시작합니다. 함석헌은 성서 이외에 불교나 노장사상에도 진리가 있다고 생각하게 됩니다.

1940년대 초반에 이르러서는 당시 제국주의에 맞서는 길은 평화주의라는 생각을 하게 됩니다. 함석헌은 비록 사회주의자나 공산주의자는 아니었지만 자본주의를 통렬하게 비판하는데, 자본주의의 이윤추구가 전쟁을 초래할 수밖에 없다고 지적하면서 이를 극복하기 위해 노장사상과 같은 동양의 고전철학에서 길을 찾아야 한다고 보았습니다. 연약함, 겸손함, 부드러움과 같은 가치를 강조하는 노장사상이야말로 전쟁으로 치닫는 국가주의 혹은 제국주의 흐름으로부터 인류를 구원하는 안내자가 될 수 있다고 본 것이지요.

일본의 패망에 이은 한반도의 해방은 대부분의 한국사람들에게 그러하듯 고난의 끝이 아닌 새로운 시작이었습니다. 북한지역에 진주한 소련군은 함석헌을 평안북도 문교부장에 임명하지만 1945년 11월 신의주에서 학생봉기가 일어나자 그를 배후로 지목해 투옥시킨 후 반공세력에 대한 정탐을 요구합니다. 함석헌으로서는 도저히 받아들일 수 없는 요구를 한 것이지요. 그리하여 해방될 때까지 네 차례 옥고를 치른 함석헌은 해방 후에도 소련군에 의해 두 차례 더 투옥되는 고초를 겪은 후인 1947년 3월, 가족을 두고 북한을 뒤로 한 채 홀로 월남을 선택합니다.

월남 후 함석헌은 성경공부모임을 만들고 공개강연을 하면서 기독교의 사회적 역할을 강조하는 활동을 전개합니다. 하지만 정부

수립과 6·25전쟁을 겪는 동안 이승만정권의 부패와 집권세력과 결탁한 한국기독교의 타락을 목도하고 스스로 기독교의 이단자가 되기로 결심합니다. 1953년 7월 4일 〈대선언〉에서, 기독교는 위대하지만 '참'은 더 위대하다고 선언하면서 마침내 어떤 종교나 종파에 갇히지 않을 것을 천명합니다. 1955년에는 잡지 《말씀》을 창간하여 한국의 종교와 정치 문제에 대한 생각을 밝힙니다. 간디를 사회적 실천의 모범으로 보고 간디의 비폭력운동으로 독재정권에 대항했고, 1957년부터는 간디의 공동체운동을 본떠 천안에서 씨올농장을 운영하며 공동체활동을 전개합니다. 하지만 이 실험은 1973년 씨올농장의 운영실패로 끝이 납니다.

함석헌이 민주주의 투사의 면모를 본격적으로 보인 계기는 5·16군사쿠데타라고 할 수 있습니다. 김성수는 《함석헌평전》에서 이에 대해 좀 더 구체적인 동기를 밝힙니다. 미국퀘이커협회에 이어 1963년 영국퀘이커협회로부터 연구원 초청을 받아 9개월간 영국에 체류하게 된 함석헌은 독일 유학 중이던 안병무를 방문합니다. 독일에서 만난 안병무는 함석헌에게 군사정권하의 조국에서 더 적극적인 역할을 수행해야 한다고 설득합니다. 앞서 함석헌은 1961년 6월 《사상계》에 발표한 〈5·16을 어떻게 볼까?〉라는 글에서 언론이 5·16에 대해 별다른 비판을 하지 않는 것이 의아하다고 밝힙니다. 독재에 대한 우려, 총칼의 겁박에 대한 우려를 표명한 것이지요. 함석헌은 이미 5·16에서 독재의 위험성을 간파한 것입니다.

영국에서 돌아온 함석헌은 적극적인 활동에 돌입합니다. 활발한 대중강연을 통해 군사독재에 저항하기 시작한 것입니다. 박정희정권의 한일국교 정상화 시도에 반대하여 삭발을 하고 2주일 넘는 단식투쟁을 벌이기도 하고, 1967년에는 수감 중인 장준하를 국회의원으로 만들자는 캠페인을 주도해 결국 그를 옥중 당선시키기도 합니다.

1970년 함석헌은《씨올의 소리》를 창간해 독재정권과의 싸움을 이어나갑니다. 그는 이 잡지를 통해 박정희정권뿐만 아니라 비겁과 나약에 빠진 지식인과 언론을 거침없이 질타합니다. 1971년 7월부터 1988년 5월까지 오랜 기간 노자와 장자에 대한 공개강좌를 열었고, 1973년부터는 퀘이커리즘과 성경을 공부하는 모임을 만들어 교육활동에 힘쓰기도 합니다. 비록 기독교신앙에 뿌리를 두고 있지만 다른 종교에 관용적이고 개방적이었던 함석헌은 1967년에 이르러서야 전부터 호의를 갖고 지켜본 퀘이커교도가 됩니다. 특정한 종파나 종단에 속하기를 거부했던 함석헌이 퀘이커교도가 된 것은, 퀘이커교가 가능한 한 교리나 제도에 의존하지 않고 모든 성도가 동등한 지위에서 신앙생활을 영위하는 교파라는 점과 무관하지 않습니다. 함석헌은 1983년《월간 마당》5월호 대담에서 퀘이커교가 남녀평등을 주장하고 노예해방을 제일 먼저 주장했으며, 평화운동과 반전운동에도 적극적이라는 점을 강조합니다.

군사독재와의 싸움은 박정희 사후인 제5공화국에서도 이어집니다. 전두환정권은《씨올의 소리》와 같은 비판적 잡지와 언론을 폐간합니다. 하지만 함석헌은 강연을 비롯한 활동을 계속 이어나갑니다. 고령의 나이에 이전처럼 활동할 수는 없었지만 권위주의 독재정권하에서 함석헌은 수많은 민주인사들의 정신적 버팀목이었습니다.

함석헌의 철학은 한 개인, 한 지역, 한 국가, 한 민족 등의 경계를 넘어서는 전 우주와 생명력과 평화적 삶을 추구하는 원대한 것이었습니다. 하지만 그 삶에서 나타나는 실천의 방식은 지극히 소박했습니다. 개인적으로는 하루 한 끼만 먹고, 오랜 명상과 성찰을 실천하는 삶이기도 했습니다. 국제퀘이커협회는 1979년과 1985년 두 차례에 걸쳐 함석헌을 노벨평화상 후보로 추천합니다.

존재의 중심, 세계인식의 주역으로서의 씨올

함석헌의 철학 혹은 사상을 표현하는 말은 여러 가지가 있습니다. 그의 사상에서 가장 소중한 가치가 생명존중이라는 점에서 생명사상이라고도 하고, 세계평화를 주창했다는 점에서 평화의 철학이라고도 합니다. 그러나 무엇보다도 사상의 핵심에 씨올이라는 개념이 자리한다는 점에서 함석헌의 철학은 '씨올철학'이라고 할 수 있습니다. 함석헌 스스로도 〈씨올혁명의 꿈〉(1980)에서 자신의 사상을 '씨올철학'이라고 소개합니다.

함석헌의 '씨올철학'은 내용뿐만 아니라 의미를 전달하는 방식에서도 씨올이 중심이 됩니다. 김성수는 《함석헌평전》에서 함석헌이 이른바 '함석헌체'로 알려진 구어체를 사용한 이유는 한국사회와 정치에 대한 생각을 씨올들에게 직접 전하기 위해서라고 보고, 함석헌의 말과 글 그 자체를 씨올의 소리라고 말합니다. 즉 함석헌의 문체는 씨올의 삶과 분리된 학문적이고 현학적인 것이 아니라 씨올들이 바로 알아들을 수 있는 날것의 말이었습니다.

씨올사상은 함석헌이 처음 주장한 것은 아니었습니다. 오산학교

시절부터 스승이던 다석多夕 유영모柳永模(1890~1981)로부터 시작된 것으로, 함석헌이 스승의 씨올사상에서 생명철학의 원리를 발견하고 이를 계승·발전시킨 셈입니다.

씨올이라는 말은 여러 의미를 짐작하게 합니다. 함석헌의 철학을 알지 못하더라도 일상에서 이 말의 의미를 이해할 수 있습니다. 우선 가장 직접적으로 와닿는 의미는 식물의 씨, 그중에서도 속씨를 생각할 수 있겠지요. 또한 상징적 의미로 해석한다면 '알맹이'나 '핵심'으로 생각할 수 있을 것입니다. 그러면 알맹이나 핵심을 철학적 의미로 받아들인다면 무엇이 될까요. 아마도 근원이나 본질 정도의 개념으로 이해할 수 있을 것입니다.

사실 함석헌이 말하는 씨올의 의미도 이와 크게 다르지 않습니다. 함석헌은 전문 철학연구자들을 대상으로 하지도 않았고, 대단한 문학적 수사를 사용하지도 않았습니다. 오히려 누구나 쉽게 이해하고 알아들을 수 있는 방식으로 소통하려는 함석헌의 의도가 단적으로 드러나는 표현이 바로 씨올입니다. 또한 씨올은 위에서 생각해본 그 어떤 용어들과도 일 대 일로 대응하지 않습니다. 모든 것을 아우르는 개념인 동시에 더 많은 의미를 담고 있기 때문입니다. 무엇보다도 씨올은 사람이요, 민중입니다.

그러면 유영모와 함석헌은 왜 씨올이라는 용어로 자신의 사상을 표현했을까요? 유영모와 함석헌이 모두 기독교도이면서 노장사상에 깊은 애정이 있었다는 점을 고려하면, 성경과 노장사상을 모두 고려해볼 필요가 있습니다. 우선 성경을 보면 겨자씨 비유가 나옵니다. 《신약성서》의 〈마태복음〉을 비롯한 여러 곳에서 작은 겨자씨 하나가 천국을 이룬다는 내용이 나옵니다. 어떤 씨보다 작고 미미한 겨자씨에서 하나님의 나라가 시작된다는 이야기입니다. 여기에서 근원으로서의 씨울의 의미를 찾을 수 있습니다. 작고 보잘것없는 겨자씨를 힘없는 민중의 지위를 상징하는 것으로도 볼 수 있겠지요. 다음으로 장자의 사상에는 기와 조각이나 똥에도 도가 있다는 사유가 등장합니다. 아무리 사소하고 보잘것없는 것도 나름의 존재 이유와 귀함이 있다는 뜻입니다. 성경의 겨자씨와 크게 다르지 않습니다. 씨울은 이렇듯 작고 보잘것없는 존재를 비유하는 데서 출발하지만, 우주의 참 존재를 의미하는 것으로 나아갑니다.

그런데 겨자씨와 같은 작은 하나의 씨울이 천국이 되고 우주를 담고 있다는 의미는 무엇으로 다시 이해할 수 있겠습니까? 이는 자연에 대한 피상적 이해로는 알 수 없는 의미로, 생명의 관점으로 바라보아야만 이해할 수 있습니다. 씨앗은 작지만 그 안에 모든 생명의 요소를 잉태하고 있습니다. 우주는 생명의 세계입니다. 하나하나의 생명이 모여 우주를 이루는 것이 아니라 우주전체가 하나의 생명의 세계입니다. 1973년 《씨울의 소리》 1월호에 실린 〈세계구원과 양심의 자유〉라는 글에서 함석헌은 세계는 하나의 유기체라고 말합니다.

> 오늘의 세계는 뉘 세계인가? 씨울의 세계다. 씨울은 무슨 씨울인가? 인류의 씨울이요 생명의 씨울이다. 오늘날 세계를 걱정하고 도리를 걱정할 사람은 씨울, 아무것도 가진 것이 없고 오직 타고난 인간성만을 가지고 있는 씨울밖에는 없다. 그들은 세계가 자기네들 안에 있고 자기네가 세계 안에 있음을 몸으로 알기 때문에 스스로 세계의 시민, 우주의 씨울인 것을 잘 알고 있어, 누가 시키기 전에 세계의 운명을 결정하고 문명

의 귀추에 비상한 관심을 가지고 있다. 그들은 온 세계의 씨올이, 인간만이 아니라 실로 생명 전체가 이제는 운명공동의 한 유기체임을 느끼고 있다.

세계가 하나의 유기체라는 것은, 전체의 이익만을 강조하는 전체주의적 관점이 아니라 부분이 죽으면 전체도 살 수 없다는 의미입니다. 전체를 이루는 개체의 소중함을 말하는 것이지요. 그러한 개체의 핵심이 바로 씨올이고, 그래서 씨올은 생명의 원리입니다. 따라서 씨올은 존재의 중심이요, 원래 그대로의 인간 그 자체입니다. 제도와 문명은 씨올의 참모습을 가리는 껍데기요 허위입니다. 우리는 누구나 씨올이지만 학생, 정치인, 군인, 기업가, 정치인, 농부 등은 바로 그러한 껍데기입니다. 그 껍데기를 깰 때 우리는 편협성을 극복할 수 있습니다. 또한 씨올의 '뜻'(의미)은 함석헌의 표현을 따르자면 '속알 밝힘'을 통해서 드러납니다. 이것 역시 껍데기를 깨고 그 안에 있는 중심이 되는 참된 씨올에 주목해야 한다는 의미입니다.

박재순은 함석헌의 씨올사상을 껍데기를 깨고 알맹이로 살자는 사상이라고 설명합니다. 씨올은 씨를 보호하는 외피가 아닌 알맹이를 말하는 것이지요. 껍데기는 거짓의 삶을, 알맹이는 '참' 삶을 의미합니다. 참 삶을 사는 사람들은 참된 사람임을 의미하는 것이지요. 참 삶을 사는 참된 사람은 허위의식과 거짓으로 다른 사람들을 지배하려 하지 않고, 소유를 통해 다른 사람을 수단으로 사용하지 않습니다. 그런 사람은 씨올일 수 없습니다.

씨올이 민중이어야 하는 이유는, 씨올이 작고 보잘것없듯이 민중

역시 그러하기 때문입니다. 씨올이 껍데기를 깨고 생명의 싹을 돋게 하듯이 민중이야말로 억압을 극복하고 삶을 살아가야 하는 존재이기 때문입니다. 함석헌은 씨올을 '맨 사람'이라고 표현합니다. '맨'은 일체의 꾸밈이 없다는 의미입니다. 일체의 꾸밈이 없는 사람은 지위도 재산도 신분도 없는 사람입니다. 그런 사람은 실제 존재할 수 없습니다. 하지만 우리 모두의 내면은 본래 '맨 사람'입니다. 우리는 '맨 사람'으로 삶을 시작합니다. 따라서 '맨 사람'은 아무도 아니면서 누구나이기도 합니다.

함석헌의 씨올 개념은 일종의 자기부정을 통해 새로운 존재로 거듭난다는 의미를 담고 있습니다. 하나의 씨올이 잎, 줄기, 꽃, 열매 등을 낳기 위해서는 자기부정의 과정을 거쳐야만 합니다. 이러한 씨올의 존재론은 기독교의 '거듭남'과 맥을 같이합니다. 기독교에서의 거듭남이란, 인간이 스스로 죄인임을 깨닫고 그 죄로부터 구원받기 위해서는 예수 그리스도가 인간을 대신해 이미 속죄했다는 사실을 받아들이고 예수를 구세주로 받아들여야 한다는 것을 의미합니다.

한편 씨올은 철학적으로 볼 때 존재에 대한 변증법적 이해를 담고 있기도 합니다. 변증법은 잘 알려져 있다시피 형식논리학에서 인정하지 않는 모순에 대한 인정과 부정을 통해 역동적인 현실과 역사를 설명하는 논리입니다. 즉 존재하는 현실의 모순을 발견하고 그 모순을 부정하여 극복하는 과정으로 인류의 역사를 설명합니다. 이를 존재론적으로 이해하면 인간은 자신의 현존재를 부정함으로써 새로운 존재로 거듭나게 됩니다.

아울러 씨올은 베르그송의 생명철학에 담긴 의미로도 읽을 수 있습니다. 베르그송에 따르면 생명은 원시적인 형태에서부터 물질의 흐름에 휩쓸리지 않고 자기동일성을 유지하는 개체의 성격을 띱니다. 여기서 물질의 흐름에 휩쓸리지 않는다 함은 변화하지 않는다는 뜻이 아니라 자연의 제약을 극복하고 넘어서는 방향으로 진화한다는 뜻입니다. 생명은 이런 진화과정을 거쳐 복잡성이 증대하는 동시에 자연제약을 넘어서는 자유를 실현해간다고 베르그송은 생각합니다. 그러면서도 자신의 동일성을 유지한다는 것이지요.

씨올도 이와 마찬가지입니다. 밀알 하나가 씨올이 되어 싹을 틔우고 줄기를 키워 열매가 되는 과정은 지속적인 자기부정의 과정이지만 그렇다고 이전의 밀알이라는 생명의 자기동일성이 사라지지는 않습니다. 씨올인 민중 역시 역사 속에서 고난을 당하지만 역사의 주체가 될 때 받은 고난을 억압으로 되갚는 존재가 아니라 여전히 '맨 사람'으로서의 자기동일성을 유지합니다. 여기서 민중은 마르크스주의가 말하는 계급적 의미에 한정되지 않습니다. 생명의 동일성과 문화창조의 주역인 '맨 사람' 그 자체입니다. 이를 두고 함석헌은 "우리는 나라의 밑터요, 문화의 지붕이며, 역사의 줄거리요, 삶의 씨올입니다"라고 말합니다.

역사의 격랑에서 뜻을 발견하다

스스로 이단의 길을 택했다고 말하고, 주류 기독교인들이 그를 이단시했지만 함석헌은 분명 기독교인이었습니다. 기독교는 신이 우주를 창조했고, 신의 금기를 어긴 인간의 원죄를 대속하기 위해 신의 아들인 예수가 인간의 모습으로 와 인간 대신 십자가에 못 박혀 구원의 역사를 완성했다고 믿는 종교입니다. 우주창조와 신앙의 중심에는 야훼라는 신이 있고 그의 아들(성자) 예수가 있습니다. 함석헌에게도 기독교는 신이 중심입니다. 그는 1935년에 발표한 〈하나님 중심의 신앙으로 돌아오라〉에서 한국교회와 기독교인들의 형식주의 신앙을 비판하면서 그러한 행태가 사실은 인간 중심의 태도에서 나온 것이라고 비판합니다.

통히 말하면 오늘날 교회의 신앙은 죽었다. 그 정통이라는 것은 생명 없는 형식의 껍질이요, 그 진보적이라는 것은 세속주의다. 이제 교회는 결코 그리스도의 지체도 아니요, 세상의 소금도 아니요, 외로운 영혼의 피난처조차도 되지 못한다. 한 수양소요, 한 문화기관이다.

함석헌은 교회에서 말하는 진보는 세속주의에 다름 아니고 구복에만 매달리고 있으며, 교회에 오라고 하면서 교파와 종단을 따진다고 비판합니다. 이 모든 것이 신 중심이 아닌 '나'와 '인간' 중심이기 때문입니다. 함석헌의 한국교회와 기독교에 대한 이러한 통찰과 비판은 오늘의 한국기독교에도 여전히 유효한 외침이라 할 수 있습니다. 함석헌의 기독교는 한편으로 민중의 기독교였습니다. 그는 신과 민중을 하나로 봅니다. 1957년에 쓴 〈말씀모임〉이라는 글에서 함석헌은 다음과 같이 주장합니다.

하나님과 민중, 둘이 하나다. 하나님이 머리라면 그의 발은 민중에게 와 있다. 거룩한 하나님의 발이 땅을 디디고 흙이 묻는 것, 그것이 곧 민중이다. 그 민중을 더럽다 하고 학대하는 자는 하나님을 업신여기고 아프게 하는 자다. …… 그러므로 하나님을 섬기는 종교와 나라일수록 민중을 위하지 않을 수 없다.

함석헌은 신과 예수가 인간을 위해 베푸는 축복과 기적과 역사가 아니라 고난 속에서 인간이 스스로 주체가 되는 역사를 보여주고자 합니다. 함석헌에게 군사정권과의 싸움에 나서라고 설득한 안병무는 자신의 저서 《역사의 이해》에서 예수가 행한 오병이어의 기적을 색다르게 해석합니다. 그는 예수가 실제로 떡 다섯 개와 물고기 두 마리를 5천 명이 먹고도 남게 기적을 행한 것으로 보지 않습니다. 가난한 민중이 각자 먹을 정도밖에 안 되는 음식을 모두 나눌 수 있게 마음을 열게 한 것이 예수의 기적이라고 보았습니다. 이러한 해석은 성서에 대한 합리적 설명인 동시에 민중이 마음을 열고 움직였을 때의 힘을 보여주는 관점입니다. 이러한 관점은 함석헌에게도 나타납니다.

함석헌에게 역사는 진보의 과정입니다. 《뜻으로 본 한국역사》에서 그는 이 점을 분명히 합니다.

본래 역사는 절대의 진보다. 나가도 나간 것이요, 물러가도 나간 것이다. 그 이유는 이 생명의 역사는 그 근본이 대체가 나가는 것, 발전하는 것, 자라는 것이기 때문이다. 올라가는 산길에서 한때 내려가는 언덕도 결국 올라가는 길인 것 같이 이 역사의 행진에 있어서는 작게 보면 오르고 내림 같은 모든 운동이 다 올라감이다. 이렇게 믿는 것이 곧 역사를 이해함이요, 진보요, 이김이다.

진보를 가능하게 하는 근거는 씨올들의 각성입니다. 정치억압 속에서도 진보의 길은 씨올들에 의해 열린다는 것입니다. 씨올들의 깨어남으로 그들이 독재에 저항하고 자유를 향해 나아간다는 것입니다. 《뜻으로 본 한국역사》에서 함석헌은 역사의 근본이 하나님이라고 하면서 그 하나님은 인생과 인격적으로 교섭하는 하나님이라는 설명을 붙여야 한다고 주장합니다. 하나님이 인격적으로 교섭하는 대상을 인생으로 본 것이지요. 이 말은 하나님의 뜻이 씨올들에게로 이어진다는 의미입니다. 그런 점에서 함석헌은 하나님이 우주에 자유의지를 넣었다고 합니다. 생명의 근본원리를 스스로 함이라 본 함석헌의 관점에서 하나님은 자기를 항상 자유하는 생명을 가진 인격을 통하여 나타나기를 쉬지 않습니다. 이러한 관점은 신과 자유의지의 양립에 관한 오랜 종교철학적 과제에 하나의 답을 제시하는 것이기도 합니다.

그렇다면 자기를 항상 자유하는 생명을 가진 인격이란 어떤 존재일까요? 함석헌은 그것을 바로 씨올이라고 표현합니다. 기독교적 창조론에 대해 함석헌은 성경을 의미의 세계로 이해합니다. 성경이 현상의 세계를 말하는 것은 아니라는 것입니다. 함석헌은 역사를 서술하면서 '뜻으로 본'이라는 수식을 붙이는데, 여기서 뜻은 서양철학의 전통에서 보자면 로고스이며, 전통 기독교사관에 따르자면 섭리입니다. 또한 좀 더 일반적인 용어로는 진리라고 할 수도 있습니다. 하지만 이 모든 용어가 함석헌의 고유한 의도를 드러내기에 충분하지 않습니다. 식자연하는 사람들의 글에서 나오거나 특정 종교의 관점만을 내비치는 표현이기 때문입니다. 함석헌은 씨올들에게 사용하는 용어로 '뜻'이라는 말을 선택한 것으로 보입니다.

따라서 '뜻'은 씨올과 분리할 수 없는 씨올들의 언어로 선택한 것입니다.

그가 1970년 4월 19일에 《씨올의 소리》를 창간할 때의 취지도 이와 비슷합니다. 박정희정권에 맞서기 위한 민주화운동이자 언론운동으로 창간한 《씨올의 소리》는 민중의 소리이자 민중에게 전하는 소리였습니다. 그는 〈나는 왜 씨올의 소리를 내나〉에서 '모든 사람이 하나님의 입노릇을 할 자격이 있고 의무가 있다'고 말합니다. 함석헌은 씨올의 속에는 일어만 나면 못 이길 것이 없는 정신의 힘이 있다고 보았습니다. 하나님이 사람의 입을 빌어 말씀하시는데 그 사람이 바로 씨올이라는 것입니다.

하지만 씨올은 아무런 준비나 노력 없이 역사의 주체가 되는 것이 아니요 하나님의 입으로 살게 되는 것이 아닙니다. 이를 위해 함석헌은 민족의 회개를 요구합니다. 1958년 발표한 〈생각하는 백성이라야 산다 ― 6·25싸움이 주는 역사적 교훈〉에서 그는 국민 전체가 회개해야 한다고 외칩니다. 함석헌은 국민 전체가 밭에서, 광산에서, 쓴 물결 속에서, 부엌에서, 교실에서, 사무실에서 피로 땀으로 회개해야 한다고 외칩니다. 모든 씨올들이 삶의 현장에서 회개해야 한다는 것입니다. 기독교인이 예배당에서 울부짖는 것은 연극일 뿐이라는 것이 함석헌의 생각입니다. 1963년에 발표한 〈삼천만 앞에 울음으로 울부짖는다〉에서는 박정희를 비롯한 정치인과 지식인, 학생, 군인에게만이 아니라 민중에게도 다음과 같이 외치고 있습니다.

우리 밖의 정치가 따로 있는 것이 아니며, 우리 밖에 지식인 또 따로 있는 것 아닙니다. 그것은 우리의 뼈대며 신경이요, 잎사귀며 꽃입니다. 우리가 전체요 전부입니다. 자연이 있다 해도 우리와 상관없는 자연은, 없으나 다름없고, 하나님이 계시다면 우리를 통해 우리로 계시지, 그 밖의 하나님을 알 길이 없습니다.

함석헌은 이 글에서 자신을 포함한 동포들 모두에게 뉘우침이 필요하다고 주장합니다. 그러나 이러한 함석헌의 외침은 누구를 원망하거나 나무라기 위한 의도는 아니었습니다. 자기 일이기 때문에 책임져야 하고, 자기 일에 관해 뉘우쳐야 하는 것입니다. 농부가 장사꾼의 일을 책임지고 뉘우칠 수는 없는 노릇 아니겠습니까? 역사적 과오에 대해 민중이 뉘우치고 책임감을 가져야 한다는 것은, 역사의 주체가 민중이어야 하고 민중만이 역사를 책임질 수 있기 때문이라고 생각했기 때문입니다.

함석헌은 노장사상에 강하게 천착해 있었지만, 그렇다고 결코 세상 일에 소극적으로 임하지는 않았습니다. 함석헌에게 '속알 밝힘'은 세속의 삶을 외면하는 것이 아니라 철저하게 현실 속으로 뛰어드는 것이었습니다. 씨올의 삶은 세속에 뿌리를 두고 있기 때문입니다. 그러한 씨올의 삶이 역동적으로 전개되는 터가 바로 역사입니다. 따라서 함석헌의 사상은 씨올의 문제로 귀결되는 동시에 씨올로부터 시작하는 역사의 바로 세우기를 요청하는 것이라고 할 수 있습니다. 진정한 의미의 역사 바로 세우기는 바로 씨올, 즉 민중이 중심이 되어야 한다는 생각이 함석헌의 역사의식인 셈이지요. 함석헌이 우리민족의 역사, 나아가 세계사에서 씨올이 중심에 서야 한다고 본 근저에는 그의 고난사관이 자리하고 있습니다. 함석헌은 우리역사를 고난으로 점철된 역사라고 진단하면서도 역사 자체가 고난의 역사라고 말합니다. 우리만이 아니라 온 인류가 고난을 당해왔다는 것이지요.《뜻으로 본 한국역사》에서 함석헌은 다음과 같이 쓰고 있습니다.

인류의 역사란 결국 눈물의 역사요, 피의 역사 아닌가? 고난을 당하는 것은 우리만이 아니다. 온 인류가 그렇다. 사람의 매골로 되지 않은 성벽을 어디서 보았느냐? 사람의 가죽을 병풍으로 삼지 않았다는 왕좌를 어디서 들었느냐? 한숨 없이는 예술이 없고, 희생 없이는 종교가 없다.

역사의 과정을 고난의 연속으로 보는 관점은 무엇을 의미하겠습니까? 고난의 역사란 고난을 당하는 사람들을 역사의 주체라고 보는 관점을 말합니다. 고난을 당하는 주체는 민중일 수밖에 없다는 점에서 고난사관은 민중사관의 다른 표현입니다. 함석헌은 역사에 나타난 고난은 정의情意 없는 자연현상도 아니요 잔혹한 운명의 장난도 아니라고 합니다. 함석헌은 고난이 하나님의 섭리라고 보았으며, 간디의 말을 인용해 "고난은 생명의 원리다"라고 설명합니다.

함석헌이 고난이 생명의 원리이자 역사진화의 원리라고 한 것은 역사의 진화가 아가페(신의 사랑)에 의해서 이루어진다고 보았기 때문입니다. 그 궁극의 결론은 세계평화입니다. 평화는 사랑없이 이루어질 수 없고 지나간 것에 대한 용서없이는 이루어질 수 없습니다. 그러면 사랑과 용서는 누가 실천하겠습니까? 함석헌은 고난받은 자가 고난을 준 자에게 사랑을 베풀고 용서를 할 수 있다고 본 것입니다.

따라서 함석헌이 말하는 '뜻으로 본 역사'의 '뜻'은 고난을 의미하는 것이요, 신으로부터 오는 뜻, 즉 로고스인 것입니다. 로고스는 성경에서 신의 말씀을 표현하는 말이기도 합니다. 앞에서 말한 씨올의 뉘우침은 그러므로 단순한 도덕적 의미의 반성이 아니라 영원(신)으로부터 오는 섭리를 깨달아 역사의 주체로 자신을 자각하는 것을 의미합니다. 함석헌이 생각하는 신으로부터의 은총도 바로 이것이지요. 함석헌이 보기에 예수의 십자가 사건은 고난을 통해 희망을 선사하는 부정의 계기였습니다. 하지만 그렇다고 씨올들이 다시 신의 수동적 객체가 되는, 즉 신의 섭리를 수행하는 대리인으로 변화하는 것을 의미하지는 않습니다. 씨올은 역사와 정치의 주체가 되는 존재입니다.

씨올에 의한, 씨올을 위한, 씨올의 정치

평양고등보통학교 시절 3·1운동에 적극 가담한 뒤 한동안 함석헌은 소극적인 삶을 살았습니다. 동경 유학생활을 마치고 귀국한 함석헌의 활동 역시 행동하고 투쟁하는 거리의 투사와는 거리가 멀었지요. 다만 끊임없이 시대의 아픔을 외면하지 않고 기독교인으로서 우리 민족이 겪는 시련의 의미가 무엇인가를 탐구하려는 삶을 살았습니다. 그리고 그 과정은 결코 소극적인 은둔자와는 달랐습니다. 기독교인으로서 그는 자신의 사명을 결코 다른 이에게 돌리지 않았습니다. 그는 오산학교 교사 시절 성서 이외에 불경과 노장사상의 고전을 접하면서 사상의 깊이와 폭을 넓혔고, 군사독재와의 기나긴 투쟁 속에서도 사상의 깊이를 더해갔습니다. 이러한 여정은 세계평화를 염원한 사상가의 자취이기도 합니다.

박정희 군사정권이 들어서기 전의 함석헌은 주로 글과 강연을 통해 이승만정권과 한국기독교에 대한 비판적 입장을 피력했습니다. 기독교인으로서 함석헌은 일찍부터 과감한 생각을 펼쳤습니다. 유일 신앙을 근간으로 하는 기독교가 타 종교에 개방적이고 관용적인 입장을 취하는 것을 보기는 쉽지 않습니다. 〈내가 믿는 예수〉 (1953)라는 글에서 함석헌은 종교에 대해 다음과 같이 말합니다.

> '종교'라는 것은 상대계相對界의 일이지 절대가 아니며, 기독교조차도 여러 개의 종교 중 하나일 뿐이다. 기독교가 유일의 참 종교라는 사람은 상대적인 좁은 소견에 잡힌 것이다. 그러한 생각을 가진 기독교는 오만한 종교일 뿐이다.

함석헌의 이러한 문제의식은 앞서 논한 시대의식과 결코 무관하지 않습니다. 이승만과 한국기독교가 벌이는 오만한 작태에 대한 반성을 정작 함석헌이 하고 있었습니다. 모든 종교는 하나라는 생각은 한편으로는 종교적 보편주의라고 할 수도 있지만, 그 의미를 모든 종교에 구원이 있다는 것으로 해석하면 오늘날 흔히 말하는 종교 다원주의와도 일맥상통하는 입장입니다. 아직도 한국의 주류 기독교계가 종교 다원주의를 비난하는 상황이라는 점을 고려하면 함석헌의 주장은 한국기독교가 절대로 수용할 수 없는 생각이었습니다.

실천적 지식인으로서의 함석헌의 모습은 박정희 군사정권이 들어서면서 좀 더 직접적인 정치적 실천으로 드러납니다. 군사정권에 대한 저항과 비판은 유신시대까지 이어집니다. 그러나 그의 비판의 칼날은 유신을 향한 것만은 아니었습니다. 4·19혁명의 실패원인을 진단하면서, 4·19혁명은 학생이 시작했지만 민중의 혁명이 되지 못했기 때문에 결국 민중의 죄라고 비판하기도 합니다. 여기서 말하는 민중 즉 사람이란, 함석헌의 표현을 따르자면 '맨 사람'입니다. 학생이나 군인이라는 정체성은 다 맨 사람 위에 덧입혀진 옷일 뿐입니다. 무슨 의미일까요? 아마도 사람이 아닌 학생, 군인, 정치인 등의 정체성은 어떤 특정한 입장에 있을 수밖에 없다는 의미이겠지요. 맨 사람으로서가 아니라 자신이 처한 입장과 정체성을 가지고 만나면 그 처지에 얽매일 수밖에 없다고 말합니다. 함석헌은 특권 없는 제도는 없다고 말합니다. 혁명은 제도를 없애는 것이어야 한다고도 말합니다. 그러므로 군인이 일으킨 혁명, 학생이 일으킨 혁명은 참 혁명이 될 수 없다는 것이 함석헌의 생각입니다.

그래서 함석헌은 참다운 혁명은 사상혁명, 즉 민중이 자각할 수 있도록 하는 혁명이어야 한다고 생각했습니다. 민중 스스로 삶의 주체로 서야 한다는 것이 이 사상혁명의 내용입니다. 이를 실현하기 위해 함석헌은 《씨올의 소리》를 발간합니다. 《씨올의 소리》 발간은 독재정권에 대한 함석헌의 정치저항이자 언론운동이었습니다. 즉 그것은 독재에 대한 투쟁이었고 민중의 사상혁명을 이끌기 위한 선동이었습니다.

함석헌은 민중이 주체가 되는 세상을 만들기 위해서는 일대 변화가 필요하다고 생각했습니다. 그는 1976년 《씨올의 소리》 1,2월호에 실은 〈세계 구원의 꿈〉이라는 글에서 그러한 변화의 의미와 성격을 다음과 같이 설명합니다.

> 일대 변화란 그래서 하는 생각이다. 변變도 화化도 다 달라진다는 뜻인
> 데 변은 달라짐 중에서도 갑자기 달라짐을 가리키는 말이다. 변자變字
> 밑에 있는 '攵'이 그것을 표시한다. 그것은 작대기를 들고 두들기는 것
> 을 그린 것이다. 즉 힘을 넣어서 급히 달라지게 만든다는 뜻이다. 거기
> 더해 화化는 질적으로 아주 전의 모습이 없이 달라짐, 물리적인 것이
> 아니라 화학적인 변화를 뜻한다. 화의 한편인 '인'은 사람이라는 인人자
> 인데. 이쪽의 '匕'는 인을 뒤집어 놓아서 죽은 것을 표시하는 자다. 죽으
> 면 아주 달라진다. 우리말로 되졌다는 말이다.

사실상 함석헌이 말하는 변화란 현재의 삶의 방식과 의식에 대
한 근본적 전복, 즉 혁명을 의미합니다. 그러한 혁명은 씨올의 스스
로함에서 비롯됩니다. 생명의 원리를 스스로 함에 있다고 본 함석
헌의 사유는 다분히 노장의 세계관을 연상시킵니다. 노장사상은
인간의 도덕적 질서를 강조하는 유가사상과는 달리 인간과 자연의
조화를 추구하며 인위적인 삶보다는 자연에 따르는 삶을 강조합니
다. 여기서 자연은 저절로 그러한 세계이자 질서를 의미합니다. 오
산학교 시절부터 이어져온 노장사상에 대한 관심은 함석헌의 사상
이 씨올로 귀결되는 데 결정적인 영향을 미칩니다.

함석헌은《도덕경》이 인위적이지 않은 도의 길을 강조하는 데
주목합니다. 또한 이상적인 통치자란 씨올들의 생활에 최소한의 간
섭만 하기 때문에 씨올들이 존재를 인식하지 못하는 통치자라고
보았습니다. 그러는 가운데 씨올들은 자신의 삶을 '스스로 함'으로

영위할 수 있습니다. '스스로 함'은 자연이고 함석헌에게 자연은 필연이었습니다. 따라서 민중인 씨올들을 위한 일대 변화 역시 필연적 사건이라고 할 수 있습니다.

기독교도인 함석헌이 노장에 주목한 이유는 노장사상이 바로 현실에서 씨올들의 삶을 억압하고 왜곡하는 권력에 대항하는 정신적 원칙 혹은 원리가 될 수 있다고 생각했기 때문입니다. 결국 노장의 자유정신은 권위주의의 억압에 맞서 인간의 존엄성을 지키기 위한 사상적 무기였습니다.

김성수는 함석헌이 생각하는 민주주의란 '최대다수의 최대행복'만을 의미하는 것이 아니라고 봅니다. 그는 함석헌이 생각하는 민주주의는 소외된 인간의 존엄성을 다수의 횡포로부터 보호하는 것도 포함하는 것이라고 보고 있습니다. 민주주의에 대한 이와 같은 함석헌의 입장은 약함으로 강함을 이긴다는 노장의 가르침을 바탕으로 소수자나 사회적 약자의 존엄을 존중한 것이기도 하지만 퀘이커리즘과도 무관하지 않습니다. 함석헌은 씨올들에는 각각 하나님의 씨앗이 내재해 있다고 보았으며, 이는 모든 삶은 신성하다고 보는 퀘이커 신앙관과 유사합니다. 함석헌은 퀘이커들이 강조하는 '속 생명'과 '속의 빛'이라는 개념도 존심양성存心養性의 논리와 낱낱의 개인이 인격을 기르고 혼을 기른다는 의미의 '속알 밝힘'에 대응하는 것으로 보았습니다. 존심양성이란 본래 《맹자》에 나오는 말로 자기 본래의 마음을 온전히 보존하고 타고난 성품을 기르는 것이야말로 하늘의 뜻에 따르는 것이라는 의미입니다.

박정희 유신시대의 한국정치는 유신에 대한 저항과 혹독한 탄압의 반복이었습니다. 1974년 결성되어 함석헌이 공동의장으로 활동한 민주회복국민협의회는 이른바 '민주시민을 위한 헌장'을 발표하며 유신독재에 대한 시민들의 민주적 저항운동을 촉구했습니다. 이 헌장이 제시한 운동의 원칙은 세 가지로, 첫째는 폭력을 사용하지 않는 비폭력저항, 둘째는 시민불복종운동, 셋째는 민주세력 간 총단결이었습니다. 이는 영국으로부터 인도의 독립을 주도한 마하트마 간디의 원칙과도 일맥상통하는 것으로, 간디에게 공감한 함석헌의 사상이 현저하게 드러나는 원칙이라고 할 수 있습니다.

함석헌은 독재에 맞선 투쟁에서 재야민주화세력은 물론 야당 정치인들과도 함께 했지만 그의 실천이 결코 정치적 행보라고 할 수는 없습니다. 함석헌의 실천적 삶은 무엇보다 민중이 주체가 되는 현장을 만들고, 억압과 폭력 없는 평화로운 세상을 이루고자 했으며, 무엇보다 자신의 사상 혹은 지식과 행동을 일치시키려는 분투의 연속이었습니다.

세계적 사유로서의 함석헌의 사상

함석헌 철학의 도덕적 기초는 공동체의식입니다. 전세계적으로 신자유주의 물결이 거세진 이후로 자유주의 문제를 극복하기 위한 대안의 모색으로 서구의 공동체주의 사상이 주목을 받고 있습니다. 공동체주의란 자본주의 시장경제의 경쟁적 사회모델만을 옹호하는 자유주의에 맞서 빈부격차와 같은 사회 불평등을 해소하고 사회구성원의 공존을 모색하는 현대 정치철학의 한 흐름입니다. 자유주의의 폐해를 극복하기 위해서는 그러한 연구에 주목하는 것도 의미 있는 일입니다. 왜냐하면 우리 사회도 이미 서구적 근대화 과정을 밟아왔기 때문입니다.

그러나 정작 서구사회는 공동체적 삶의 가치를 잃고 개인주의에 바탕을 둔 지 너무 오래되어 서구 공동체주의의 도덕적 기반에는 취약점이 보이기도 합니다. 덧붙이자면 오늘날 서구 공동체주의는 개인주의적 삶의 폐해를 극복하고자 하는 문제의식은 있지만 그 해결책을 단지 정치체제의 변혁에만 초점을 두고 있습니다. 이러한 접근은 정치적 상황과 정치공학적 이해관계에 따라 얼마든지 변할 수 있다는 점에서 공동체적 삶을 실현하는 근본 근거를 마련하기는 어렵습니다. 이에 비해 한민족은 오랫동안 강고한 공동체의 삶을 형성하고 있었으며, 그 삶의 동력 중 하나로 동양사회에 고유한 도덕적 기반이 자리하고 있었다는 점을 간과할 수 없습니다.

함석헌의 공동체사상은 오늘날 우리가 직면한 여러 위기상황에 대한 도덕적 성찰을 가능하게 합니다. 함석헌은 단지 서구적 개인주의의 바탕이 되는 자유주의와 대립하는 정치이론으로서의 공동체주의가 아닌, 인류에게 근원적인 삶의 전환을 역설하고 있습니다.

한민족의 역사만이 아니라 인류의 역사 전체를 고난의 역사로 본 함석헌은, 고난의 역사가 스스로 나타났을 뿐이라고 말합니다. 즉 고난 그 자체로서의 제(自)가 제 까닭(由)이라는 것입니다. 그런 의미에서 고를 통해서 자유에 이르는데, 그 자유는 고난의 대가로 돌아오는 낙(樂)이나 선(善)은 아닙니다. 고난의 끝에 오는 것은 그러므로 어떠한 복된 대가가 아닙니다. 고난의 역사를 통해서 얻을 수 있는 것은 반성입니다. 모름지기 가장 어려운 반성은 자아에 대한 반성이지만, 그럼에도 자아에 대해서는 꼭 알아야 한다는 것이 함석헌의 주장입니다.

> 반성은 모든 지식의 총결산인 동시에 또 그 시작이다. 하나님을 아는 것
> 이 지식의 근본이라는 말이 있지만 그 말은 뒤집어놓으면 자기를 아는
> 것이 지식, 혜의 근본이라고 할 수 있다. 하나님은 자아의 속에 계시기
> 때문이다. 그것을 능히 아는 사람을 어질다, 혹은 거룩하다고 한다. ……
> 자기를 아는 사람, 우주만물의 중심으로서의 자아, 그 자아의 생각하
> 고 행동하는 주체로서의 나를 깨우쳐 아는 사람이 어진 것 같이……."
> 《뜻으로 본 한국역사》, 1963)

그러니 반성이 최종 목적은 아닙니다. 함석헌은 반성의 목적은
가르침을 얻는 데 있다고 보았습니다. 그런 점에서 역사는 민족의
자기교육이라고 강조하기도 했습니다. 함석헌이 강조하는 '뜻'은 역
사를 통해서 의미를 드러내는 것이고 씨올은 그 역사의 과정을 통
해서 배워야 한다는 것이지요.

역사적 과정에 대한 함석헌의 어법은 그가 의식했던 하지 못했
던 간에 다분히 변증법적입니다. 그는 해방 후의 역사를 돌이켜볼
때 역사가 진보했느냐 퇴보했느냐를 쉽게 단언할 수 없다고 했습
니다. 그러면서도 해방 후 역사가 겉으로는 자유가 있었으나 속으
로는 없었다고 보았습니다. 다분히 모순된 현실에 대한 통찰의 결
과입니다. 그러면서도 역사는 진보한다고 보았는데, 독재정권하에
서 자유가 점점 줄어든 듯하지만 국민의 저항의식은 더 커졌고, 그
것이 진보의 싹이라고 보았습니다. 즉 씨올이 점점 깨어가므로, 진
보라는 것입니다. 그러면 함석헌은 역사가 무엇을 향해 진보한다고

생각했을까요? 이 질문에 대한 답은 함석헌 철학이 지향한 궁극목표를 통해서 살펴볼 수 있습니다.

함석헌의 생애 전체에 걸친 활동목표를 한마디로 하자면 평화의 실현입니다. 일제에 항거한 삶도, 독재에 저항한 행적도, 자본주의에 대한 신랄한 비판도 모두 특정한 정치이념을 실현하기 위한 이데올로기적 분투가 아닌 인류의 보편적 희망인 평화로운 삶을 실현하기 위한 함석헌의 노력이었습니다. 〈두려워 말고 외치라〉라는 글에서 함석헌은 다음과 같이 말합니다.

> 가능하거나 말거나 평화만이 유일한 길이다. 같이 삶만이 삶이다. 공존만이 생존이다. 모든 생물의 역사가 증명한다. 평화는 자연적 현상이 아니고 인류의 자유의지를 통해 오는 윤리적 행동이다. 생물은 결코 생존경쟁을 함으로써 진화하는 것은 아니다. 생물은 사실은 서로 도움으로써 살아가게 되는 점이 많다.

평화주의자로서 함석헌의 삶과 철학의 가장 밑바탕에는 역시 종교적 신념이 있었습니다. 하지만 그는 기독교인의 뿌리를 지니고 있으면서도 다른 종교에 대해 관용의 정도를 넘어 종교적 가르침까지 적극 수용합니다. 이러한 다원주의적 종교관은 기독교라는 하나의 종교가 제시하는 길을 통해서는 달성될 수 없습니다. 평화의 길을 향한 함석헌의 열려 있는 마음이 그 원동력입니다.

함석헌이 씨울철학을 통해 궁극적으로 주장하는 바는 어쩌면 가장 보편적인 인류의 이상이라고 할 수 있습니다. 그가 말하는 민중으로서의 씨울은 단지 우리민족의 차원만이 아닌 전세계 민중에게도 마찬가지로 적용되는 개념이기 때문입니다. 그의 역사 서술이 '뜻으로 본 한국사'에서 '뜻으로 본 세계사'로 이어질 수 있었던 것은 우리민족의 역사만이 아니라 인류의 역사 자체가 고난의 역사라는 공통분모가 있다고 보았기 때문입니다. 그러한 공통분모는 지배층의 관점에서 발견할 수 없습니다. 권력자의 관점에서 기술된 역사는 억압과 침략을 정당화하는 역사일 뿐입니다.

반면 민중의 관점에서 본 역사는 다릅니다. 어느 나라 어느 문명에서건 민중은 억압과 착취 속에 살아왔고 모든 침략의 가장 큰 피해자일 수밖에 없습니다. 침략국의 민중 역시 침략이라는 선택에 따른 수탈을 견뎌야 하는 위치일 수밖에 없습니다. 그런 점에서 함석헌의 역사의식은 그 어떤 사관보다도 보편사적입니다. 따라서 그의 세계관은 온 인류, 온 세상의 씨올을 중심에 두고 있습니다.

씨올의 참뜻 가운데 하나는 참 생명이며, 씨올이 중심이 된다는 것은 생명적 가치가 중심이 된다는 것입니다. 생명적 가치가 중심이 되는 상태는 다름 아닌 인류의 평화 상태입니다. 그런 점에서 함석헌 사상에서 평화의 유지는 생명의 온전한 보존이며, 생명을 오롯이 바로 하는 길을 모색하는 것이야말로 평화를 실현하는 실천입니다.

함석헌은 생명이 다시 회복되는 세계질서를 위해 동양의 정신을 돌아보라고 주장합니다.

우리가 깊이 반성해야 하는 것은 이른바 '근대화'라는 것이다. 이 근대화란 결코 국민적인 지혜에서 나온 것이 아니다. …… 사실상 근대화는 곧 서구화다. 동양은 동양으로서의, 한국은 한국으로서의 역사가 있고 개성이 있고, 환경도 제 환경이 있는 것을 알기 때문에 서구화라고 하면 말부터 잘못된 것을 알기 때문에 근대화라고 붙였지만, 서구의 모방이나 추종이 아니고 동양이나 한국의 제자리서 내다본 무엇이 있나 하면 아무것도 없다."《씨울의 옛글풀이》, 1982)

함석헌은 근대화라는 이름의 서양문명은 서로 미워하고 싸우고 죽이는 감각의 문명이자 망하게 된 문명이라고 보고, 이를 되돌리는 길을 동양의 사유에서 찾고자 합니다. 특히 함석헌은 노자와 장자는 삶을 귀하게 여긴다고 보고, 노자와 장자의 사상이 현상계를 초월하여 살자는 것이라고 합니다. 그런데 여기서의 초월은 세상을 외면하고 등진다는 의미가 아닙니다. 오히려 세속의 욕망에서 벗어나는 것만이 자연의 순리에 맞는 것이고 생명을 온전히 보전하는 길이라는 의미입니다. 서양의 문명은 욕망을 초월할 수 없고 그러므로 생명을 온전히 살리는 문명이 될 수 없습니다. 무한한 욕망을 초월해야 유한한 생명을 온전히 유지할 수 있습니다. 《씨울의 옛글풀이》에 나오는 내용을 볼까요.

이 세계는 문제를 가진 세계라, 인간은 그 자체가 문제라 하는 말은 이래서 나온다. 장자도 말했다. '나의 삶은 한이 있으나 나의 앎은 한이 없다. 한이 있는 것을 가지고 한없는 것을 좇으려 하니 어렵지 않은가.' (〈양생편養生篇〉, 《장자》) 여기서 앎이라는 것은 지각, 지식만을 말하는 것이 아니고, 차라리 의식적으로 하는 모든 욕망의 뜻으로 해석하여야 할 것이다. 우리 생명은 한이 있는데 우리 욕망은 한이 없다. 그러니 문제가 아니냐 하는 뜻이다. 이 말은 〈양생편〉 첫머리에 나오는데, 여기서 보면 알 수 있는 것 같이 노자·장자는 삶을 아주 귀중하게 여긴다.

박재순은 함석헌에게 생명 자체가 평화라고 설명합니다. 여기서 생은 스스로 하는 주체이면서 서로 하나인 전체입니다. 이렇게 보면 함석헌의 평화사상과 생명사상은 개개의 생명과 온 생명의 상호공존을 위해서 다양한 삶이 있는 그대로 보존되는 것을 전제합니다. 하나하나의 씨올들은 저마다 흙과 바람과 태양과 공기와 물을 이용해 자신의 삶을 싹틔우고 이웃의 씨올과 더불어 생태계 전체의 조화를 이루어나갑니다.

이렇게 보면 함석헌이 그리는 평화는 어쩌면 새로운 것이 아닐 수 있습니다. 아주 오래전부터, 지구상에 생명이 존재할 때부터 원래 그러했던 자연이 보여주는 조화로부터 나온 유비라고 할 수 있습니다. 그래서 함석헌이 동양의 노장사상에 주목한 것입니다. 노장사상은 인간만이 아니라 모든 생명 혹은 자연 그 자체의 온전한 생명성에 가치를 둡니다. 그러한 생명성을 위협하는 것이 바로 인간의 인위人爲, 즉 문명입니다. 특히 함석헌은 서구적 근대화라는 이름하에 자행된 자본주의 물질문명의 야만성과 폭력성이 생명과 평화의 위협이 된다고 보았습니다.

함석헌은 저항적인 인간이었습니다. '한국의 간디'라고도 불린 함석헌은 비폭력주의자였지만 결코 무저항주의자는 아니었습니다. 《저항인 함석헌 평전》의 저자 김삼웅은 함석헌을 비폭력 저항주의자라고 부르기도 합니다. 함석헌이 영국시인 퍼시 셸리의 시를 좋아한 것도 그의 시에 나타난 저항정신 때문이었습니다. 그가 자주 인용한 셸리의 시 〈서풍의 노래〉 마지막 절의 끝부분은 다음과 같습니다.

나의 죽은 사상을 마른 잎새 휘몰아치듯,
우주로 날려 신생을 재촉하라!
그리고 이 시를 주문 삼아

꺼지지 않는 화덕에서 재와 불꽃을 날리듯
이 내 말을 온누리에 퍼뜨려 다오!
내 입술을 통해 잠깨지 못한 대지를 향해 부는

예언의 나팔이 되라! 오, '바람'이여,
겨울이 오면 봄이 어찌 멀 수 있으리요?

함석헌이 '비폭력 저항주의'를 주장한 이유는, 평화를 실현하기 위해 비평화적 방법을 용인할 수는 없으며 생명을 위협하는 것에 저항하는 것이 생명의 본질이라고 보았기 때문입니다. 그가 말하는 혁명도 저항이며, 반성도 저항이며, 생각도 저항입니다. 함석헌은 '저항하는 것이 사람이고 저항할 줄 모르는 것은 사람이 아니'라고 생각했습니다. 하지만 그의 저항 혹은 반항은 결코 폭력이나 무력을 동반하지는 않았습니다.

함석헌의 사상에서 구체적인 미래상을 발견하기는 쉽지 않습니다. 제도나 사회구조의 변화 등을 전망하기보다 현재 질서의 문제점을 지적하는 데 초점을 두었기 때문입니다. 함석헌은 사회 각 분야에 필요한 혁명의 방향과 그 과정에서 추구해야 할 가치를 설파하긴 하지만, 그러한 가치를 실현하기 위한 정치제도나 방법 등의 대안을 구체적으로 제시하지는 않았습니다. 어쩌면 그러한 가치실현이 하나의 제도나 사회체제를 통해서 이루어질 수 있다는 기대 자체가 함석헌의 사유와 어울리지 않을 듯도 합니다.

함석헌의 철학은 강단에서의 지적 연구를 위한 것은 아니었습니다. 그렇기에 그동안 한국철학계에서, 강단 철학의 영역에서 주목받지 못했습니다. 독특한 그의 문체는 학술적 차원에서 받아들이기 어려운 조건이었습니다. 하지만 철학이 전문연구자들만의 지적 유희가 아니라면 함석헌에 대한 태도는 바뀌어야 합니다. 무엇보다 우리가 함석헌의 철학에 주목해야 하는 가장 큰 이유는 오늘날 인류가 직면한 문제들을 해결하기 위한 시사점을 주고 있기 때문입니다. '씨올'은 인간의 삶을 나누는 그 어떠한 분열적 사유도 끼어들 여지가 없는, 인간을 비롯한 모든 생명과의 평화로운 삶을 모색합니다. 그렇기에 함석헌의 철학은 현대 한국철학으로서만이 아니라 인류의 세계적 사유로서 자리매김할 수 있는 의의를 지니고 있습니다.

11장

우리 시대의 철학

—

이병태

1970년대 이후 지금까지 우리 철학사는 강점기 이후 고착화
된 '수용사'의 경향을 지속적으로 드러내왔다. 우리의 현실과
역사를 토대로 하고, 우리의 언어로 삶과 실천을 이끄는 철학
의 정립은 그리 치열하게 시도되지 않은 반면, 외래 이론의 수
용은 간단없이 이어졌다. 때론 급작스럽게, 이렇다 할 이유도
없이 서양의 낯선 철학이론이 도입되었으며, 간혹 역사적이
고 현실적인 맥락에서 새로운 이론의 수용이 요청되기도 했
다. 이처럼 긴 수용의 역사는 그나마 원전의 번역, 개념 및 이
론의 심화된 연구로 이어지면서 이방의 이론이 점차 체화되
는 결과로 나아갔다. 이는 우리 고유의 철학에 대한 문제의식
이 확산됨과 더불어 독자적인 사유 기반의 형성을 고무하는
요소가 되기도 했다. 하지만 신자유주의의 맹위와 함께 우리
사회 전반을 휩쓸고 있는 자본의 논리는 철학의 유일한 장소
인 대학에서 철학과 인문학을 구축驅逐하고 있다. 수용사로서
의 철학사를 극복하기도 전에, 철학사 자체의 지속이 불확실
한 시대가 도래한 것이다.

철학의 고사枯死, 철학의 흥행

앞서 우리는 격동의 현대를 살다간 철학자들을 만나 보았습니다. 이들이 엮어낸 우리의 철학사는 억눌려 초라하지만 면면히 맥을 유지하는 듯도 해서, 볼수록 우리 역사와 참 많이 닮아 있다는 생각이 듭니다. 이 닮음은 어쩌면 당연한 것이 현실은 이론의 모태니까요. 자, 이제 우리가 발 딛고 선 현재를 잠깐 돌아볼 시간입니다. 생생하게 살아 현실과 교호하는 철학의 시대라 하기는 턱없고 그나마 이전보다 조금 나아졌다고는 할 수 있을까요? 아니면 과학기술 문명과 자본의 위세 앞에, 리페와 로고스logos를 좇던 철학자들은 이제 신령과 접했던 고대 제사장처럼 역사 속에서나 만날 수 있는 이들이 되고 만 걸까요? 인문학의 위기를 부르짖는 목소리가 잦아들지 않는 걸 보면, 아무래도 철학과 철학자에겐 황혼이 다가오는 듯합니다.

그런데 좀 이상한 일이 있습니다. 최근 우리 사회를 돌아보면, 외려 인문학이나 철학은 유행하고 있는 것처럼 보이기 때문입니다. 그렇다면 철학을 비롯한 인문학의 위기나 심지어 고사를 경고하는 목소리는 가당찮은 게 아닐까요? 기업 내 사원교육에서 인문학 강의는 빠지지 않고, 지자체 혹은 지자체 산하기관의 시민 대상 프로그램도 인문학이나 철학을 핵심으로 합니다. 동네 도서관도 고전강좌를 진행하고요. 신문사나 시민단체에서 운영하는 인문학 프로그램도 적잖습니다. 심지어 단체나 기관이 주도하지 않음에도 지역공동체 주민, 소모임 등에서 자발적으로 인문학 고전을 공부하는 일도 드물지 않습니다. 선생님을 모시거나 구성원끼리 자율적으로 학습하면서 말입니다. 이런 상황은 철학을 비롯한 인문학에 대한 수요 없이는 불가능합니다. 철학을 원하는 이들도 많고 풍성한 강좌나 프로그램을 볼 때 공급도 원활하게 이루어지고 있다면, 이 시대는 인문학의 위기는커녕 인문학과 철학의 르네상스가 아닐까요? 많은 이들이 논어를 읽고, 계몽주의와 근대철학도 공부하며 미술사까지 접하고 있습니다. 이 책의 저자들 또한 이런 강좌에 참여한 경험이 있습니다. 그렇다면, 도대체 왜 철학과 인문학의 위기가 거론될까요? 책이 좀 안 팔린다든가 전문 연구자의 수가 준다든가 하는 일시적 현상을 침소봉대하는 엄살에 불과할까요? 사실 엄살도 과장도 아닙니다. 저토록 활기찬 인문학의 수요와 공급 속에서 '인문학의 위기'를 외침은 뜨악한 일로 보이지만 그 안에는 이 시대에 대한 중요한 문제의식과 경고가 담겨 있습니다.

철학과 인문학의 위기가 고사되는 현장은 뜻밖에도 대학입니다. 최근 우리 대학사회에 일고 있는 가장 중요한 변화는 대학 본연의 정신과 기능을 상실해가는 개악改惡적인 것입니다. 혹은 대학의 사회적 의미 가운데 마땅히 있어야 하는 모종의 균형이 최근 한국 대학의 변화와 개편에서 파괴되고 있다고 할 수도 있고요. 대학 '본연'의 정신과 기능을 거론함은 너무 거창한 일일지 모르고, 이에 관해 각이하고도 복잡한 논증적 대답, 서로 다른 가치관 위에 서있는 의견들이 엇갈릴 수도 있습니다. 그런 복잡한 논쟁에 가담하려는 것은 아니지만 일단 이야기를 진전시키기 위해 대학의 목적을 간단하게 언급하자면 '학문'적 수련과 이에 기반을 둔 사회적 기여라 할 수 있습니다. 대학은 무엇보다 배우고 익히는 장소여야 하고 또 배우고 익힘을 통해 사회에 기여할 수 있어야 합니다. 물론 이러한 이중적 역할이 역사적으로 늘 균형 상태에 있지는 않았습니다. 가령, 우리의 옛 전통을 보면 지금의 대학과 유사한 역할을 했던 기관에서 우선시되던 것은 적어도 표면적으로는 학문의 수양이었습니다. 지금과는 정반대라고 할 수 있겠네요.

앞서도 이미 거론했지만 학문과 권력은 인류 역사에서 대개의 경우 공조 혹은 결탁의 관계에 있었습니다. 지금도 마찬가지지만, 사회적으로 공인되는 학문적 이력을 지님은 곧 사회적 안정성이나 심지어 정치적 권력을 획득함과 무관하지 않았으니까요. 우리 역사만 돌이켜 보더라도 일정하게 공인된 학문적 이력은 출세나 입신양명의 발판이 됩니다. 또 입신과 양명의 선례는 강력한 학문의 동기가 되고요. 그럼에도 학문에 임하는 이들이 모두 이러한 동기에 지배받지는 않았습니다. 배우고 익히는 일 그 자체를 목적으로 삼은 이들도 적지 않았습니다. 이 경우 학문은 다른 목적을 성취하기 위한 수단이 되는 것이 아니라 그 자체로 목적이었다고 할 수 있지요. 관직에 오르지 않고 곳곳에서 공부하며 가르치는 일에 평생 몸 바쳤던 이들이 그런 경우에 해당합니다. 이들 가운데 사회적으로 명망이 높고 널리 존경받았던 사람들도 드물지 않았습니다. 또 이런 이들이야말로 학문의 전범을 제대로 보여준다는 일반적인 사회적 동의도 있었습니다. 어쨌든 당시 학문은 그 자체가 목적이기도 했고, 또 다른 목적에 도달하기 위한 수단이기도 했던 게지요. 양자 사이에 묘한 균형이 있었다고 할 수 있습니다. 이 같은 균형이 깨진 시기를 특정하기란 불가능하지만 적어도 근대 이후, 우리의 경우 근대 대학의 설치 이후 본격화되었다고 할 수 있습니다.

근대 이후 대학은 전문가의 양성, 세상에 기여할 수 있는 인재의 양성이라는 사회적·기능적 요구에 점차 더 강하게 부응하게 됩니다. 대학을 통해 적절한 교양과 전문적 지식을 갖춘 이들이 사회로 나아감은 전혀 이상한 일이 아닙니다. 정작 문제는 대학이 사회적·기능적 요구에 적절하게 부응하는 수준을 넘어 '순응'하기 시작하면서 비롯됩니다. 이 '순응'의 양상과 뿌리를 캐묻자면 또 만만찮은 역사적·이론적 논의를 끌고 들어와야 하지만 좀 간단하고 선명하게 이야기하겠습니다. 이 시대 대학이 보여주는 '순응'은 단적으로 자본과 기업의 지배력에 굴복하는 현상입니다. 기업의 요구에 걸맞은 '인력' 양성의 기관이 되기 위해 대학 스스로 안달하고 있고, 기업경영의 원칙과 방법을 대학에 적용하는 것을 당연시하고 있는 것이지요. 대학에서 교육과 학문은 '등록금'이라는 별난 이름의 돈을 지불한 뒤에 받는 상품인 셈이고, 진지한 수업은 일종의 상품소비 행위입니다. 아울러 이 상품이 경쟁력이 있기 위해 가장 중요한 요소는 '취업'입니다. 맛있고 배부른 음식이 지불할 가치가 있는 상품이 되듯, 취업률이 높은 대학이 가장 훌륭한 상품의 제조사가 되는 것이지요. 경쟁력 있는 상품을 판매하는 기업으로 남고 싶다면 상품의 질이 떨어져선 곤란하듯 대학 또한 취업률이 떨어져선 곤란합니다. 물론 악조건에서도 제자들의 장래와 생계 문제, 나아가 학문의 미래를 진심으로 걱정하고 고민하는 선생님들이 계시고, 남다른 배움의 열정, 진지한 삶의 태도로 정진하는 학생들도 적잖습니다. 하지만 개인들의 이 같은 선의와 열정은 시대 흐름 속에서 빛을 발하기 어렵고 어두운 시대를 거스르는 것은 더욱 아닌 듯합니다. 자본의 파고가 너무도 높고 거센 까닭입니다.

가끔 언론에 보도되는 것처럼 대학교 1학년의 공통교양으로 재무회계를 가르친다든가, 철학과나 인문계열 학과들의 정원을 축소한다든가, 심지어 폐쇄하는 대학들이 점점 더 늘고 있는 현상은 위와 같은 대학의 파행화를 단적으로 보여줍니다. 취업도 잘 안 되는 학과를 내버려 둘 수 없는 게지요. 놀랍게도 이 파행은 내로라하는 대학들도 공통적으로 겪고 있는 현상입니다. 물론 인문계열 학과의 정원을 축소하거나 줄이지 않고 오히려 교수정원을 늘리는 학교도 있겠지만, 내용을 들여다보면 곪아있기는 마찬가지입니다. 외형상 멀쩡해도 이미 취업도 안 되는 것으로 낙인찍어 버린 학문에 몸담는 학생들이 없어 대학원이 개점휴업 상태에 있는 경우도 있고, 교수도 정원도 줄지 않았지만 교수 가운데 실질적인 비정규직 교수의 수가 늘어 언제든지 정원을 줄일 준비를 갖춘 경우도 있습니다. 자, 이쯤 되면, 철학을 비롯한 인문학의 위기가 별로 하는 말이 아님을 알 수 있겠지요. 상황은 생각보다 심각합니다. 대학에서 철학을 공부하는 이들이 줄고, 철학의 입지가 협소해진다는 사실은 장차 철학을 가르칠 이들이 사라지리라는 예측을 가능하게 하니까요.

철학과 인문학의 가장 기본 정신 가운데 하나는 '비판'입니다. 독립운동가 신규식은 앞서 살펴본 우리 현대철학자들 가운데 박은식, 신채호 등과 교류가 있었는데, 호가 예관睨觀이었습니다. 예睨는 흘긴다는 뜻이고 관觀은 본다는 의미입니다. 합하면 '흘겨봄'이지요. 망국의 수치를 참지 못한 신규식은 극약을 먹고 자살을 시도합니다만 그나마 실패해 목숨을 부지하게 됩니다. 이때 한 눈을 잃습니다. 죽지도 못한 목숨이 다할 때까지 나라를 짓밟은 일제를 성히 보지 않고 남은 한 눈으로 '흘겨보리라'는 결심을 호에 담은 것

입니다. 갑자기 신규식과 그의 호에 대한 이야기를 꺼내는 이유는
이 '흘겨봄'이 철학과 인문학의 근본정신과 맞닿아 있기 때문입니
다. 보이는 것을 뵈는 대로 보고 말하는 것만이 철학의 태도는 아
닙니다. 이리보고 저리보고 심지어 흘겨봄으로써 참 모습을 더듬
는 일이야말로 철학과 인문학의 시작입니다. 철학과 인문학이 고사
한다는 것은 저 예관의 시선이 사라짐을 말하는 것이지요. 흘기지
않으니 세상과 자신의 다른 면모를 발견할 수 없습니다. 알려주는
대로 알고, 알고 싶은 것만 알며, 그 밖에 익숙하지 않은 모습은 외
면합니다. 예관의 눈이 없으니 누가 세상의 흠을 찾을 것이며 누가
그 흠을 안타깝게 여기겠습니까? 예관의 눈이 사라짐은 세상의 참
모습을 더듬어 찾는 마지막 눈을 잃는 것입니다.

철학의 고사와 유행이 공존하는 기묘하기 그지없는 현 상황에
관해서는 뒤에 다시 한번 이야기하기로 하고 한국 현대철학의 흐
름을 간단하게 되짚어 보겠습니다. 이 같은 분열적 상황이 우리 철
학사에서 어떤 비극적 의미를 지니는지를 가늠하는 데 도움이 될
듯합니다.

수용사의 지속과 우리 철학사의 우보牛步

이 책에서 다룬 이들이 우리 현대철학자 전부는 아닙니다. 한용운
을 비롯하여 철학적 재조명이 반드시 이뤄져야 하는 인물 상당수
가 빠져 있지요. 문학, 예술, 종교, 정치 등 '철학'이 아니라도 다른
분야에서 그나마 이름이 기억되고 있는 이들은 그래도 조금 나은

편입니다. 철학적 조명을 이끄는 다른 동인動因이 있는 셈이고, 연관된 자료도 상대적으로 찾기 수월한 편이니까요. 하지만 그렇지 못한 이들이 더 많습니다. 역사의 뒤편에 가려져 있는 이들을 찾아 지성사의 궤를 맞추는 일은 '발굴'에 가깝습니다. 하지만 이처럼 '발굴'을 해서라도 한국 현대철학사에 담아야 할 이들은 20세기 한국의 역사 속에서 점차 그 수가 줄어듭니다. 생각하면 이상한 일입니다. 철학을 '제대로' 공부한 이들이 줄어들었다 할 수도 없는데 말입니다. 대학에서 철학을 전공하거나 가르치는 이들은 줄곧 있었습니다. 책머리에 말했듯이 일제강점기 이후 '철학'의 장소는 철저히 대학으로 국한됩니다. 그러니 철학과 교수, 철학박사 등의 명칭은 철학의 적통을 잇고 있으며 유효한 철학적 발언권을 지녔다는 징표로 공인되는 것이지요. 하지만 일제강점기 이후, 우리 철학사에서 가장 두드러진 경향은 외래 이론의 일방적이고 지속적인 '수용'이었습니다. 철학의 유일한 거처인 대학에서, 날이 갈수록 밖에서 들여온 이론과 이론가들의 지배력은 높아졌습니다. 따라서 외래 철학을 중심으로 하는 '연구자'는 증가했지만, 정작 '철학자'라 할 만한 이는 찾아보기 어렵게 된 것입니다.

345

1970년대는 수용의 내용에서 약간의 질적 차이가 발생한 시기입니다. 일제강점기, 경성제국대학 철학과를 통해 고착된 서구철학 수용 프레임이 조금씩 흔들리기 시작했다고 할까요? 서구 대학에서 공부하고 돌아온 인력들이 대학사회에 자리 잡으면서 요지부동이던 일본식 서구철학 수용 프레임에 변화가 나타나기 시작합니다. 일부 독일유학생들의 귀국과 더불어 일본의 스펙트럼을 벗어난 독일철학의 직접적 조망과 수용이 본격화되기도 하고, 잘 알려져 있지 않던 철학자와 이론도 새롭게 소개되고 연구되기 시작합니다. 장기간 안정적이었던 서구철학 수용의 일본적 틀이 흔들리면서 '수용'의 직접성·역동성이 증가했다고 할 수 있습니다.

1970년대에 나타난 변화에서 가장 눈길을 끄는 부분은 영미권 철학의 수용이 본격화되었다는 점과 비판적·실천적 이론의 수용과 연구가 점증했다는 점입니다. 먼저 영미권 철학의 수용은 언어분석철학과 윤리학을 중심으로 이뤄집니다. 분석철학의 수용은 이미 1960년대부터 시작되었지만 1970년대 들어 유학생들이 귀국하면서 철학계에 큰 변화를 불러일으킵니다. 특히 개념적·논리적 엄밀성을 중시하는 분석철학의 학풍은 단기간에 국내 철학계에 자리 잡습니다. 정연한 논리, 엄격한 논증이 국내에서도 철학의 기본 정신 내지 태도가 된 것이지요. 이는 분명 긍정적인 측면이 있는 변화라고 할 수 있습니다. 무엇보다 격의 없는 비판과 자유로운 논의 기풍, 즉 어떤 의미에서는 서구철학 본연의 정신이라 할 수 있는 태도가 국내 철학계에 착근된 점은 바람직한 일이었으니까요. 이처럼 분석철학이 빠른 속도로 수용되면서 철학과 커리큘럼에도 변화가 나타났습니다. 형식논리학이나 양화논리학, 분석철학, 영미철학, 언어철학 등의 전공과목이 새로이 개설되었고, 학교마다 영미 언어분석철학을 담당하는 교수인력이 배치되기 시작합니다. 이 새로운 수용의 전통은 이후에 점차 더 강화되어 확고하게 철학계에 자리 잡습니다.

이 시기 영미권의 윤리학 수용도 본격화됩니다. 메타윤리학과 사회윤리학의 도입이 가장 눈에 띄었는데, 메타윤리학은 위에서 언급한 분석철학적 문제의식을 윤리학의 영역으로 확장한 것으로서 분석철학의 비판적 태도가 지닌 첨예함과 급진성을 잘 보여줍니다. 어쩌면 가장 오래되고 생명력이 긴 철학의 분과인 윤리학을 거침없이 문제 삼았으니까요. 단적으로 메타윤리학의 논의는 윤리학의 학문적 성립 가능성을 파고들었습니다. 사회윤리학은 이른바 존 롤즈의《정의론》등이 가장 굵직한 내용을 이룬다고 할 수 있습니다. 특히 롤즈의《정의론》이 1971년 미국에서 간행되었다는 사실을 염두에 둘 때, 불과 수년 만에 국내에 그의 이론이 소개되었다는 점은 좀 놀랍기까지 합니다. 이 정도면 당시의 교통·통신의 수준에 비춰 거의 실시간에 가깝기 때문입니다. 어쨌든 메타윤리학도 사회윤리학도 일정한 영향력을 발휘했고, 이 가운데 롤즈의 사회정의론은 아직도 현역 상태에 있는 이론입니다. 롤즈의 제자였던 마이클 샌델이 스승과 좀 다른 노선에서 사회정의의 문제를 다뤘고, 그 책이 전세계적인 밀리언셀러가 된 덕분일까요? 아마 그보다는 부의 불균등이 노골화된 현재의 자본주의에 관해 롤즈 이론이 여전히 일정한 설득력을 발휘하고 있기 때문일 것입니다.

현실에 대해 비판적이고 실천적인 시각을 지닌 이론들도 다양하게 소개되었습니다. 그 가운데 가장 영향력이 컸던 이론은 아마 프랑크푸르트학파의 논의였을 것입니다. 이 학파에 속한 이론가들은 일종의 휴머니즘적 지평 위에서 '인간'을 억압하고 질곡하는 현대사회의 구조적 문제를 파고들었습니다. 여기서 '현대사회의 문제'는 도시화·관료화 혹은 형식적 민주주의의 강화처럼 보편적 문제를 의미하는 것이었기 때문에, 한국사회를 비판적으로 성찰하는 데도 적절한 측면이 있었습니다. 따라서 이들의 논의는 현실에 대해 실천적 태도를 지니고 있던 철학도들이 관심을 기울일 만했습니다.

간과해서는 안 될 사실은 현실에 깊은 관심을 지닌 철학도들이 이러한 이론에 관심을 기울인 배경입니다. 현실 비판적인 철학이론에 대한 지대한 관심은 실제 우리의 현실 문제가 지닌 크기를 반영하는 것입니다.

이 시기 한국은 가장 폭압적인 역사시대를 관통하고 있었습니다. '민주주의'의 허울을 쓴 군사독재가 '합법'의 미명하에 주권자들을 유린하고 죽음으로 내몰기도 했던 시대였으니까요. '반공反共'은 국시國是였고 신성불가침한 가치였습니다. 그 어떤 근거로도 반박될 수 없는 최고선最高善은 결코 비판의 대상이 될 수 없었습니다. 이런 현실적 상황이 철학에는 어떤 영향을 미쳤을까요? 철학은 물론 학문의 세계는 이 시기 지옥을 경험했다고 해도 과언이 아닙니다. 신성불가침한 하나의 가치가 다른 모든 것을 지배하고 비판을 억누르는 상황은 실상 철학과 학문에 내려진 사형선고와 같기 때문입니다. 생각할 수 있는 것과 생각할 수 없는 것, 말할 수 있는 것과 말할 수 없는 것이 확정되어 있고 또 그렇게 강요받는다면, 그리고 그러한 강제에 저항하는 일이 실제로 죽음으로 이어질 수 있다면, 철학은커녕 그 어떤 학문도 꽃필 수 없습니다. 따라서 현실 비판적인 서구철학 이론에 쏟아진 관심은 사실 우리 현실에 대한 비판적·실천적 관심이 서구이론 수용과 관련하여 에둘러 드러난 것입니다.

이처럼 1970년대 서구철학을 수용하는 국내 철학계의 태도는 좀 더 '서구화'되고 역동적으로 변합니다. 특히 인상적인 부분은 1970년대 후반으로 갈수록 영미철학의 영향력이 증대했다는 사실입니다. 미국 등지로 유학했던 이들이 귀국하고 사회적 영향력이 큰 대학의 철학과 교수로 임용되면서 영미철학의 비중이 상당히 높아집니다. 이 부분은 해방 이후 미국의 영향력을 염두에 두면 정치적인 해석도 가능합니다. 다른 지역의 철학이론에 비해 상당히 빠른 속도로 국내에 유입되었을 뿐만 아니라 한국철학계의 저변 또한 신속하게 변화시켰으니까요. 그토록 절실하게 영미철학을 기다렸던 것도 아니고, 기다릴 만큼 잘 알고 있던 것도 아니었습니다. 말 그대로 거두절미去頭截尾하고 수용되어 급격하게 국내 철학계의 풍경을 뒤바꿔놓았습니다. '거두절미'라 할 수밖에 없는 게 이 철학적 경향이 어떠한 문제의식하에서 역사적으로 대두했으며, 유럽에서 탄생한 뒤 미국으로 본거지를 옮기면서 어떤 변화를 겪었는지는 처음에 전혀 소개되지 않았습니다. 조금 시간이 흐른 뒤의 일이긴 하지만, 거의 실시간으로 미국철학계의 주요 이론이나 쟁점이 그대로 수입되어 수업이 이루어졌고 일반논리학 정도를 공부했던 학생들이 낯선 기호와 규약들이 난무하는 형식논리학, 양화논리학 등을 갑작스레 공부해야 했습니다. 물론 이 분야를 전공으로 택한 이들은 그 논의의 흐름을 성실하게 따라가긴 했습니다만, 다른 이들에게 이 이론은 상당히 오랫동안 낯설고 쉽사리 공감되지 않는 문제의식을 지닌 이질적인 것으로 남았습니다.

정말 '과학'적이며, '논리'적인 첨단철학을 따라가기에 우리의 서구철학적 저변이 너무나 얄팍했다고 말할 수도 있겠습니다. 하지만 우리의 학문적 저변은 탄식의 대상은 될지언정 비난의 대상이 될 수는 없습니다. 참담한 역사가 낳은 결과니까요. 그렇다면 제아무리 빼어난 이론이라 하더라도 그 저변에 알맞게 수용되었어야 합니다. 이런 점에서 영미분석철학은 기나긴 서구철학 수용의 역사에서 가장 기이하게 수용된 분야라 할 수 있습니다. 이런 이론의 전격적인 도입을 특별히 원한 이도 없었고, 그 같은 도입을 촉구할 만큼 우리 철학계의 저변이 무르익지도 않았는데, 부지불식간에 수입되어 어느덧 천연덕스럽게 국내 철학계의 일부로 자리 잡았으니까요. 이로써 강단 철학에 '논리'의 바람이 일긴 했지만 언어분석철학이 서구에서 태동할 때 보여줬던 현실 비판의 예봉은 적어도 우리 현실을 향해 발휘되지 못했습니다. 기원적이고 근본적인 정신을 빼놓은 채, 따라서 기본적인 문제의식의 공유도 없이 수입된 이론이 곧장 큰 영향력을 발휘한 것은 돌이켜봐도 특이한 일이었습니다. 이후 프랑스 유학생들의 귀국으로 극히 일부이긴 하지만 프랑스철학의 본격적인 수용의 서막도 올라가고, 헤겔을 비롯해 이미 알려져 있던 철학자들을 진보적으로 해석하면서 완곡한 것이긴 하지만 현실에 대한 철학적 성찰과 개입이 시도되기도 합니다.

덧붙이자면, 서구철학 수용의 역동성은 어쨌거나 증가한 반면, 유학을 중심으로 하는 전통 철학은 그리 활성화되지 못했습니다. 일제강점기 이후 이미 날개가 꺾인 전통 철학은 쉽사리 기운을 되찾지 못합니다. 대학에서 동양철학, 한국철학, 불교 등을 연구하고 전공학과도 개설했습니다만, 일종의 서구적 프레임 위에서 '분석'되고 '연구'됨으로써 내용과 방법의 괴리를 겪게 됩니다. 읽고 암송하며 진의를 반복하여 캐묻고 생각함으로서 마침내 제 것으로 만드는 전통적 학습방법은 적어도 대학 내에서는 점차 약화됩니다. 이미 서구적 연구 프레임이 옛 지적 전통에 접근하는 표준의 틀로 정착된 것이지요. 전통 철학은 이미 타자화되어, '연구'하고 '분석'해야 비로소 이해되는 낯선 사유가 된 것입니다. 1970년대에 잠깐 전통 철학 붐이 일기도 했는데, 이는 안타깝게도 당시의 국가주의 이데올로기와 연관되어 '민족', '민족적 정체성' 등이 강조되면서 나타난 일시적 현상이었습니다. 이처럼 대학이 전통 철학의 전승에서 그리 크게 기여하지 못했음에도, 정서와 관습에 녹아들어 뵈지 않던 저변 덕분인지 전통적 지성의 맥은 면면히 이어집니다. 최근 인문학 열풍을 보면 그 중심에 전통 철학이 자리하고 있으니 참으로 놀라울 따름입니다. 이 기특한 저변이 향후 한국철학의 미래에 어떤 긍정적 영향을 낳을지 반드시 지켜볼 일입니다.

역사적 현실과 달라진 수용사의 풍경

1970년대 말에서 1980년대로 접어들면서 서구철학 수용의 프레임은 훨씬 역동적으로 변화합니다. 특히 궁정동 사건과 더불어 유신 시대가 종식되지만, '서울의 봄' 이후 또 다른 군부독재의 출현은 그간 억눌려있던 저항적·실천적 지식인들을 크게 자극합니다. 프랑크푸르트학파 등 실천적·진보적 성격의 독일철학의 수용이 가속화되고, 헤겔처럼 잘 알려진 철학자들을 진보적 시각에서 재해석하려는 일군의 철학연구자 모임이 결성되기도 합니다. 더 파격적인 사건은 마르크스 이론에 대한 연구가 폭발적으로 확산되기 시작한 일입니다. 반공이데올로기로 서슬이 퍼렇던 시절 양성적으로 학습·연구될 수 없었던 마르크스는 여전히 금지된 철학자였지만, 질곡의 시대를 헤쳐 나가려는 역사의 물결이 1980년대 철학계에서도 거세게 일면서 폭발적으로 연구·수용되기 시작합니다. 대학가

서점에는 마르크스를 비롯하여 진보적 사상가들의 서적들이 넘쳐났고 대학가에 최루탄 냄새가 가실 날이 없었습니다. 긴 세월 금지되었던 서구의 진보적 이론과 이론가들은 민주화에 대한 열망 속에서 외려 한국사회를 비판적으로 통찰하고 개혁하기 위한 일종의 표준적 이론으로 자리 잡기 시작했고, 심지어 주체사상도 일정한 영향력을 발휘하게 됩니다. 사회구성체에 대한 논쟁과 이에 기반을 둔 혁명 전략의 대립 등은 치열하다 못해 실천세력의 분열로 이어지기까지 했고, 그 영향과 흔적은 약화되긴 했지만 지금껏 남아 있습니다.

철학계도 이러한 시대적 조류에서 자유로울 수 없었고, 학계 전체가 그러했습니다. 기존의 강단 철학을 비판하는 학계 내부의 목소리가 높아졌고 실천적 청년지식인들을 중심으로 학술단체협의회가 구성되었습니다. 특히 철학계에서는 사회철학연구실과 헤겔학회가 통합되면서 한국철학사상연구회가 1989년에 결성되면서 새로운 철학연구 동향의 장이 열립니다. 이 책의 저자들 또한 모두 한국철학사상연구회 소속 연구자들입니다. 이러한 변화로 말미암아 이전 같으면 상상조차 할 수 없었던 '마르크스', '주체사상' 주제의 학술심포지엄이 심지어 기성 철학연구단체에서도 열리기 시작합니다. 아울러 실천적 이론들에 대한 대학 강의가 개설되기도 합니다. 마르크스, 레닌 등의 원전이 활발하게 번역되었고, 한국철학사상연구회는 동독에서 출간된 철학사전을 편역하기도 했습니다.

진보적인 서구이론을 한국사회에 접목시키려는 학문적 노력도 적잖았습니다. 물론 자신이 몸담고 살아가는 사회현실의 통찰과 비판, 실천적 개입과 변혁 등을 서구이론에 기대 이뤄내려 한 점은 근본적인 한계일 것입니다. 아무래도 그러한 이론을 배태한 서구의 역사적 현실은 우리와 완전히 같지 않기 때문입니다. 하지만 수십 년간 지속된 일방적 '수용', 심지어 '수입'의 역사 속에서 몰각되었던 철학과 학문의 근간, 즉 현실에 눈뜨게 된 것은 사소한 사건으로 치부하기 어렵습니다. 이는 서서히 우리 철학의 정체성에 관해 묻고 답하는 중대한 전환의 고리가 되었습니다. 한국철학사상연구회가 처음 발족했을 때, 마르크스, 헤겔 등을 연구하는 분과 외에 한국근현대사상사 연구분과가 만들어졌다는 사실은 그런 점에서 우연이 아닙니다. 억눌렸던 현실과 지성이 거대한 교정의 외침에 눈뜨고 목소리를 함께 하게 되었을 때, 이는 자기정체성에 대해 되묻는 일로 이어진 것입니다. 이렇다 할 문제의식도 없이 외국의 철학과 사상을 일방적으로 수용해온 우리 철학계, 나아가 우리 지성사의 경향을 문제시하면서 한국사상사의 뿌리를 캐려한 시도는 돌이켜볼 때 그 의의가 결코 적지 않습니다. 더욱이 이러한 관심을 갖게 된 연구자들의 전공이 다양했다는 사실도 고무적인 일이었습니다. 한국철학, 중국철학, 고대희랍철학, 독일철학, 프랑스철학, 영미철학 등 세부 전공이 다른 이들이 우리의 철학적 지성사를 함께 고구함으로써 다양하고 흥미로운 논의가 이뤄질 수 있었습니다.

아마도 이처럼 특이한 협업이 가능했던 까닭은 비록 연구대상은 다르지만 너나없이 동일한 역사를 관통하며 공통의 역사적 과제를 지닌 존재라는 점에 공감했기 때문이겠지요. 이러한 협동연구는 당시로서는 대학의 커리큘럼 내에서 소화될 수 없었습니다. 추측하건대 지금도 대학의 철학과 커리큘럼에 우리의 철학적 지성사를 현실 역사와 연계하여 역동적으로 되짚어 보는 수업은 없을 것입니다. 따라서 수십 년 전 도래한 우리 철학사의 자기의식 단계, 즉 스스로 우리 지성사와 역사를 되짚어 현재를 비판적으로 성찰하는 단계는 아직 무르익지 않았다고 할 수 있습니다. 이처럼 우리의 지성사가 일방적인 수용의 역사에서 벗어나 스스로를 되돌아보게 된 전환적 형국은 '수용' 자체를 비판적으로 바라보게 된 계기도 되었습니다. 일부 연구자들은 자신의 전공인 외래 이론의 한계와 문제를 비판적으로 캐묻기도 했으니까요. 외래 이론의 수용사에 불과했던 우리 철학사가 '비판적' 수용사의 형태로 접어들게 된 것입니다. 물론 이 도약은 그리 본격적인 양상도 아니었고 어떤 의미에서는 미약한 것에 불과했지만요.

철학계 밖에서 제기된 철학적 주제가 우리의 무거운 역사와 현실을 이야기하기도 했습니다. 가령, '생명'과 같은 주제는 그 자체로도 철학적인 의미를 함축하지만, 이 주제가 부상한 시대적 배경 또한 철학적 성찰의 대상이 되었습니다. 1980년대는 우리 역사에서 커다란 변화의 바람이 인 격동기였으며, 철학사와 지성사에서도 만만찮은 전환의 풍랑이 일던 시기였습니다.

1990년대로 접어들면서 우리 지성사에는 또 다른 풍경이 펼쳐졌습니다. 하지만 이 변화는 국내 상황보다는 크게 보았을 때 세계사적 변전에 따른 것이었습니다. 이른바 사회주의 모국母國이라 불리던 소비에트연방이 공식적으로 해체함으로써 기나긴 냉전시대가 종식된 것입니다. 옛날 초중고 학생들이 공부하던《사회과부도》를 보면 세계지도가 붉은색 구역과 푸른색 구역으로 대분되어 있습니다. 두 가지 빛깔은 각각 사회주의 국가와 자본주의 국가를 구분한 것이지요. 교과서에서 대륙과 국가보다 더 우선해 강조한

게 이데올로기로 나뉜 지구였으니 냉전시대의 이데올로기가 얼마나 첨예하게 대립했으며, 그러한 대립과 상호배제가 얼마나 철저하게 교육되고 신념화되었는지 알 수 있습니다.

특히 우리의 경우 냉전이데올로기는 개발독재와 맞물려 강력한 반공이데올로기를 구축하면서 기형적이고 억압적인 정치적 구조를 지속시켰고 다양하고도 심원한 사회적 불평등 구조를 고착화시켰습니다. 앞서 보았듯이 1980년대 독재와 맞선 대학생, 노동자, 지식인 그룹 가운데 상당수가 그토록 금기시했던 사회주의 이념을 오히려 저항의 발판으로 삼았던 것은 장구한 정치독재가 초래한 역설적 결과였지요. 역사적이고 지성사적인 질곡에 대한 1980년대의 저항과 실천은 실제로 사회주의를 비롯한 진보적 사상이 그 중심에 있었습니다. 이런 상황에서 사회주의 모국의 패망은 국내에서 중대한 역사적·지성사적 전기轉機가 될 수밖에 없었지요. 힘겹게 이뤄낸 저항적·진보적 실천은 그 발판이 붕괴됨에 따라 어쩔 수 없는 시련을 겪게 됩니다. 역사적 질곡에 저항하는 이론과 실천은 가장 중요한 자기정당화의 근거를 상실한 셈이었지요. 모양새가 좀 달라지긴 했지만, 우리 지성사가 떨치지 못했던 수용사적 한계가 뜻밖의 위기로 찾아온 것입니다. 스스로 역사적 현실을 성찰하고 삶과 실천의 방향을 주체적으로 결정할 수 없었던 한계, 따라서 그러한 지침을 끝내 타자에게 의존해야 했던 상황은 처음부터 위기의 씨앗을 품고 있었다고 할 수 있습니다.

소비에트연방의 해체는 이처럼 세계사는 물론이고 우리 역사와 지성사에 크나큰 영향을 미쳤습니다. 억눌린 시간이 길었던 만큼 봇물 터지듯 밀려들어온 진보적 이론의 파고는 잦아들었습니다.

그 빈자리를 채운 이론은 다시 프랑스를 중심으로 하는 유럽철학이었습니다. 이른바 '포스트모더니즘' 열풍이었지요. 씁쓸한 일이지만 수용의 역사가 재개된 것입니다. 사실 외국의 이론을 공부하고 참고하는 일은 흠이 된다 할 수 없습니다. 외려 교류와 대화가 없는 사유는 위험하기까지 합니다. 그러나 우리 지성사는 적절한 교류와 참고의 수준을 훨씬 벗어나는 '수용' 일변도였습니다. 그러니 20세기가 저무는 시점까지, 고유의 언어와 사유로 현실을 성찰하여 삶과 실천을 이끌 수 없었던 것이지요.

그럼에도 아무런 맥락도 이유도 없이 프랑스철학이나 포스트모더니즘이 유입되어 지성사의 한 축을 형성한 것은 아닙니다. 나름대로 이들 이론이 철학계는 물론 학계 전반에 영향력을 행사하게 된 데는 현실적인 이유가 있습니다. 당시 활발하게 번역되어 널리 읽힌 프랑스철학자 가운데는 알튀세르가 포함되어 있었는데, 그의 철학적 사유는 당시 한계에 봉착한 진보적 이론의 고뇌에 참고가 될 만한 내용을 포함하고 있었습니다. 1960년대 프랑스의 지식인들은 공산당의 무기력함을 다양한 사안을 통해 목도했고, 급기야 68혁명 이후 대학생과 진보적 지식인들이 대거 공산당 탈당을 결정합니다. 동시에 마르크스 등의 사유를 그들의 역사적 경험과 현실에 비춰 독자적으로 재해석하려 하지요. 알튀세르는 이처럼 프랑스화된 마르크스주의의 비조격 인물이었습니다. 따라서 소비에트연방 해체 이후 발판을 잃은 한국의 진보적 지식인들이 알튀세르의 사유에서 길을 찾고자 한 시도는 충분히 납득할 만한 일이었지요. 우리도 스스로 사유하고 나아갈 길을 모색해야 했기에 그러한 사유와 실천의 전례로 프랑스철학을 참고하고자 한 것입니다.

낯선 이론의 수용은 일정하게 새로운 자극도 주었지만, 이로써 우리 지성사는 다시 수용의 역사에 휘말리면서 방황하는 대가를 치러야 했습니다. 익숙하지 않은 용어들을 새로 번역하면서 그 의미를 정확하게 이해하고, 이론 전체의 요지를 파악하기까지는 상당한 시간과 노력이 필요한 까닭이지요. 참고삼아 몇 가지 역사적 사례를 짚어 봅시다. 근대 일본의 지식인들이 낯선 서구 용어를 번역하면서 수용할 때 일생에 걸쳐 힘을 쏟아야 했습니다. 하지만 'individual'과 같은 말은 그에 상응하는 동아시아적 용어를 도무지 찾기 힘든 말이었기에 결국 비슷한 의미를 지닌 새로운 번역어를 만들어내야 했지요. '독립인獨立人'이니 '일개인一個人'이니 하는 말이 당시 만들어진 번역어였습니다. 하지만 번역을 한 당사자들 말고는 이 말의 의미를 제대로 이해하는 사람은 거의 없었습니다. 따라서 이런 개념들을 중심으로 하는 서구 근대사상의 요체를 제대로 아는 사람이 더욱 드물었고요. 서구 지향의 바람이 이미 거세게 일었고, 식자연識者然하는 이들 모두 서양철학이며 개념을 읊조리고 있었지만 정작 제대로 아는 이는 많지 않았던 것입니다. 이후 서양철학의 대강과 전모가 널리 알려지고, 개념들에 대한 정확한 이해가 자리 잡기까지 상당한 시간이 소요되었음은 물론입니다.

수용사로 얼룩진 우리 지성사는 이보다 더하면 더했지 덜하지 않았습니다. 독일철학이나 영미철학이 처음 수입되어 논의될 때 우리는 핵심적인 개념들을 제대로 이해하지 못했습니다. 어림짐작과 단정, 추측이 뒤섞여 있었지요. 이 이론의 발상지에서 직접 공부하고 돌아온 이들이 점점 늘고 연구가 축적되면서 비로소 그 개념 및 요지가 정확하게 간파되고 좀 더 생산적인 논의가 이뤄집니다. 이런 정착이 있기까지 이 이론의 중심주제와 개념은 낯설고 현학적인 언어유희처럼 여겨질 뿐이었습니다. 이로 인해 낯선 이론 전체에 대한 염증을 호소하는 이들도 적지 않았고요. 1990년대 이후 프랑스철학의 유행은 이러한 과정을 재현했습니다. 낯선 용어들이 새로운 조어로 번역되면서 겉보기에 현학적일 뿐인 언어유희가 지성 세계에서 큰 비중을 차지하기 시작한 듯했습니다.

당연한 일이지만 프랑스철학은 독일이나 영미의 전통이 그러하듯 나름대로의 뿌리가 있습니다. 특히 프랑스철학은 과학과 문학이 혼합된 독특한 지성사적 바탕 위에 서있고, 그러한 맥락에서 형성된 개념들을 사용하기 때문에 다른 전통에 익숙한 연구자들에게 유난히 어렵고 현학적이었습니다. 아마 반대의 경우도 마찬가지겠지요. 이런 지식 문화권 사이의 근본적 단절과 몰이해는 상당한 시간과 노력 이후에야 극복 가능한 것입니다. 이런 몰이해가 빚어낸 웃지 못할 해프닝도 있었습니다. 앨런 소칼의 《지적 사기》라는 책이 있습니다. 소칼은 난해하고 현학적이기 짝이 없는 프랑스철학 및 포스트모더니즘의 이론과 개념을 흉내내어 글을 썼는데 다들 이 글에 관해 천연덕스럽게 논평하고 논의합니다. 사실 이 글은 넌센스에 불과한 말장난이었습니다. 소칼이 제멋대로 만들어낸 글이 학계에서 천연덕스럽게 이론의 명찰을 달고 활보했던 것이지요. 나중에 모든 일이 의도한 해프닝이었음을 소칼이 고백하자 한바탕 소동이 빚어지는데, 그의 일침이 일리도 있긴 하지만 다른 지적 전통, 즉 영미권에서 공부한 이론가가 프랑스철학의 낯선 지적 전통과 개념들을 잘 몰랐던 탓도 있었습니다.

이 소동만 보더라도 프랑스철학과 그 개념들이 우리에게 얼마나 골치 아픈 것으로 다가왔는지 짐작할 수 있습니다. 이전에 사용되지 않았던 괴이한 말들이 쓰이기 시작하고 난해하며 복잡한 이론이 이상하리만치 널리 유행하기 시작했습니다. 이 유행이 쉽사리 잦아들지 않았던 데는 위에서 말했듯이 이 이론을 공부하도록 하는 최소한의 선명한 현실적 메시지들이 있었기 때문입니다. 현실 변혁을 지향하는 진보 이론의 재구성이라는 계기도 있었고, '포스트모더니즘'이란 이름에서 드러나듯 근(현)대 지성사 및 역사에 대한 저항과 비판도 담겨 있었습니다. 이런 계기가 우리 현실을 돌아보는 중대한 지침이었던 것은 분명한 사실입니다. 요컨대 우리 현실을 돌아보고 길을 찾기 위해 수입된 이론이었지만, 이러한 목적을 이루기 위해 그 이론들의 본령에 도달하기까지 너무도 지난한 경로를 통과해야 했다고 할 수 있습니다. 근(현)대를 몇 가지 중심주제로 일축하고 비판의 대상으로 정리해버리게끔 한 점도 프랑스 철학 및 포스트모더니즘의 악영향이라 할 수 있고요. 그렇게 일축해버리기엔 철학적 근(현)대는 간단하지 않았기 때문입니다. 아울러 그러한 수용의 고통은 기꺼이 치르면서 우리말로 된 철학개념, 우리만의 철학적 문제틀 등을 실험하려는 노력이 거의 보이지 않았다는 점 또한 안타까운 일입니다. 그나마 이전의 수용 양상과 조금 다른 지점이 있다면, 이는 앞서 말했듯이 수용의 목적과 이유가 어쨌든 우리 현실과 상관있었다는 점입니다. 이전까지 서구이론은 몇몇의 경우 목적과 이유도 불분명한 상태에서 수입되었으니까요. 마치 '선진국'의 이론이면 무조건 받아들일 가치가 있다는 듯이 말입니다.

덧붙여, 프랑스철학과 '포스트모더니즘'의 급격한 유행은 1990

년대 이후 우리 사회에서 점차 강화된 '자유화' 경향과도 연관이
있습니다. 세계사적으로 냉전 시대는 과거가 되었고, 국내에서는
1990년대 들어 군부독재의 긴 역사가 마침내 막을 내립니다. 이
른바 '문민정부'가 들어서면서 정치와 일상 곳곳에 남아있던 억압
과 통제의 구조들이 스러지기 시작했지요. '자유'의 체감지수는 어
쨌든 과거보다 높아졌습니다. 'X세대' 같은 말이 들리기 시작했고,
'소비문화'를 비판하는 목소리가 높아질 만큼 '빈곤'의 문제는 옛이
야기가 된 듯했습니다. 인터넷이 보급되고 휴대폰도 필수품이 되었
지요. 이 같은 사회변화는 사유와 실천, 이론과 현실 모든 영역에
서 하나의 중심을 강요하거나 그에 매달리는 태도가 마땅히 거부
되도록 했고, 억압적 권위가 비판받고 부정되는 일에 정당성을 부
여했습니다. '포스트모더니즘'의 기본 입장이 설득력을 발휘할 수
있도록 하는 발판이 마련된 셈이었지요. '포스트모더니즘'이란 프
랑스를 중심으로 한 여러 이론가들의 주장을 통칭하는 용어여서
한마디로 정의하기 어렵지만, 대체로 유일한 진리, 그에 상응하는
이성, 진리와 이성의 권위 및 중심성 등을 부정하고 비판하는 입장
이라고 할 수 있습니다. 당시 우리 현실을 고려할 때, 여러모로 관
심을 기울일 만한 이론이었다고 할 수 있겠지요.

　아무튼 프랑스철학과 포스트모더니즘의 열풍 덕분에 푸코, 알
튀세르, 데리다, 들뢰즈, 라캉 등 생소했던 프랑스철학자들의 이름
이 이제는 너무 친숙하게 되었지요. 특정 이론의 수용은 일단 시
작되어 일정한 저변을 확보하고 나면 대체로 지속되기 마련입니다.
독일철학도 그러했고, 영미철학도 다르지 않았습니다. 마찬가지로
프랑스철학 또한 지금까지 꾸준히 논의·연구되고 있습니다. 이러

한 지속은 적절한 문제의식과 방향만 정립된다면 이론과 이론, 이론과 현실이 상호작용함으로써 새로운 철학사의 지평을 여는 계기로 기능할 수 있습니다. 1990년대는 이렇듯 철학적 논의를 좀 더 풍부하게 할 수 있는 새로운 이론이 현실적인 문제의식 아래 도입된 시기였지만, 그럼에도 우리 철학사는 여전히 '수용사'의 모양새에서 벗어나지 못했습니다.

철학, 분열의 시대를 마주하다

새로운 세기가 시작될 때마다 사람들은 마치 새로운 역사가 열린 것처럼 부산스럽습니다. 21세기의 출발은 더욱 시끌벅적했지요. 새로운 백년이 시작되었을 뿐만 아니라 새로운 천년이 시작되었으니까요. 예언과 희망의 혼합은 퍽 소란스럽게 뒤섞였고, 종교는 물론 미신, 심지어 과학기술까지 연루되기도 했습니다. 가령 '밀레니엄 버그'라는 변종 종말론은 첨단 과학기술 문명의 결과이자 발판인 컴퓨터, 인터넷의 보급이 없었다면 그토록 큰 영향력을 발휘하기 어려웠을 테니까요. 숫자놀음이긴 하지만 새로운 세기, 새로운 천년의 출발과 더불어 사람들의 희망과 불안이 요동치는 것은 어쩔 수 없었나 봅니다. 어쨌든 이 같은 희망과 불안은 지나간 시대에 대한 비판과 더불어 미래지향적 대안 수립을 촉구합니다. 우리 사회, 그리고 철학계도 예외일 수 없었습니다. 우리 철학사를 돌아보고 정리하는 행사가 줄을 이었고, 연구서도 활발하게 출간되었습니다. 동양철학, 고대철학, 분석철학, 사회철학 등 세부 전공별로 처음 우리나라에 도입된 이후 어떻게 연구가 축적되고 발전했는지, 향후 과제는 무엇인지 되짚기도 했습니다. 고무적인 점은 이러한 회고적 성찰 속에서 '우리 철학'의 정립에 대한 목소리가 높아졌다는 사실입니다. 유학의 전통이 일제강점기와 더불어 쇠락하고 서양철학이 제국의 주도하에 유입된 이래, 근 1세기 이후에야 목소리를 모아 우리 철학사를 비판적으로 회고하고 새로운 철학의 정립이라는 과제를 스스로 부여한 점은 너무 늦긴 했어도 바람직한 일이었습니다.

이러한 현상은 어떤 의미에서 비로소 우리 철학사 자체에 대한 성찰과 자각이 소수의 선지 혹은 선각의 수준을 넘어 일반화되었음을 의미하기에 참으로 반가운 것입니다. 동시에 오랜 수용의 역사 또한 그 자체로 여러 결실을 맺었습니다. 경제적 어려움과 싸우면서 묵묵히 자기 분야 연구에 정진했던 이들이 완성도 높은 번역서나 연구서를 속속 내놓으면서 단순하고 일차원적인 서구철학 수용의 수준에서 벗어나 일종의 '체화' 단계가 무르익기 시작했습니다. 기존 서구철학 번역서나 연구서는 참으로 안타깝지만 일본어, 영어 본의 중역인 경우가 많았고 오래전 일이긴 하지만 국내 저자의 '저서'가 실은 외국 서적을 번역하여 엮은 것에 불과한 사례도 있었습니다. 하지만 오랜 수용의 역사 속에서 외국 철학서를 직접 연구하고 독해·번역해온 연구자들의 노력 덕분에 상황은 개선되었고, 낯선 개념과 이론의 정확한 이해가 점차 가능해졌습니다. 경제적 대가도 명예도 주지 않는 번역과 연구를 말없이 수행한 많은 연구자들의 노고는 칭송받아 마땅합니다. 실제로 숱한 서양철학자들의 주요 원전들이 신뢰할 만한 수준으로 번역되었고 특정 철학자의 경우 전집이 번역되기도 했습니다. 심지어 서양 사람들도 제대로 독해하기 어려운 고대 그리스 철학자들의 원전도 대거 번역되었고요. 전문 연구자가 아니어도 서양철학 원전들을 읽고 연구할 수 있도록 기초가 잘 다져진 셈입니다. 이는 철학의 저변을 넓히는 데는 물론이고 심화연구나 융합연구의 발판도 되었습니다. 나아가 우리 철학의 정립에 중요한 자양분이 됨은 물론이고요. 아직 나아갈 길은 멀고 멀지만 아무튼 기나긴 수용의 역사는 힘겹게 일정한 결실을 보고 있습니다. 이 책 또한 이러한 21세기 우리 사회 및 철학계의 변화와 발전에 힘입은 것이라 할 수 있습니다. 직접적으로는 한국철학사상연구회의 선행 연구 및 성과를 잇는 것이긴 하지만 말입니다.

그러나 우리 철학사의 비운은 아직 끝나지 않은 듯합니다. 21세기 들어 가까스로 자기 성찰과 재정립을 과제로 내걸 수 있었던 한국의 철학은 글머리에 언급했던 사회적 변화 속에 다시 방황하고 있기 때문입니다. IMF 이후 한국사회를 강타했던 신자유주의 물결은 전사회적이고 일방적인 자본의 지배력을 확고한 것으로 만들었습니다. 그 결과는 지금 목도하듯 참혹한 것이고요. '경쟁력' 강화라는 미명하에 대기업을 보호하고, 단기적 경기부양을 위해 근시안적 정책을 남발함으로써 보이지 않는 광범위한 착취가 이뤄지고 있습니다. 현재를 위해 미래를 착취하는 것입니다. 경제적 곤경이 현재화되지 않도록 하기 위해 우리 사회는 청년세대의 미래를 지극히 어둡게 하고 있습니다. 높은 집값과 물가, 낮은 임금과 불안정한 고용, 과중한 피부양인구가 청년들이 맞게 될 미래입니다. 비단 청년뿐만 아니라 은퇴를 앞둔 베이비붐세대를 비롯한 대다수의 국민들이 불안한 미래와 위태로운 삶 앞에서 희망을 상실해가고 있습니다. 그러니 대학생들이 조금이라도 안정된 미래를 보장받기 위해 학점이나 스펙에 죽도록 매달리는 일도 이해가 갑니다. 이 같은 상황에서 대학이 온전할 리 없겠지요. 전술했듯 대학은 스스로 하나의 기업으로 인식하고 있으며 또 실제로 그렇게 운영됩니다. 가시적 성과에 매달린 나머지 학문과 대학 본연의 목적은 망각했습니다. 철학이나 인문학처럼 취업에 불리한 학과 입지는 점차 좁아지고 실제로 이 같은 학문에 평생을 바치려는 학생도 점차 줄고 있습니다. 철학과나 문과계열 학과를 없애는 학교도 빠른 속도로 증가하고 있고요. 일제강점기 이후 '철학'의 유일한 장소였던 대학은 이제 더 이상 '철학'의 안식처가 아닙니다.

뜻밖에도 현실적인 불안과 위기는 앞서 말했듯 대학 밖에서 상당히 뜨거운 '철학'적 관심으로 이어지는 듯합니다. 도처에서 열리는 철학강좌에 참여해보면, 나이와 성별을 초월한 많은 이들이 선철명현의 이야기에 진지한 모습으로 귀 기울이고 있습니다. 삶의 불안은 안정을 지향하는 몸부림과 더불어 삶 자체에 대한 성찰 또한 자극하는 모양입니다. 이 같은 분열적 양상은 간신히 제자리를 찾아가던 우리 철학의 미래를 불투명하게 하고 있습니다. 하지만 꼭 비극적 전망만은 아니라고 생각합니다. 처음부터 대학만이 철학의 유일한 장소는 아니었기 때문입니다. 사회 전반에서 철학을 요청하는 목소리가 잦아들지 않는다면, 설사 대학에서 철학이 사라진다 하더라도 또 다른 철학사의 전개를 기대할 수 있을 터이니 말입니다. 다만, 현재 철학과 인문학에 대한 수요, 그리고 강좌의 수준은 일종의 '힐링' 이상이라 말하기 어렵습니다. 쉽고 편안한 말로, 따라서 교육하기 어려운 요체는 정작 내려둔 채 상처받은 이들을 달래는 정도라고 할까요? 이 또한 그 자체로 의미있다고 할 수 있고, 심지어 상당한 시간이 지난다면 수준이 높아지고 전문 연구자 못지않은 이들이 나올 수 있으리라 기대할 수도 있습니다. 하지만 기약은 없겠지요.

만일 대학의 담이 그리 높지 않아 위와 같은 수요에 화답할 수 있다면, 작금의 위기는 오히려 호기일 수 있습니다. 어쨌든 철학적 성찰의 저변이 넓고 깊어지는 계기가 될 테니까요. 하지만 강점기부터 지금까지 대학, 그리고 대학과 전공학과는 '세속'을 향해 단단히 문을 걸어 잠갔습니다. 이 빗장은 오로지 자본이나 권력을 향해서만 슬그머니 열리곤 했지요. 박치우가 등을 돌렸던 '아카데미즘'은 더욱 창백하고 무기력하며 부도덕한 것이 되고 말았습니다. 전공자만을 위한 개념, 이론 등이 '학계'라는 뵈지 않는 울타리 안을 맴돌아 결코 세상과 교류할 수 없게 되었고요. 서툴더라도 현실에 공감하며, 창백하나마 학문의 '깊이'를 세상에 풀어내는 능력은 대학에 기대할 수 없는 것이 되었습니다. 그러니 철학의 장소가 대학에서 대학 밖으로 이동할 때, 그나마 대학에 자리하고 있는 학學과 식識은 따라 움직이기보다 소리 없이 사라질 듯해서 불안한 겁니다. 철학과 인문학이 세상으로 나아가는 시대에 반가움보다 한숨이 앞서는 까닭은 이처럼 학문의 권리를 배타적으로 독점한 대학이 그리 큰 기여를 하지 못할 듯하기 때문입니다. 대학 내의 철학이 사표師表 비슷한 것조차 될 수 없다면, 세상 속의 철학이 얼마나 다시 헤매야 여물디 여문 사유와 실천으로 나아갈 수 있을지 짐작할 수 없습니다.

우리 철학은 어디로 가고 있으며 또 어디로 가야 할까요? 다시 신채호나 함석헌 같은 이들을 미래의 역사에서 만날 수 있을까요? 함께 공부하며 이 책을 쓴 이들은 어찌되었든, 가던 길을 계속 가겠지만 지금의 연구자들이 모두 떠나버린 뒤에 과연 누가 있어 명예도 부도 따르지 않는 철학의 길 위로 나아갈까요? 한국 근(현)대 철학사를 헤집어 잊힌 철학자들을 발굴하고 이들에 대한 기억을 요청하고자 하는 일은 앞으로도 계속될 것입니다. 다만 이 일이 지금에 이르고 보니 뵈지 않는 철학사의 미래를 앞당겨 탄식하지 않을 수 없습니다. 작금의 현실과 대학의 사정을 살필 때, 철학이 과연 지속될 수 있을지 불확실한 까닭입니다. 어쩌면 철학의 미래는 전문 연구자에게 있지 않고, 역사와 현실에 공감하며 생각하고 실천하려는 이들, 그리고 이 책을 읽는 여러분에게 있을지 모르겠습니다.

이병태 마르크스의 '물신Fetisch' 개념을 그나마 조금 깊이 있게 공부했고 연관 주제로 몇 편의 글도 썼다. 세상에 대한 이해와 실천의 실마리를 얻을 수 있으리라 여기는 까닭에 여전히 같은 주제에 몰입하고 있으며, 같은 이유로 한국철학사 및 한국사상사도 연구하고 있다. 나와 너, 그리고 세상을 잇는 '고리'에 대해 깊은 관심을 갖고 있다. 이 고리는 물론 여기에 연결된 모든 항들은 끊임없이 변화할 뿐만 아니라 변화해야 한다는 생각 아래 공부하고 가르치면서 살고 있다.

구태환 철학을 전공했고, 조선후기 기철학자인 최한기 관련 논문으로 석사학위와 박사학위를 받았다. 현재의 학문적 관심은 동양학에서 진보적 인권의식을 끌어내는 것이며, 동학사상에 관한 공부는 그러한 관심 실천의 일환이다. 대학 등 여러 곳을 떠돌면서 강의하여 먹고 살아왔다. 지은 책으로 《만화 최한기 기학》, 《철학, 삶을 묻다》(공저) 등이 있다.

김정철 숭실대학교 사학과와 철학과를 졸업하고 동 대학원 철학과 석사과정을 졸업하였으며 한국학중앙연구원 한국학대학원 철학과 박사과정을 수료하였다. 한국고전번역원 고전번역교육원 연수과정을 마쳤고 한국철학사상연구회 회원으로 활동하고 있다. 현재 17세기 조선유학과 관련된 주제로 박사학위 논문을 준비 중이다. 조선후기부터 일제강점기로 이어지는 사상적 흐름과 변천에 관심이 많다. 논문으로 〈남계 박세채의 심설에 관한 연구〉, 지은 책으로 《철학자의 서재》(공저), 《세상의 붕괴에 대처하는 우리의 자세》(공저), 《열여덟을 위한 신화 캠프》(공저)가 있다.

이지 이화여자대학교 정치외교학과를 졸업하고 동 대학원 철학과에서 동양철학을 전공하였다. 〈왕양명의 성인관—양지 개념을 중심으로〉라는 논문으로 석사학위를, 〈최한기의 기학—유가 형이상학의 실용론〉이라는 논문으로 박사학위를 받았다. 철학을 공부한 계기는 인간이 스스로 자기의식에 기만당할 수 있음을 깨닫게 된 데 있다. 반성하지 않은 의식은 아무리 아름다운 가치의 총합이고 많은 이익을 보장한다 하더라도 외부의 힘에 의해 조작된 것이므로 진정한 자기 자신이 될 수 없게 만든다. 그래서 외부로부터 영향을 받은 생각들을 검토하기 시작했고, 이것이 자유를 추구하는 것이라고 믿는다. 지금은 개인의 의식에 영향을 미치는 여러 가지 외적 힘들 가운데 역사적 요소의 중요성을 인지하고, 한국인으로서 한국의 현대 상황이 개인의 의식을 어떻게 기만하고 있는지를 밝히는 일에 많은 관심을 두고 있다.

진보성 대진대학교 철학과에서 동양철학 박사과정을 수료했다. 한국고전번역원 고전번역교육원 연수과정을 졸업했고, 대학과 여기저기 강의와 활동을 통해 교학상장하려 하지만 여의치 않다. 남다른 재주가 없어 선택한 철학공부가 세상과 내 삶을 이해하는 주요한 통로라 여기며 철학 분야 전반에 분열적 관심을 지속하고 있다. 현재 남명 조식과 남명학파를 중심으로 한 조선중기 유학사상에 대한 박사논문을 준비 중이다. 조선중·후기와 근현대 사상가들 중 이른바 실천적 사상가로 불리던 인물들에 관심이 많고, 이들의 구체적인 삶의 모습에서 철학적 요소를 찾는 작업에 흥미를 느낀다. 세상의 중심이 모두 주변화되고, 주변이 다시 중심이 되는 일 없이, 모든 주변이 스스로 중심이 되어 어우러지는 세상에서 살기 원한다.

368

유현상 '자유' 문제에 관심이 있어 철학을 공부하게 되었다. 〈헤겔철학에서의 자유의 실현에 관한 연구〉로 석사학위를 받고, 〈찰스 테일러의 자기 결정의 자유에 관한 연구〉로 박사학위를 받았다. 불러주는 곳마다 여러 대학에서 강의를 하고 있으며, 기회가 닿을 때마다 대중을 대상으로 한 강의를 하고 있다. 그동안 자유주의와 공동체주의에 대한 연구를 지속하면서 현재는 서구 공동체주의 사상과 함석헌의 철학사상을 비교연구하는 작업을 수행하고 있다. 공동체적 삶을 포기하면 인류의 미래는 없다고 생각하기 때문이다. 논문으로 〈헤겔철학에서의 진보의 개념〉, 〈마이클 왈쩌의 다원적 평등〉, 〈함석헌 철학에서의 전통의 계승과 모색〉 등이 있으며, 함께 지은 책으로 《수다쟁이 홉스에게 말걸기》, 《현실을 지배하는 아홉 가지 단어》 등이 있고, 《50인의 철학자》를 공동 번역했다.

조배준 숭실대학교, 한국철학사상연구회, 건국대학교에서 철학을 공부했고 건국대학교 HK통일인문학연구단에서 일하며 연구활동도 수행하고 있다. 서구의 지성사적 전통에서 발흥하고 전개된 근대의 사회·정치철학이 한반도의 역사·사상과 어떻게 조우하고 결합했으며, 그것은 다시 인민의 삶에 어떤 영향을 끼쳤는지에 대해 연구하려고 한다. 그러면서도 마음 한 켠엔 어린 시절의 꿈이었던 문학창작과 영화제작에 대한 갈증을 늘 품고 살아간다. 함께 지은 책으로 《철학자의 서재》 시리즈, 《B급 철학》, 《통일인문학—인문학으로 분단의 장벽을 넘다》,《통일담론의 지성사》,《청소년을 위한 통일인문학》,《통일한반도의 인문적 비전》 등이 있다.

박영미 한양대학교 철학과와 동 대학원을 졸업하고, 중국 북경대학교에서 〈대진의 '治學'과 '明道'〉로 박사학위를 받았다. 부끄럽게도 대학에서 중국 근현대 철학을 강의하면서 비로소 한국 근현대철학에 대한 무지를 자각했다. 혼자 헤매다 한국철학사상연구회에서 함께 연구할 수 있게 된 것을 큰 행운으로 여기고 있다. 지금은 18세기부터 현대로 이어오는 동아시아 철학에서의 사유 변화와 상호 영향, 특히 전통 사유와 서양 근대 사유의 만남과 충돌의 문제에 천착하고 있다. 관련 논문으로 〈호적의 청대사상 연구에 대한 소고〉, 〈중국의 현대신유학 수용과 이해〉, 〈계몽과 현대성─중국 신좌파의 현실인식과 지향〉, 〈'중국철학'은 정당한가?─'중국철학 합법성合法性' 논쟁의 전개를 중심으로〉, 〈박종홍에서 전통의 문제(1)─전통 인식을 중심으로〉 등이 있다.